三级研训联动

提升教师专业素养的有效路径

冯全丰 / 主编

西安出版社

图书在版编目（CIP）数据

三级研训联动：提升教师专业素养的有效路径 / 冯全丰主编. — 西安：西安出版社，2023.11

ISBN 978-7-5541-7186-8

Ⅰ.①三… Ⅱ.①冯… Ⅲ.①师资培养—研究 Ⅳ.①G451.2

中国国家版本馆CIP数据核字（2023）第206088号

三级研训联动：提升教师专业素养的有效路径
SANJI YANXUN LIANDONG TISHENG JIAOSHI ZHUANYE SUYANG DE YOUXIAO LUJING

出版发行：西安出版社

社　　址：西安市曲江新区雁南五路 1868 号影视演艺大厦 11 层

电　　话：（029）85264440

邮政编码：710061

印　　刷：北京政采印刷服务有限公司

开　　本：787mm×1092mm　1 / 16

印　　张：17.5

字　　数：277千字

版　　次：2023 年 11 月第 1 版

印　　次：2023 年 12 月第 1 次

书　　号：ISBN 978-7-5541-7186-8

定　　价：58.00元

编 委 会

　　"百年大计，教育为本。教育大计，教师为本。"教师在教育事业中起着举足轻重的作用。提升教师专业素养，推动教育高质量发展，这是当前中小学教育科研工作所面临的一项重大课题。

　　面对新时期、新任务，江城区教师发展中心把准课题研究方向，加大教育科研工作力度，着力加强和创新教师教研培训工作，以"区域教师专业素养提升"为研究主题，申报广东省教育科学规划2021年度重点课题"基于教师专业素养提升的三级研训联动实践研究"，并积极开展研究工作。近年来，课题组深入把脉全区教师教研和培训情况，思考和探索全区教师人才培养的途径与策略，充分发挥教师发展中心的主导作用，构建和实施"教师发展中心—学科中心教研组—研训基地学校"三级研训联动模式，从根本上改变了低效单一的传统培训形式，促进了江城区教师的专业成长和发展。因此，为了把课题研究的经验成果更好地总结、保存和交流推广，课题组成员经过研究、实践、反思、完善、总结，编写了《三级研训联动——提升教师专业素养的有效路径》这本书。

　　"一分耕耘，一分收获。"页页书香承载梦想，此书凝聚了大集体的心血和智慧，见证了许多人的辛勤和汗水。本书分为四章，各章节内容对以"三级研训联动"作为提升区域教师专业素养的有效路径进行了全方位、多维度的阐述，相信此书能为培养师德、业务、研究能力等全面发展的高素质教师队伍，进一步提高中小学教育教学质量提供有益的参考借鉴。这是江城区教师发展中心教育科研工作取得的又一项重要成果，充分发挥了教师发展中心的示范引领作用，对带动江城区中小学蓬勃开展教育科研工作，促进教师专业发展，推动教育高质量发展有重要的意义。

"雄关漫道真如铁，而今迈步从头越"，要落实党的二十大对教育事业提出的新目标和新要求，必须实施好"科教兴国"战略，不断加强教育科研工作，全面提高教育教学质量，更好地为党育人、为国育才。希望江城区教师发展中心以此为契机，更好地带领中心全体成员，坚持"立德修身，潜心治学"，做到"师者之师，引领示范"，内强素质，外树榜样，在今后的研究和探索实践中再接再厉，履行好全区教育科研的组织指导职责，引领全区教师开展教育科研活动，营造浓厚的科研氛围，发扬开拓创新的进取精神，创造出更多、更新的教育教学成果，让科研促教之花在江城教育这片沃土上争奇斗艳，结出累累硕果。

曾练豪

2023年7月20日

目录

绪 论

中共中央、国务院于2018年1月20日发布的《关于全面深化新时代教师队伍建设改革的意见》提出，到2035年，教师综合素质、专业化水平和创新能力大幅提升，培养造就数以百万计的骨干教师、数以十万计的卓越教师、数以万计的教育家型教师。习近平总书记指出："'两个一百年'奋斗目标的实现、中华民族伟大复兴中国梦的实现，归根到底靠人才、靠教育。"教育兴则国家兴，教育强则国家强。"强国必先强师"，一个地区的发展，教育为根本；教育的发展，教师为根本。要适应当今教育改革和发展的需要，中小学教师必须不断拓宽知识面，更新知识结构，学习和掌握新理论、新观点和新方法，提高专业素养和教育能力。新时代下，那种一次性学习终身受用的传统观念，已经不合时宜了，因而对在职教师的培训教育是一项具有战略意义的教育工程。

一直以来，阳江市江城区在教师队伍建设和人才培养等方面，都与珠三角等教育发达地区有着较大差距。截至2020年，江城区共有公、民办中小学校101所、幼儿园176所，中小学（幼儿园）教职工共有8846人。江城区在教师培训方面虽然做了一些努力，但还存在着诸多问题和不足，而教师培训是教师专业素质提升最直接有效的路径，因此，江城区教师发展中心自2020年3月建成以来，始终致力于教师专业培养，提升教师综合素养，培养教育教学领域的领军人才。对于江城区教师培训现状，在区教育局的指导下，发展中心经深入研究和讨论，决定围绕如何通过区教师发展中心、学科中心教研组和研训基地学校三大层级共同联动管理，从研训合一的角度，探索和创新中小学教师培训和人才培养的方法和模式。为此，申报了广东省教育科学规划2021年度中小学教师教育科研能力提升计划的重点项目"基于教师专业素养提升的三级研训联动实践研究",成功立项并顺利开展研究工作。

该课题中的"三级研训联动"是指以"教师发展中心—学科中心教研组—研训基地学校"三大研训层级共同联动管理,形成合力来构建区域教师专业发展的新型模式。而"教师专业素养"是指从事教育教学工作所必须具备的特质,一般来说,主要由以下几部分构成:专业精神、专业知识、专业能力和专业实践等。该课题主要通过探索三级研训联动的模式和机制来促进教师这几方面专业素养的提升。

自开展课题研究以来,从教师人才发展视角出发,以教师素质发展为根本,以提升教师专业素养为目的,以"以研促训、研训合一"为切入口,以更科学的评价机制,建构可持续发展机制,改变传统培训走向系统和持续培养机制,制定保障教师梯级成长的系列措施,加大经费投入教师队伍建设,在三大研训层级联动下,不断探索创新,逐步构建了"教坛新秀—骨干教师—名师"的人才培养新路径,形成了"研训联动•梯级成长"教师专业发展新模式,实施开展教师培养"云梯工程"三大工程项目建设,很好地促进了全区教师专业发展。

第一章

教师发展中心
——项目统筹促发展

第一节 教师发展中心的职能及作用

深入贯彻落实国家、省教育规划纲要和教育发展"十三五"规划，需要进一步加强师资队伍建设，促进中小学教师专业发展和提升教育质量水平，适应基础教育教学改革的需要。根据《广东省教育厅广东省机构编制委员会办公室广东省人力资源和社会保障厅广东省财政厅关于推进县级教师发展中心建设的意见》（粤教继函〔2017〕58号）、《中共阳江市机构编制委员会办公室关于设立江城区教师发展中心的批复》（阳机编办发〔2019〕96号）和区委编委会议精神，阳江市江城区于2019年将原有的区教师进修学校、教育教学研究室和教学仪器设备站三大机构整合，组建阳江市江城区教师发展中心，该发展中心为副科级公益一类事业单位，于2020年3月27日正式挂牌办公，在全市率先建成并投入使用。中心共有4个内设机构，即办公室、教师干部培训室、教科研指导室、信息技术与装备室，既承担了原教师进修学校、教学研究室和教学仪器设备站的职能，又注重部门融合，实现研训一体化。教师发展中心的主要职能及作用具体如下。

一、统筹规划，开展教师和校（园）长培训

教师发展中心依据"统筹规划、改革创新、按需施训、注重实效"的原则，完善培训制度，统筹城乡教师培训工作，创新培训模式机制，增强培训针对性和实效性。从区实际出发，统筹协调，坚持区级培训与国家级、省级、市级培训相配套，教师培训与教学研究相融合，集中培训与校本研训、远程培训相结合，训前计划、训中管理与训后跟踪相衔接，通过"教师发展

中心—学科中心教研组—研训基地学校"三大研训层级共同联动管理，形成合力来提升教师专业素养，推动区域教师专业发展。

（1）承担中小学、幼儿园教师和校（园）长研训需求调研与规划的职责，为教师规划成长路径。

（2）组织实施本区域中小学、幼儿园教师和校（园）长的全员培训、职务培训和提高培训，通过集中培训和网络培训相结合的方式，努力提升教师的专业素养。

（3）负责遴选优质中小学幼儿园，建设基础教育教师专业发展基地学校，以研训基地学校为根基，组织开展基于学科（领域）的中小学、幼儿园校（园）本研修活动。

（4）负责名师、名班主任、名校（园）长的遴选和推荐工作；承担名师、名班主任、名校（园）长工作室、教师专业发展的协调和指导工作，为中小学、幼儿园教师、校（园）长专业发展提供服务。

（5）负责研训过程的质量监控及评估。遵循"有培训就有考核、有考核就有结果、有结果就有运用"的原则，强化评价考核。一是强化对培训项目的考核。通过现场评价、问卷调查等方法，对各培训项目完成情况进行全面总结评估，促进教师培训组织水平的提高。二是强化对参训教师的考核。从参训态度、过程参与、知识技能掌握等方面对教师进行综合考核评价。

二、教学科研，促进教师专业成长

以"打造研训体系、提升教学质量、促进教师发展"为宗旨，以"研究、指导、引领、服务"为抓手，不断优化优质教育资源，创新教师培训模式，着力打造教科研训一体化平台，提升江城区教师培训质量，助力教师专业发展。

（1）指导教师制定职业发展规划，为其提供教学、学术发展咨询、指导与培训，为教师职业化发展和专业化水平的提升提供服务和保障。

（2）建立专家指导团队，以学科中心教研组为引领，组织各项教研教改活动，加强学科建设和科研工作，具体指导、引领教师专业成长；指导课堂教学研究和课程管理与改革工作，开展教学、学术研讨活动，引导和支持学术梯队和教师团队建设。

（3）指导中小学健全教学常规，开展教学视导活动，引导学校实现教学管理科学化；落实教学质量测评监控制度，对中小学教学质量进行全面评估。

（4）开展教育科学研究及成果推广。结合基础教育改革，组织开展教育研究和教改课改实验，积极推广应用国家、省、市、区基础教育教学的成果，建造完备、方便的教研交流展示平台，做好本区域教育科研课题的申报、管理、评审及推广工作。以教科研成果引领教师培训，促进教师专业发展。

（5）提供教育决策服务。开展教育改革与发展重大课题研究和教师队伍建设研究，为学校制定政策提供服务。

三、融合应用，推进教师信息化建设

教师是推动教育信息化的主体，教师的信息技术应用能力水平直接影响着教育信息化的发展程度。为适应教育信息化的发展要求，以信息化带动教师培训科学化，促进教师教育的改革和发展。

（1）承担中小学、幼儿园教师、校（园）长培训信息化管理工作；建立教师信息化平台，统筹组织网络研修活动，充分利用各种信息资源进行自主学习和自我发展。

（2）指导中小学、幼儿园教师开展现代信息技术与学科教学融合应用的工作，搭建本区教学资源库，提高教师信息化教育教学水平。

（3）负责中小学的教学仪器、教育信息技术装备、实验室、图书馆等的指导和管理工作；负责中小学信息技术教育的规范和实施工作，检查、指导、评估和督促中小学电化教育工作；指导中小学校园网络安全配备工作；组织和指导信息化教育课程和实验教学课程的研究、管理工作，对信息化教学、实验教学进行检查和质量监控。

（4）总结和推广先进的信息化教学经验和实验教学经验，评选优秀的电化教学和实验成果。

习近平总书记指出："中华民族伟大复兴中国梦的实现，归根到底靠人才、靠教育。"教育兴则国家兴，教育强则国家强。江城区教师发展中心在上级政府和教育部门的正确领导下，坚持以师为本、追求卓越的工作理念，逐步实现项目品牌化、师资专业化、课程精细化、服务优质化、评价标准化，构建完善的中小幼教师专业发展体系，推动江城区教师队伍实现高质量专业化发展，力争成为全省乃至全国一流的教师专业发展平台，为推动阳江市教育高质量发展作出贡献。

第二节　教师专业发展的梯级路径建设

"百年大计，教育为本。教育大计，教师为本。"2018年1月20日，中共中央、国务院发布了《关于全面深化新时代教师队伍建设改革的意见》，明确将教师作为教育发展的第一资源。为贯彻落实教育规划纲要以及教育部关于大力加强中小学教师培训工作的意见精神，提高教师整体素质和专业水平，建设一支师德高尚、业务精湛、结构合理、充满活力的教师队伍，发展中心从2020年初建成以来，以省重点课题"基于教师专业素养提升的三级研训联动实践研究"为抓手，历经三年的探索和实践，构建了在职教师培训"研训联动·梯级成长"的教师专业发展新模式，逐步形成"教坛新秀—骨干教师—名师"的"云梯工程"教师培养路径。

一、三级联动，研训合一

在"三级研训联动"模式中，发展中心负责对学科教师培训及专题培训的统筹组织安排工作，中心教研组由教研员和学科优秀骨干教师组成，通过组织教研活动带动和培养一大批青年骨干教师，研训基地则负责学科教师的全员培训工作，探索校本培训的有效路径，以基地学校为样板，辐射其他学校的校本培训。江城区教师发展中心先后成立了10所研训基地学校、18个中小学学科中心教研组，共114位学科中心教研组成员。教研组成员作为区教师培训的种子教师，担任着学校校本研训、新教师培训的导师任务。

在此三级研训联动统筹管理下，中心更好地做到了研训合一。教研、科研、培训三位一体，高度融合，可以说，教研是分散式的专题研训，科研是专题式的集中研训，培训是集中式的专题教研。

二、遵循教师成长规律，促进教师专业成长

发展中心的职责是引领和服务教师的成长，必须遵循教师成长的规律，针对不同阶段的成长规律，给予其专业的引领。新教师的教师技能不熟练，缺乏教学实践经验，发展中心的主要任务是让他们学会分析教材，掌握基本技能与规范教育教学行为，系统掌握专业知识，深度了解教学内容和研究学生；骨干教师经验较丰富，但教学尚未有自己的特色和风格，缺乏学科教学思想，培养任务是使其形成教学特色，形成学科教学思想，借助教育研究和实验，形成教学思想和风格，使之成为学科带头人；名教师有一定的教学思想、教学特色和风格，通过建立工作室带领团队、开展系统深入的专业研究和传递教学经验与教学思想，使之成为专家型、有较大区域影响力的教师。

三、搭建"云梯工程"，探索教师培养新路径

教师发展中心对全区教师教研和培训项目进行顶层规划，统筹组织规划，提出了教师培养项目建设的要求，探索系统性、目的性、长期性的"云梯工程"教师培养路径。针对青年教师孵化培养的"领雁工程"、针对骨干教师孵化培养的"领军工程"、针对名师孵化培养的"领航工程"三大工程建设，在工程建设推进下形成教师分类分层培训培养体系。模式框架图如下：

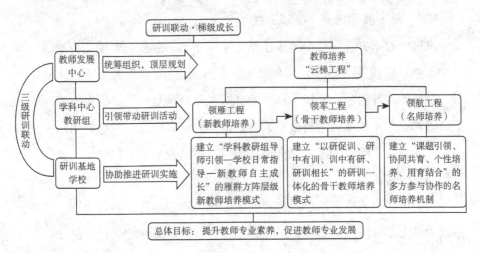

9

（一）新教师培养"领雁工程"

2021年11月，发展中心率先启动为期三年的新教师"领雁工程"培养项目，组织2020年新招的公办教师105人和指导老师59人，举行了启动仪式，在仪式上重温了教师誓词，新教师代表和导师代表分别作了发言，并颁发了导师证。此项目多次在本地主要媒体《阳江日报》上被报道，在本地区具有很大的影响力。

"领雁工程"实行"发展中心组织统筹—导师帮带—新教师自主成长"的培训模式，以成长档案记录的形式，通过校本培训、集中培训、教学诊断、分科指导、自学引领、检查考核等手段，以公开课、论文写作、课题研究等为切入口，努力提升新教师各方面的综合素养。导师和新教师进行青蓝对接，开展逾100场的研训活动，各学科围绕新课标开展主题教学，从进校新教师教学诊断，到导师和新教师带课到其他县区送课和交流，开展教学交流和培训模式推广，最后请进专家开设讲座、带出去跟岗学习，层层推进，务求实效。"领雁工程"旨在通过三年的跟踪培养，使教师们能够树立正确的教育理念，形成良好的职业道德，了解教育政策法规，熟悉课程标准，掌握教育教学常规，完善专业知识结构，提高履行岗位职责能力，尽快适应教育教学工作，成为具有良好师德、较高学识水平和业务能力的教学能手。导师在带领和指导新教师成长的过程中也同样得到了很好的成长，业务更硬，专业更精，职业魅力更高。

（二）骨干教师培养"领军工程"

发展中心举办全区性的"中小学校中层干部、副校长管理能力比赛"及"中小学教师技能大赛"，从获奖人员中选拔出100名优秀教师，将其作为骨干教师的培养对象，开展了一系列针对骨干教师培养的"领军工程"系列培训活动。如"江城区学科教研大讲坛活动"、高中骨干教师转岗培训、组织校长及中层干部管理能力提高培训班、江城区教师书法培训班和全区各学科骨干教师培训等。

为了更好地实现研训合一，"领军工程"除了举行一系列培训活动外，还以学科中心教研组为引领，开展丰富多彩、形式多样的学科教研和校本研修活动，为教师成长提供平台，主要有以下几类：

（1）常规类教研活动。中小学教师技能大赛、论文评选、论文宣读、"一师一优课，一课一名师"录像课评选、微课评选、精品课评选、中考复习同课异构研讨活动等。特别是成功举办"江城区中小学教师技能大赛"，覆盖全区中小学各学科，展示了优质课，很好地选拔了优秀教师，储备了优秀种子教师。

（2）特色创新教研活动。举办了中小学创新创优项目、校长汇报及优秀项目现场展示观摩活动；暑假组织开展"研读教育专著，提升专业素养"主题读书活动，评选出优秀读书笔记，并举办了读书分享活动。

（3）研训一体化教研活动。开展"江城区学科教研大讲坛活动"，立足于本土，每期的专题讲座主要由教研员或学科中心教研组骨干成员主讲，线下和线上直播相结合，活动历时一年；各学科开展"《义务教育课程标准（2022年版）》培训"，由教研员或学科中心教研组骨干成员主讲。以上两项活动把研和训进行了一体化，效果很好。

（4）跨区域联动教研活动。每年均多次组织外市名师工作室与阳江市名师工作室进行教研交流；邀请本市正高级教师到江城区进行专题讲座；与区域外开展骨干教师两地教研交流活动。

（5）以"研训合一"的模式开展中小学学科教师培训。每年组织1500多名中小学各学科骨干教师参加中小学学科教师教学能力提升培训活动，分科分学段每年不少于15场专场培训，通过一线名师优秀课例示范与引领、专题讲座、评课议课、分析研讨等培训内容，使初中学科教师精准把握中考命题方向，合理制订学科备考复习策略，提升备考的针对性和有效性；使小学学科教师掌握了高效课堂教学模式，提高了课堂教学质量，开阔了教学思路，提升了自身教学教研水平。

（三）名师培养"领航工程"

在开展新教师"领雁工程"项目及"领军工程"骨干教师培训项目的基础上，发展中心向更高一层梯级的名师人才培养路径迈进，启动了名校长、名教师、名班主任培养"领航工程"项目，评选多名江城区中小学骨干教师以及名师培养对象60名（分别为名校长10名、名班主任20名、名教师30名）。名师培养项目结束后将进行严格的名师评选，评选出的名师都要成立名师工作室，每个工作室为期三年，按要求带领工作室成员，开展课题研究和研修交流活动，发挥名师示范、引领、辐射作用，三年后对其进行考核评选。

此项目经过制订方案，建立组织架构，遴选培养对象，制定培养目标，确定培养的总体规划的流程，拟在全区建立两个以上的培养基地，将其作为名教师、名班主任和名校长的跟岗学习和集中锻炼的主要阵地。培养周期为三年，实行分班培养制度，将培养对象编为学习班，每班安排班主任负责组建班级学习小组、跟踪学员学习过程、落实学习管理建档工作。培养工作分理论研训培养（模块一）、学科教育理解培养（模块二）、跨校实践培养（模块三），将每个模块培养结束后的过程性评价与周期培养结束后的综合评价相结合，开展学员培养学习情况评价。教育局和发展中心对每个学员的培养学习成效进行最终的评价审核。

教师发展中心成立几年来，在三级研训联动提高教师专业发展新模式下，在职教师培训效果显著提高。一改以往为了培训而培训，专家一言堂的讲座模式，培训费时无效的状况，推进以活动切入、导师帮带、研训合一各种方式的培训项目，真正满足了教师专业知识和教育教学能力所需，提高了教师参训的主动性、积极性，也切实让教师在培训中快乐地提高了自身的专业知识、教育教学能力和综合素养，还在培训活动中建立一起成长的圈子。学校教师普遍反映，和以前相比，现在的教师培训让他们真实地感受到区教师发展中心是教师成长的摇篮，也是服务、引领教师成长的平台。

为进一步提高教师培养层次，提升教师培养质量，全面提高中小学教师质量，建设一支高素质专业化的教师队伍，造就一批学科知识扎实、专业能力突出、教育情怀深厚的高素质复合型教师，"教坛新秀—骨干教师—名师"的教师培养路径还需继续进行探索和优化。发展中心将继续学习国内外先进的师训经验，结合本地区的实际情况，着力开发一套完善的在职教师培训课程体系和探索更有效的路径，科学统筹教师培养项目。这是新时代教育的需要，也是教师成长的需要，符合教育发展大计的要求，更是为加快教育现代化，建设教育强国，办好人民满意的教育、实现中华民族伟大复兴的中国梦奠定坚实基础。

第三节 教师专业发展的培训项目实例

江城区新教师培养"领雁工程"

一、目的意义

为了加快教育现代化建设进程，尽快建立一支高质量的，能适应我区新课程改革需要的教师队伍，提高新教师实施素质教育和推进基础教育改革的能力和水平，努力使新教师早日进入角色，尽快胜任教育教学工作，成长为区教育教学骨干的后备力量，江城区教师发展中心结合"三级研训"课题研究和教师成长路径探索，开展了江城区新教师培养的"领雁工程"。

二、指导思想

以新课程理念为指导，以提高新教师业务水平和教育教学实践能力为重点，实行导师帮带、成长档案记录的模式，努力提高新教师在师德修养、文化业务和专业成长等方面的综合素养。

三、培养目标

树立正确的教育理念，形成良好的职业道德，了解教育政策法规，熟悉课程标准，掌握教育教学常规，完善专业知识结构，提高履行岗位职责能力，使新教师尽快适应教育教学工作，做到一年常规入门，两年上课过关，三年业务达标，五年成为具有良好师德、较高学识水平和业务能力的教学能手。

四、培养对象

每年新招聘的公办教师。

五、师资团队

培训期间分别由学校、教研中心组骨干教师等优质的师资团队承担指导任务，各学段指导教师名单如下：

小学语文：郑小莲、关肖梅、王思阳、敖舒敏、谭顺舟、谭律、黎宝霞、梁玉环。

小学数学：黄梁海、张红梅、梁丽均、梁小清、陈先记、冯永红、曾志勇、关春燕、冯彩虹。

小学英语：关蒂斯、朱俏蓉、林月喜、黄水甜、谭名快、梁椿苑、梁远、梁丹、黎冠丹、洪名钰。

中小学美术：冯仪佳、王国强、颜怡芳、胡婷婷、梁小菊、傅芍妹、欧智勇。

中小学音乐：关月喜、李宗旋、黄夏、黎小菊、吴媛媛、冯明娴。

中小学体育：张金志、姜喜兴、黄诗结、王远明、黄永康、郑其集。

心理健康教育：赵薇、李秀梅、王丹丹、李风云、杨春辉。

六、培养内容

遵循"基于学校、师德为先、分类施训、知行合一"原则，经过二至三年递进式培训，引导新教师树立立德树人理念，自觉遵守职业规范，掌握教育教学理论，研习学科教学方法，形成教学基本能力，扣好职业生涯"第一粒扣子"，适应教师岗位要求。引领新教师坚定职业信念，提高职业领悟，规范职业行为，修炼职业形象，为立德树人奠基。指导新教师掌握基本教学规律，学会教材分析、学情分析、教学设计、课堂管理和教学评价，为教书育人赋能。帮助新教师形成教学研究意识，熟悉观课议课、教学反思、案例研究、论文写作、课题研究等教研方法和途径，掌握信息技术基础应用能力，为专业发展助力。探索标准化、体系化、制度化的新教师入职培训机制，打造新教师入职培训示范模式，汇聚优质资源，为项目的实施增值。

具体内容分为职业领悟与师德践行、教学常规与教学实践、班级管理与育德体验、教学反思与教研基础和教育理论与专业知识补偿五个维度。

1. 职业领悟与师德践行

思想政治类研修内容主要包括习近平新时代中国特色社会主义思想、社会主义核心价值观、学科育德途径与方法等；师德践行类研修内容主要包括习近平总书记关于"四有"好老师、"四个引路人"等重要论述，《新时代中小学教师职业行为十项准则》《中小学教师违反职业道德行为处理办》法等。通过分享师德践行案例，领悟师德楷模风范，开展师德失范警示教育，帮助新教师增强职业使命感、责任感和敬畏感，培育新教师的教育情怀。

2. 教学常规与教学实践

主要包括课程改革基本理论、课程标准与学科核心素养、教材分析要领、学情分析方法、教学设计策略、课堂教学技能、教学评价反馈、教学反思技巧、"三字一话"基本功等内容，增强新教师的教学实践能力，助力新教师站稳讲台。

3. 班级管理与育德体验

主要包括品德与心理健康教育、班级管理技能、综合育德实践等三个方面，加强家校沟通、班集体建设、主题班会和班（团、队）活动设计、综合素质评价、校园安全和突发事件处理等重点内容的研修。通过典型案例剖析和德育经验分享，提高新教师的育人能力。

4. 教学反思与教研基础

主要包括教学研究基本方法、教研活动基本形式、观课说课基本技能、教学常规反思策略、教学案例撰写、小微课题研究、教研成果提炼萃取、信息技术教学应用等基础内容，提高新教师的教学反思能力，促进其教学行为改进，激活新教师的发展潜能。

5. 教育理论与专业知识补偿

主要包括教育政策法规、教育（心理）学基础理论、学科教学知识、课堂组织与管理、传统教育文化继承与发展、教师职业语言与基本礼仪等内容，补好新教师入职短板。

七、培养路径

新教师培养建议按照如下主要流程，有计划、分阶段、递进式实施：

（1）需求诊断。通过问卷调查、实地访谈、课堂诊断等形式，围绕职业理解、教学常规、班级管理、教学反思、家校沟通等内容，进行岗位适应能力诊断，形成诊断报告，为制订培训方案和课程设置提供事实依据。

（2）集中研修。集中培训每年不少于6天。研修内容主要包括职业理想、教育理论、教学技能拓展以及课堂教学常规等内容。研修方式主要为专题讲座、案例分享、体验探究、小组合作等。

（3）跟岗学习。跟岗学习每年不少于6天，由培训指导团队成员与新教师进行结对指导。指导教师通过对新教师课堂教学表现、班级管理实践、教学反思与问题探究意识等进行观察和诊断，及时反馈改进意见，并组织新教师开展专题研讨、观摩名优课堂、交流学习心得、参与家校共育等针对性实践活动。

（4）在岗实践。在岗实践由新教师所在学校组织实施，主要采取师徒结对、同伴互助、案例研究、自我反思和工作坊研修等方式，将指导教师的"传、帮、带"和同伴的"陪、助、促"贯穿始终，引导新教师将培训学习知识转化为自觉的教学行为，使其尽快适应教师岗位需求。

（5）跟踪指导。跟踪指导由所在学校和指导教师协同实施。对新教师的岗位适应情况和个人成长情况进行综合诊断，通过总结提炼、成果展示、自我反思、对比改进等方式，帮助新教师明确发展方向，结合新教师岗位实际，对新教师专业成长进行个性化、针对性的跟踪指导，使新教师持续发展。

八、考核评价

考核评价坚持过程性考核与终结性评价相结合的原则，采取量化评价与定性考核相结合的方法，分类实施。

（1）对任职（跟岗）学校考评。由教师发展中心教师干部培训室组织实施。采用新教师访谈、问卷调查、实地考察、资料抽检、绩效考核等方式，对学校领导重视支持程度、指导团队建设、培训组织实施、新教师工作学习环境及满意度等方面进行考核。

（2）对培训指导教师考核。由教师发展中心和所在学校组织实施。采用领导评价、教师座谈、问卷调查、成果展示、绩效评估等方式，对培训指导教师自身能力提升、问题诊断分析、培训指导履职、结对帮扶效果、成果提炼总结及持续跟踪指导服务等方面进行考核。

（3）对新教师个人考评。由教师任职学校和指导团队组织实施。立足新教师工作实际，采取指导教师评价、与学生及其家长访谈、成果展示、基本功测评、考试考核等方式，对新教师师德表现、自主学习、教学常规、班级管理、沟通协调、教研意识及能力等方面进行考核。

九、组织分工

按照"教师发展中心统筹、学校组织、多方参与、自主发展"的思路，组织实施新教师入职培训，职责分工如下：

（一）教师发展中心职责

制订新教师入职培训计划和实施方案，加强指导团队建设，选好实践学习基地，规范组织实施新教师入职培训；健全培训管理制度和激励机制，发掘、培育、推广典型经验和优秀成果，构建新教师入职培训支持服务体系；落实、管好培训经费。收集、提炼和推广学校典型经验和优秀成果，创新新教师入职培训的工作机制和示范模式。

（二）所在学校职责

（1）履行培训主体责任，为新入职教师选派好帮扶导师，建立新教师入职培训的管理制度和激励机制。

（2）支持新教师专业发展，为其提供必要的学习条件和培训保障，做好在岗实践过程中的监管和考核评估工作。

（3）做好新教师入职培训工作总结和成果展示，提炼培训生成性资源，推广和应用代表性成果。

（三）指导团队职责

（1）主动参加培训者团队的学习活动，提升自身思想素质和示范引领水平，当好新教师入职的"引路人"。

（2）梳理、研究新教师教育教学过程中的问题，做好阶段诊断和情况反馈工作，提出解决方法和策略。

（3）做好训后跟踪指导、定期回访工作，巩固培训指导成果，及时总结、推广指导经验。

（四）新教师职责

（1）进行自我诊断，找准自身短板，明确培训目标任务，制订个人培训计划和专业发展规划。

（2）自觉参加培训，接受指导教师的帮带，将培训学习与教育教学实践紧密结合，提升岗位适应能力。

（3）认真总结反思，提炼生成个人代表性成果，积极参加成果展示活动，促进自我持续发展。

十、组织实施

1. 明确责任主体

加强组织领导，把新教师培养作为全面深化新时代教师队伍建设改革的重大举措，将其列入重要议事日程，切实将计划落到实处。教育行政部门要加强统筹管理和指导，为新教师教育振兴发展营造良好的政策环境。成立新教师培养项目领导小组，为新教师培养提供有力支撑。

2. 加强经费保障

加大新教师教育财政经费投入力度，提升项目保障水平。新教师培训经费要列入财政预算。为相关专家培训、外出学习、教研活动和课题项目提供经费保障。

3. 开展督导检查

建立新教师培养项目实施情况的跟踪、督导机制。建立新教师成长档案，确保各项任务落到实处。按照有关规定对先进典型予以表彰奖励。

十一、成果形式

（1）"领雁工程"每年度总结材料汇编。

（2）"领雁工程"学员学习体会汇编。

（3）"领雁工程"学员活动美篇或简报。

（4）"领雁工程"学员参加各级各类比赛成绩汇编。

（5）"领雁工程"学员成长档案袋。

十二、特色亮点

（一）精研方案，明确目标

为做好江城区新教师培养领雁工程项目的培训工作，中心将培训目的确定为提高新教师职业适应能力，缩短角色转换期，促进新教师专业化成长。此外，中心领导高度重视此次培训，并召开前期调研会议，多次就项目实施方案的制订与培训室的建设进行深入的沟通、指导，为切实了解江城区中小学教师发展现状进行调研，通过现场访谈、问卷调查等方法深入了解阳江市江城区新教师的实际需求，结合教育局要求，撰写调研需求报告，制订明确的培训目标，创新培训模式，确定培训方案的起草、修订和实施方案，确保全面提升参训学员的整体能力。

（二）课程设置，科学合理

（1）本次培训围绕项目目标，针对不同的培训内容，通过观课议课、专家点评、专题讲座等形式加深理论讲解、知识解析等，夯实、扩充学员知识，引领学员提升理论素养。

（2）培训共开展75次公开课、16次专题讲座、9次示范课，为新教师从诊断、指导、示范三条引线对学员的能力短板进行诊断，并提出改进建议。

（3）通过过程性考核和总结性考核相结合的方式，加强培训对象的总结反思，进一步提炼培训研修成果。

（三）中心教研，全程跟班

本次培训对每一位参训学员安排3位以上的指导教师，这些指导老师都是来自"三级联动研训"中的中心教研组核心成员，通过在校导师、区域名师和教研员三层叠加指导，帮助学员解决学习上的问题。这一举措，充分展现了"三级联动研训"课题研究的推进和成果。

十三、培养成效

目前，新教师培养"领雁工程"项目正有序开展，共105名江城区新教师参加了此次培训，培训按学科分为小学语文、小学数学、小学英语、美术、音乐、体育、心理健康共7个学科，通过公开课、示范研讨课、专题讲座、总结活动等形式进行。

培训培养，已经初见成效，学员们完成了集中学习和跟岗学习的所有学时，获得学习体会与思考200篇，简报或美篇60多篇，有30多人成长为学校骨干，约15人在区级比赛中获奖，所辅导学生在市级区级学科竞赛中获奖。

以下选取三位学员的收获及心得感言。

做一粒好种子，扎根教育

阳江市江城区双捷镇中心小学语文教师　许月筹

为期三年的2020年阳江市江城区新教师领雁工程培训成长之旅已过一半，在此再一次衷心地感谢区教育局、人社局的领导和各位老师对我们新入职教师的关怀和鼓励，感谢授课的专家老师孜孜不倦的教诲，感谢阳江市教师发展中心为我们安排了这么多充实、有趣、有意义的课程！现结合所学所思所感，浅谈几点心得体会。

一、做一粒善于革新思想的好种子

时代不断发展，科技日新月异，这些都要求教师要秉持终身学习的态度，这样才能在课堂上游刃有余，带给学生知识，帮助学生更好地成长。通过参加区里组织的各类专题讲座、示范课，我深受启发、豁然开朗、备受鼓舞。这些优秀教师的授课讲解深入浅出，谆谆教导入脑入心。通过听精彩的授课，自身对教师的理论和实践认知得到了进一步的提升，对如何更好地去关爱学生、助力学生成长成才有了全面的理解。作为青年教师，我也要努力把握新时代新思想、新的教育理念。因此，我积极参加线上、线下培训，认真制订每个学期的教学计划和教研方案，将每一次外出学习和培训内容都会认真记录下来，结合乡镇学校学生的实际情况进行思考。抓实一日活动常规管理，通过常规听课、及时交流、集体备课等，不断提高自己的专业素养。

二、做一粒敢于认同自我的好种子

还记得第一次从市区驱车近30公里到达这里，朴素陈旧的校园映入眼帘，显然和我预想的样子不一样，但转眼一想，教育无小事，更不分地方，农村孩子更需要好的教育。带着对教育事业的憧憬与热爱，我承担了学校语文教学工作和班主任职务。从我第一次踏上三尺讲台，接触到那几十双既纯真稚嫩，又充满渴求知识的目光起，我便有了一个执着的信念：全身心投入教育事业，无愧于人民教师的光荣称号。"老师好！老师你吃早饭了吗？我这里有张贴纸要给你哦！"看看学生们天真的眼神，我的内心荡起了涟漪，是啊，当教师虽然通勤的时间很长，偶尔被学生惹得生气，却一直被治愈。是的，我是一个乡村教师，不管在哪里，都要做一颗努力生长的好种子，长成一棵大树，给学生遮风挡雨。

三、做一粒勇于热血奋斗的好种子

古人云："师者，所以传道受业解惑者也。"韩愈在《师说》里详细描述了教师这一角色，教师不仅要教给学生知识与方法，还要为学生解答困惑。犹记得师范学校的校训为："学高为师，身正为范。"教师，必须时时刻刻审视自己，要不断学习，修身养性，要为人师表，以德树人，不断进行自我修行，才能成为一名优秀的教师，才能做好学生的引路人。

袁隆平先生曾说："人就像种子，要做一粒好种子。"在这里，我将其概括为，要做一粒善于革新思想、敢于认同自我、勇于热血奋斗的好种子，扎根教育这片热土上，散发我们的光芒。

携手共进，群雁共飞之学习成长心得

江城区中洲街道麻演小学英语教师　王娜

我曾看到这样的一段话：有些付出，也许在当下给不了你想要的回报，但是你要相信，人生路上的每一次艰难都是对未来的铺垫。每一分努力，都让你成长；每一点付出，都让你强大。它们会在未来的某一个日子，让你站在更大的舞台上，发光发亮。

2021年11月，江城区小学英语"领雁工程"正式启动，我十分荣幸自己能够参与到这个活动当中来，古语曰："独学而无友，则孤陋而寡闻。"正是这个活动让我们所有的新教师和导师们齐聚在一起，一起交流、一起学习、一起成长。从马曹小学展开的第一次进校教学研修开始，我的学习之路也就此开始。虽然每一次的研修活动都会遇上或多或少的阻碍，但对于我这个刚刚步入教师行列的小雁而言，能够参与其中还是获益良多的，我从每一位授课教师和导师身上都或多或少学习到了一些知识和上课技巧，同时授课教师和导师给我们传递了很多新的教学理念和教学方法，这对于我们的英语教学具有很大的指导意义，让我受益匪浅。下面我就谈谈我对这次教研活动的几点体会。

一、充分发挥学生主体地位，调动学生积极性

无论是之前的课程标准，还是2022年版的新课程标准，都强调了学生应当是课堂的主人这一特点，但是我发现自己在教学过程中总是害怕学生不会读、不会理解，因此总是领着学生重复读。我在这次学习的过程中发现其他的教师大多是让学生成为课堂的主人，会采用不同的方式去调动学生的积极性。例如，及时对学生的表现进行鼓励，多使用表扬语；采用多样互动模式；采用听录音、猜单词的教学模式等，激起学生对英语学习的兴趣，营造宽松、民主、和谐的教与学的氛围，只有学生愿意学了，教学才会有效果。

二、提高了自身的专业素养

我认真听了每一位新教师的课，发现她们各有特色，每一个人身上都有很多值得我去学习的地方。在我参加这次活动之前，我觉得自己能够把知识传递给学生，让学生了解、学习就足够了。但是通过这次活动，我觉得这远

远不够，我们要让学生学到、用到，这才是有效的教学。而在这次活动中，我发现每位教师都很有方法地将学生领进课堂，让学生在课堂中学到东西。也许并不是每个人的方法都适用在自己身上，但是起码我知道了自己的不足，说明我还要不断地学习，不断地丰富自己。对于我来说，我觉得我还有很多东西需要加强，如提高口语表达能力，驾驭课堂的能力等。只有当自身的专业素养达到了一定的水平，自己才能在面对很多问题的时候更好地完成教育教学工作。

三、巧设课件、践行新课标

虽然我也会简单的课件制作，但是在这次学习中我发现其他教师在制作课件这一方面都很厉害，特别是在游戏设计上，如在岗新小学的活动中，冯雪娴老师就用到了希沃，而且她的课件里的游戏十分有趣，还可以让学生上去完成，这样对于学生而言，既有趣又能亲自玩，因此会大大提高学生学习英语的积极性。同时根据教学活动，设计科学、巧妙、精美的课件，我们也还需要根据新课程标准来设计课件。往后自己在设计课件时，也要往精美、巧妙、有趣且符合《义务教育课程标准（2022年版）》要求的方向来努力。

四、转变教学思路、合理调整教学内容

课堂教学是学生获取知识的主要途径，优化课堂教学、改变教学思路是提高教学质量的关键。在教学中要采用多种手段，活跃课堂气氛，增加课堂教学的趣味性，让学生永远感到有一种新鲜感。在评课过程中，肖主任就给我们分享了很多办法，比如让学生制作翻翻卡、用数字点名、拼词等的方法。同时在教学中尽量创设一些生活化的情景，让学生在真情实感中轻松愉快地学习语言、运用语言。例如，在针对林显友老师的课时，有导师就提出在教学过程中应当要联系实际，多列举日常生活中的例子。此外，在教学中应当多留点时间跟空间给学生，做到从"孩子"出发，所以在往后的教学过程中，我应当多思考、多调整，尽量使教学面向全体学生，防止两极分化的情况出现。

每个人都有一个自己的舒适圈。圈里面的事情手到擒来，基本不用动脑子，但是做了也不会有助于你成长。正如我一直待在自己的教学小圈子里的话，我可能接触不到新的教学理念、教学方式等。例如，我之前一直认为情感升华一般都是在课程快结束的时候来一个升华，但是在我上完公开课后，朱校评课的时候就说了，文化意识或是情感教育不一定要放在最后，而是可以在教学过程中逐步渗透，让学生在课堂学习的时候有这样的一个感受，从而达到文化意识渗透、领悟的目的。

要想成长，就应该处于舒适圈之外，能力圈之内。而这次活动既让我发现自己的不足之处，同时又给了我机会好好学习，促使自己不断进步。"独行速，众行远"，相信在这个集体中，我会不断成长，与大家一起携手共进，比肩齐飞，向着远方前进。

江城区"领雁工程"心理健康教育教研活动
——团辅课研讨及诊断收获心得

阳江市实验小学　蔡泳如

2022年4月21日，江城区"领雁工程"心理健康教育教研活动在阳江市实验小学进行，由李风云老师主持，李超老师展示了团体辅导课《找呀找，找到我的好朋友》。在本次团体辅导课研讨中，我有以下几点收获。

1. 团体辅导课的每个环节之间可以借助一定话术进行过渡，并不需要"第一、二环节"这样字眼让课堂进行显眼分段。比如在热身活动结束后，李老师说："同学们的反应真棒，这个小活动对大家来说还挺简单的，那我们一起来进行一个难度更大、挑战更大的活动吧。"

2. 对于小学生而言，在说明规则时，要让他们"看到""听到"，并且也看到规则的示范，让他们充分了解后，再进行。不然就会出现学生"问"个不停，且在活动时按照自己的理解来进行的情况。

3. 如果需要让学生配合，就不要让其他学生知道你提前接触了谁，学生特别聪明，一猜就猜中教师的心思。可以随机选几个坐得比较靠边的学生。提问时，也可以分区域去问，先提问离得比较远的区域学生，再提问"知道"的学生。

4. 在团体辅导中既要兼顾每个环节的既定目标，又要随机应变，让学生在真实活动情境中学习人际交往的小贴士，比如"征兵总动员"里，有的同学不断变换队伍，这时就可以引导相关人际交往问题，在找朋友的过程中，朋友会"叛变"、会突然不跟我们玩，那我们要怎么办？再比如"征兵总动员"中，有3个同学就是不愿意加入其他队伍，这也可以引发思考"暂时没有遇到想深入交往的朋友，我们要怎么办？"

以上是我参加此次培训学习的收获，相信其他学员比我更加会总结，会思考，会感悟。我们一定会在这个团队里越来越有进步，感谢导师团队的引领！

江城区骨干教师培养"领军工程"

一、目的意义

为加强中小学骨干教师队伍建设，根据《广东省中长期教育改革与发展规划纲要（2010—2020年）》《广东省人民政府关于全面实施"强师工程"建设高素质专业化教师队伍的意见》（粤府〔2012〕99号）《广东省"强师工程"实施方案》（粤教师〔2012〕10号）等文件精神，以优化骨干教师培训培养资源、创新骨干教师培养模式为手段，探索构建区级骨干教师培养机制和培养体系，建设一支学科齐全、结构合理、高素质的骨干教师队伍，充分发挥各级骨干教师的示范引领作用，全面带动和促进中小学教师队伍整体水平提升，江城区教师发展中心结合"三级研训联动"课题研究和教师成长路径探索，开展了江城区骨干教师培养"领军工程"。

二、指导思想

以习近平新时代中国特色社会主义思想为指导，深入贯彻习近平总书记在全国教育大会上的重要讲话精神，坚持和加强党对教师队伍建设的全面领导，坚持以人民为中心的发展思想，坚持社会主义办学方向，坚持深化改革，遵循教育规律和教师成长发展规律，加强师德师风建设，培养骨干教师队伍，落实立德树人的根本任务。

三、培训目标

（一）总体目标

通过培训，帮助骨干教师培养对象总结教育教学经验，探索教育教学规律，进一步提升教育教学能力、教研能力和师德素养，使他们加速成长为在全市、全区教育教学改革中能够发挥示范和引领作用的骨干教师。

（二）具体目标

（1）培育高尚的师德修养和教育情怀，培养强烈的事业心和责任感，增强教师职业归属感，优化教师知识结构，培养终身学习的意识和能力。

（2）掌握先进的教育教学理论，把握国内外教育教学改革与发展的新趋势、新特点、新思维，不断创新教育教学方式，提升课堂教学和管理技能，增强课堂学习氛围，营造良好学风。

（3）进一步提升教师的信息技术素养和应用能力，能够熟练地将信息技术与学科教学有机融合，构建高效互动课堂。

（4）掌握教学技能的提升方法和策略，能够进一步改善教学的各个环节，有效提升教学效率。

（5）提高科研意识与科研能力，具备较强的科研精神和创新能力，善于通过科研手段解决教学实际问题。

（6）学习名师的教学理念，掌握教学理念凝练的方法，在专家和名师的指导下，能凝练出自己独特的教学理念。

四、培训对象

将全区遴选的108名骨干教师作为领军工程培养对象，具体方式如下：

（1）通过举办全区学科教师技能大赛，从中挖掘学科带头人，确定各学科教学技能比赛一等奖获得者85人作为骨干教师领军工程第一类培养对象。

（2）通过举办副校长及中层干部能力大赛，从中挖掘一等奖获得者8人作为骨干教师领军工程第二类培养对象。

（3）学科教研员及中心教研组长等15人作为骨干教师领军工程第三类骨干教师。

五、培养周期

培训周期为2年，为期两学年。每学年开展网络研修活动、集中培训、省内跟岗。其中集中培训12天（含集中面授、专家进校、教师论坛和送教下乡）、省内跟岗实践6天。

六、培养内容

在培养期内，按照培养目标的要求，通过系统、全面、持续、精心的组织，以一学年为一个时间单位，将骨干教师的培养要求进一步细化，结合骨干教师成长的内在规律，坚持"理论为基，实践为重，专家引领，自主发展"的原则，围绕教育理论素养提升、课题研究引领、教学理念的打造和提炼、教学技能修炼等设计四大培训主题，每一阶段的培训对应一个主题培训，使培训目的更聚焦、更有针对性，从而让培养对象各项能力在培养周期内能够得到稳步、有序的提升。

七、培训方式

为提升江城区中小学教师的专业发展水平，促进教师教育内涵发展，培育出一支在江城区中小学课堂教学、学科研究方面有影响力和话语权的专家型骨干教师队伍，并以点带面，发挥辐射作用，带动江城区教师队伍的整体提升，培训采用混合式培训模式，即集中面授、网络研修、实践考察和在岗研修相结合，使培养对象能够学用结合、知行统一，不断提升效果转化率，确保培训目的的达成。

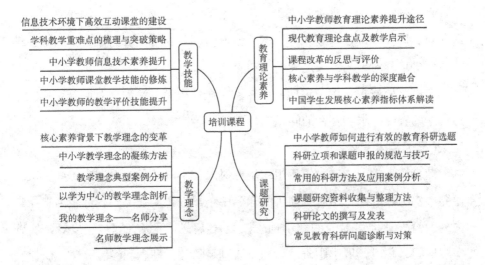

（一）集中面授

集中培训根据培训进程分阶段、分层次进行，主要包括理论知识学习、主题研修等阶段。

（1）理论知识学习阶段，精心聘请省内外知名专家、学者和一线名教师对培养对象就教育理论、人文素养、教学理念、教育科研等专题结合实际案例进行深入系统引导，促使培养对象在专家的专业指导和名教师的言传身教下，加深对现代教育理论的理解与应用，丰富学科教学知识，提高教育教学能力，逐步构建合理的知识结构，增进教育情怀，树立先进教育教学理念，同时组织本地化的专家辅导团队，为培养对象的课后巩固与深化学习提供专业支持。

（2）为巩固集中培训学习的成果，在导师的引领指导下，围绕培养对象的学习实际进程和发展需求展开主题研讨活动，通过参与式、探究式、小组协作、情景式等方式，促使培养对象与专家、学者、一线名教师针对培训主题进行深度对话、交流和研讨。

（二）网络研修

为培养对象搭建集成员管理、通知发布、资源推送和管理、活动组织、提问答疑以及同伴互助等功能为一体的骨干教师网络工作室，通过菜单式的选课方式，培养对象结合自身实际，在导师指导下，灵活打造个性化的学习计划，通过定期开展视频课程学习、案例研习、读书分享、在线答疑、主题研讨、同伴互助、课题指导等网络研修活动，完善培养对象自身的知识结构，促进培养对象与专家之间的互动交流。

在网络研修过程中，定期开展专家在线视频答疑活动，对培养对象学习过程中的实际需求和存在的问题进行实时指导。

（三）实践考察

结合培训学习主题，每年组织培养对象分学段、分组对省内（如肇庆、东莞、佛山、广州、珠海等地）的知名中小学进行实践考察，近距离感受省内外教育发达地区名校的教学理念、教育实践、班级管理与建设等。实践考察期间，积极开展主题研讨活动，通过名师教学理念和经验分享、研讨交流、观课评课等方式，推动培养对象与考察学校进行深度对话，启发思考，激发培养对象的教育智慧，最终形成实践考察报告。

（四）在岗研修

（1）组织培训对象及江城区本地骨干教师，以送教下乡的方式，深入各县（市、区）薄弱学校、边远学校，开展示范教学、课例研修和交流研讨等活动；同时运用信息技术手段，通过名师网络大讲堂给边远学校分享优质教育资源，提升薄弱学校教育教学水平。

（2）定期开展骨干教师论坛，加强培训对象之间的沟通交流，营造浓厚的教育教学氛围，促进教师在交流过程中梳理自身的思路和经验，并通过与更多的同行交流开阔视野，取长补短，把在实践中总结出的新鲜经验与其他教师分享，扩大项目影响力。

（3）组织省级专家团队、市级名师深入学校，实行理论对口指导，现场调查和了解培养对象的成长需求，充分借助专家的指导教育教学经验和实用知识，全面提高培养对象的教学能力、教科研水平等。

（五）物化成果提炼

在总结提升阶段，以专家专题讲座、案例剖析、协作式学习等形式对培养对象的教育理论、专业知识、教学理念、班级管理与建设等进行进一步深化。在导师的指导下，结合上一阶段学习内容和工作实践，撰写改进方案，通过反思交流，集体探讨、分析、改进方案报告，并最终形成新的改进方案。

成果提炼阶段，结合培训内容，在导师的带领、指引下，依据培养对象工作实际，开展课题研究的组织与实施工作，进一步提高培养对象的独立思考和研究能力，独立主持和完成一项课题研究，形成科研课题开题报告、课题研究方案计划、公开发表的论文等物化成果。

八、考核评价

（一）考核原则

（1）过程考评与总结考评相结合。

（2）合格考评与激励考评相结合。

（3）定量考评与定性考评相结合。

（二）考核办法

考核维度分为过程性考核、总结性考核和结业答辩，各考核维度下又细分不同的考核内容，具体的考核标准和权重如下表。

考核维度	考核内容	考核标准	权重
过程性考核	考勤考核	根据集中培训上课时间安排，无缺勤	35%
	研修日志	培训期间每天提交1篇研修日志	25%
	送教下乡	参与2次送教下乡，积极参与上课、听课和评课	10%
	骨干教师论坛	参与2次骨干教师论坛	10%
	网络研修	及时完成课程学习，参与主题研讨、读书分享、专家在线指导等研修活动	20%
小计			100%
总结性考核	名校考察报告	提交1篇省内名校考察报告	20%
	跟岗实践报告	提交1篇省内跟岗实践报告	20%
	教育科研	主持或参与1项区级或以上科研课题，撰写教育教学论文1篇	60%
小计			100%
结业答辩	结业答辩	准确陈述培养成果，要点突出，具有说服力。回答专家提问，思路清晰，有理有据	100%

（三）考核等次

过程性考核、总结性考核和结业答辩均采用百分制形式，三个维度在总成绩中所占比例分别为30%、40%和30%，培养对象总成绩=过程性考核成绩×30%+总结性考核成绩×40%+结业答辩×30%，设置优秀（90~100分）、合格（70~90分）和不合格（70分以下）三个等次，培训对象的最终成绩达到70分及以上即通过考核，颁发结业证书和荣誉证书，并以此为重要依据评选区级骨干教师。

九、组织实施

1. 明确责任主体

加强组织领导，把骨干教师培养作为全面深化新时代教师队伍建设改革的重大举措，将其列入重要议事日程，切实将计划落到实处。教育行政部门要加强统筹管理和指导，为骨干教师专业发展营造良好的政策环境。成立骨干教师培养项目领导小组，为骨干教师培养提供有力支撑。

2. 加强经费保障

要加大骨干教师教育财政经费投入力度，提升项目保障水平。骨干教师培训经费要列入财政预算。为相关专家培训、外出学习、教研活动和课题项目提供经费保障。

3. 开展督导检查

建立骨干教师培养项目实施情况的跟踪、督导机制，确保各项任务落到实处。按照有关规定对先进典型予以表彰奖励，做好培训的考核、评价和总结等相关工作。

十、实施流程

第一阶段：调研阶段，2022年3月至4月。

第二阶段：制订方案，2022年5月至6月。

第三阶段：学员遴选，2022年9月至10月。

第四阶段：集中培训，2023年3月分两批到中山集中培训。

第五阶段：跟岗研训，2023年4月至6月。

第六阶段：成果汇总，2023年7月至12月。

十一、实施概况

第一批：跨区域交流经验，提升教学管理能效

为加强阳江市江城区中小学学科骨干教师队伍建设，提高学科骨干人员教学教研水平，3月20日至3月23日，由阳江市江城区教师发展中心主办的阳江市江城区中小学骨干教师综合能力提升培训（第一批）在中山市顺利开展，44名教师参加了培训。

开班仪式上，阳江市江城区教师发展中心副主任表示，参训老师均为区能力大赛的获奖人员，起点高、希望也高，希望大家能带着求学的心态参加此次培训。同时，对参训教师提出了三点学习要求：一是把握机会，明确学习目标；二是认真学习，严守培训纪律；三是学以致用，理论联系实际。

阳江市江城第一小学副校长梁瑞茹作为学员代表发言，她表示，一会认真学习，严守培训纪律；二会学以致用，理论联系实际。并号召大家珍惜此次学习的机会，努力提升教育教学素养、课堂教学水平，从而促进自身专业化成长。

培训邀请了广东省名师工作室主持人谭诗清老师作《如何构建基于"学情分析"的精准教学模式》专题授课，珠海市金湾区第一小学校长李湘云带来了《教师创新思维与课程领导力》专题讲座。

培训期间还组织了参训教师分别走进中山市石岐体育路学校、中山市实验小学、中山纪念中学火炬二中、中山市华侨中学观摩各学校特色校园文化和校园特色课程，并与学校一线教师开展教学、教研交流研讨。

最后进行培训总结，各小组代表分享了本次培训的收获与感想，表示在教育教学的道路上，要不断地学习、不断地创新，要成为"心中有爱、胸中有墨、肩上有责"的教育智者。学员代表梁瑞茹校长表示要通过培训去践行最新的教育理论，去做立德树人的践行者，去做新教学模式的尝试者，

去做一名充满激情的老师。最后，阳江市江城区教师发展中学副主任做总结发言，肯定了这次培训所取得的成效，并希望参加本次培训的教育人继续努力，与时俱进，开拓创新，为全面推动江城区教育高质量发展做出贡献！

本次培训，使参训教师接受了新理念、学习了新知识、掌握了新技巧，还帮助了参训教师提升实战环境中的能力水平。在今后的工作中，参训教师将所学到的知识、技能，应用到教育教学过程中，不断推进江城区教育的高质量发展。

第二批：团队研修以臻善，学思悟行共提升

为加强阳江市江城区中小学学科骨干教师队伍建设，提高学科骨干人员教学教研水平，促进学校育人工作科学发展，3月27日至3月30日，由阳江市江城区教师发展中心主办的2022年阳江市江城区中小学骨干教师综合能力提升培训班（第二批）在中山市顺利开展，40名教师参加了此次培训。

江城区教师发展中心教师干部培训室主任强调了这次培训的重要性，并就培训作出了具体要求：①每人要强化责任，积极进取。②牢固树立研训一体、研训同行的理念，要不断学习，坚定信念，借助理论引领，注重理论指导实践。③学并能成，学并能用。同时对学员们寄予厚望，希望学员们通过本次培训能够有所收获、有所成长，在教育格局上有质的飞跃，进一步开阔视野，发挥示范引领作用。

阳江市共青湖学校政教主任陈倩茹作为学员代表发言。陈老师跟学员们明确本次培训的目标，并代表学员承诺：认真学习，严守培训纪律，学以致用，理论联系实际，把所学、所获、所想服务学校，辐射周边，共创阳江江城教育事业的美好未来！

培训以学员实际工作中所面临的问题为导向，强调专题讲座和经验分享共举，考察学习与交流研讨相结合。

专题讲座环节邀请佛山市教师教育发展促进会副会长、正高级教师谭诗清和珠海市金湾区第一小学校长、正高级教师李湘云分别作《如何构建基于"学情分析"的精准教学模式》《教师创新思维与课程领导力》专题讲座。谭诗清老师从教学模式、教学方法、高效课堂等方面阐述了如何基于"学情分析"构建精准教学模式与方法；李湘云校长围绕"高质量发展、课程建设"两个问题直击主题，表示创新思维是实现课程创新实践的关键能力，是重视核心素养培养，打造高效益课堂的根本。

此次培训还组织教师赴中山市石岐体育路学校、中山市实验小学、中山纪念中学火炬二中和中山市华侨中学等四所重点示范学校进行观摩学习。参训教师在现场感受了学校的校园文化和校园特色课程，深入课堂参与听评课活动，并与学校一线教师交流教学、教研等方面问题。同时围绕课程建设、教学提质、教师发展等主题展开座谈交流。

校园活动结束后，组织了一场总结分享交流会。在交流会上，各组代表分别做了学习总结，从切身感受出发，分享了研修的所感、所悟和所获，表示培训的行程及内容安排合理，既有顶层专家理论引领，又有一线学校校长经验分享；既介绍了学校发展历史，又有教学实践的创新经验分享介绍；既有底蕴深厚的学校，又有现代化的学校。培训内容丰富、针对性强。真正学习到了先进的教学理念和方法。本次的总结交流，形成了学习与交流的良好氛围，探索了新形势下教育、教学工作建设的新思路。

培训感悟是一种无声但有力的力量，文化底蕴是教师工作的精神层次表现。此次培训参训教师不仅学习了新理念、新知识、新技巧，还提升了工作能力水平，为江城区建设一批中小学学科骨干队伍提供助力。

十二、成果形式

（1）"领军工程"学员思考感悟汇编。

（2）"领军工程"学员成长足迹汇编。

（3）"领军工程"学员引领计划汇编。

十三、培训成效

这次阳江市江城区中小学骨干教师综合能力提升培训班一行共84位学员，他们带着满腔的热情，怀着共同的期待，相聚中山市，共赴这场学习与成长的盛宴。参训教师聆听教育专家的殷殷教诲，记录自己的点滴感悟，在研修的沃土中吸纳营养，在江城区教育这片广阔田野上生根、发芽，茁壮成长，为江城区的教育事业添砖加瓦。

一是经过培训，了解了信息技术环境下学情分析的精准教学模式，感受智慧课堂下的互动教学，学习借鉴了中山市优质学校班级管理、家校共育、教学实践等创新经验，进一步优化了江城区学校教育教学工作方法，提升了自身教学能力，推动江城区教育教学工作高质量发展。

二是培训以解决实际工作中的典型问题为重点，基于实际工作需要，以实际问题为导引，通过实地考察、交流研讨、听课评课等方式，提升参训教师的教研能力。

三是生成一批文本和数字资源。包括培训需求调研问卷、学员培训简报、学员培训档案、学员培训作品、学员教学案例等文本资源，以及专家授课课件、培训照片等数字资源。

四是助推阳江市江城区教育教学科研发展。通过对培训效果及训后跟踪反馈信息的分析，收获了助推阳江市江城区教育教学科研工作科学发展的心得和经验。

五是培训总体满意度高，学员对项目设计、培训实施、培训管理、培训效果的满意度高达96.43%。

江城区名师培养"领航工程"

一、目的意义

为贯彻落实《中共中央 国务院关于全面深化新时代教师队伍建设改革的意见》《中共广东省委 广东省人民政府关于全面深化新时代教师队伍建设改革的实施意见》精神，继续深入实施广东省、阳江市"强师工程"，促进江城区中小学校长和教师专业化发展，逐步培养和建设一支具有现代教育理念和专业水平的名校长、名班主任及名教师队伍，并带动全区教师队伍整体素质提升，全面提高教育教学质量，推进江城教育高质量发展，教师发展中心结合"三级研训联动"课题研究和教师成长路径探索，开展了江城区名师培养"领航工程"。

二、指导思想

以习近平新时代中国特色社会主义思想为指导，遵循高素质教育人才的成长规律，实施人才队伍梯队建设，满足未来县域名师、名校长队伍发展需要，培养师德高尚、业务精湛的高素质中青年校长和名教师队伍，促进县域教育事业优质、均衡、高质量发展，全面实现教育现代化。

三、培养目标

从提高中小学校长和教师队伍整体素质的愿景出发，以培养区级名校长、名班主任及名教师为工作重点，以建立名师工作室为工作抓手，创新培养机制，发挥名师的辐射引领作用，培养种子教师，提升教师专业素养，实现我区教育高质量发展。

名师培养"领航工程"旨在培养和建设一支有先进办学理念、业务精湛、善于管理、实绩显著的校长、教师队伍，使他们在师德修养、管理水平和育人能力上取得新突破，逐步成为在市内有较高知名度的具有教育情怀的研究型、专家型教师。

四、培养对象

通过单位推选、个人申报、人事部门组织评审等环节遴选区内中小学（幼儿园）优秀校长（园长）10人、班主任20人、教师30人作为名师培养对象。

五、培养周期

从2023～2025年，以三年为一个周期。

六、组织实施

采用集中研修、自主研修、考察观摩、示范引领、成果培育多种方式，全面提升名校长、名班主任、名师人选的师德修养、教育教学理论素养、实践创新能力和个人的可持续发展能力。

1. 集中研修

通过专家讲座、集中研讨、跟岗学习等形式，夯实和更新教育管理理论知识，把握教育发展前沿问题，掌握教育教学研究基本方法，锤炼专业精神，丰富管理智慧，有效提升专业化水平。每年集中面授和跟岗学习时间分别不少于6天。

2. 自主研修

通过反思教育管理实践，进一步明确教育管理理念、明确个人优势特长和发展方向。采用线下和线上学习研讨相结合的混合学习方式，进行自主研修。利用"互联网+教育"优势，开展在线课程学习、名著研读、案例研讨、个性化指导等活动。通过对教育学、心理学、管理学等经典著作进行有针对性的深度学习，提升专业理论素养，逐步形成自己的教育思想和办学理念。每年完成不少于60学时的网络研修。

3. 考察观摩

通过省内外的实地考察交流活动，充分感受先进的教育管理理念和方法，进一步开阔教育视野，激发发展热情，促进自我反思、提升教育管理创新能力。

4. 示范引领

通过帮携薄弱学校、参加教育志愿服务活动、建立"名师工作室"等，形成志愿服务精神，提升师德水平，培育教育情怀，发挥辐射引领作用。

5. 成果培育

通过承担课题、论文撰写等形式，对教育教学实践进行理论提升，对个人的教育理念、教学风格和特色进行科学、系统地总结和凝练，并通过多种形式展示、推广研究成果。

七、评估考核

制定并公布培养过程性考核指标和结业考核标准，保证培养绩效。名校长、名班主任、名教师培养对象依据考核认定标准，明确发展目标，细化年度任务，制订年度计划，撰写年度总结。建立培养对象成长档案袋，开展过程评估。对达不到过程评估要求的进行业务约谈，并帮助其制订改进措施。过程评估成绩作为届满认定的重要依据。

培养对象在培养期内，要精读3本以上教育教学、教育管理经典著作，完成集中面授、跟岗学习和网络研修任务，同时应至少完成以下任务中的一项：管理经验在区级以上范围内得到推广；完成不少于3000字的反映个人教育思想、教学主张和教学特色的学术性总结论文；获得区级以上教育教学成果奖。

八、保障措施

1. 组织保障

名师培养"领航工程"是江城区委人才工作领导小组办公室和区教育局为加强教师队伍建设的一项重要举措，全区各中小学校（幼儿园）要从教育全局工作来认识、领会工程实施的重要意义，采取有效措施，加强各级组织保障。区教育局要明确"领航工程"的责任部门和责任主体；搭建培养对象阶梯成长平台，营造有利于培养对象成长发展的环境和文化氛围。培养期内，培养对象如有工作变动，区教育局人事部门要及时与区教师发展中心沟通对接。

2. 经费保障

江城区委人才工作领导小组办公室和区教育局积极筹措资金，为"领航工程"的顺利实施和建立名师工作室提供资金保障，资金用于集中培训、跟岗学习、网络学习、考察观摩、教育教学研究、培养管理等。培养期内，培养对象参加国内培训来往交通费等由所在单位报销。

3. 条件保障

区教育行政部门要为"领航工程"培养对象创造有利条件，提供交流、展示的平台，为"领航工程"培养对象外出参加学习研修等活动提供时间保障和经费支持，支持"领航工程"培养对象在教育教学、学校管理等方面进行改革和创新。

4. 管理保障

区教师发展中心要注重对"领航工程"培养对象培养过程的管理，要将过程管理与考核评价相结合，既注重培养对象的日常表现，又注重培养对象在培养环节的学习成效。

培养对象培养期届满，区教师发展中心根据培养对象成长档案和师德表现、管理创新、引领示范、办学实践等方面进行综合评定，由本人写出总结性报告，区教师发展中心在考核的基础上对培养对象的培养情况作出评价，形成书面材料报区教育局。

凡有下列情形之一者，终止培养任务，取消认定资格：师德考核不合格的；调离我区基础教育工作领域岗位的；有违法违纪行为；有其他应终止培养任务情形的。

九、进展情况

目前，在区人才工作领导小组的关怀指导下，区教育局人事部门已下发名师推选通知，各项工作正在按计划有序进行中。尤其是名师培养"领航工程"得到了广东省粤东西北全员轮训省级项目组广东第二师范学院的大力支持，已将该项目确定为2023年度省级项目之一。该名师培养项目结束后，将进行严格的区级名师评选，拟评选出的名师都要成立名师工作室，每个工作室为期三年，按要求带领工作室成员，开展课题研究和研修交流活动，发挥名师示范引领辐射作用，三年后进行考核评选。希望通过该项目的实施，为江城区教师队伍建设注入更加鲜活的力量，树立起三面旗帜，并逐年推行下去。

2022年阳江市江城区中小学学科教师有效教学培训

一、项目背景

为加强江城区中小学教师队伍建设，提高江城区中小学各学科教师的课堂教学能力，提升教师队伍的专业化水平，促进基础教育教学工作科学发展，根据《广东省人民政府关于全面深化新时代教师队伍建设改革的实施意见》以及《阳江市江城区教育局关于印发江城区教师研训基地建设方案的通知》（江教研〔2020〕58号）等文件精神，立足江城区基础教育实际情况，组织本培训并实施。

二、培训目标

（1）以"双减"为背景，以课堂为阵地，深入教研基地现场观课、议课和评课，促进教师专业发展，改进教育教学行为，不断提升课堂教学质量。

（2）解读学科2022年版课程标准背景、目标及内容，明确新课程重点，学习"双减"背景下学科新课标在课堂教学中的落实方法，增强学科教学有效性。

三、培训对象

江城区义务教育阶段中小学学科教师（包括中心教研组长）1000人。其中，初中九大学科教师共520人（含语文80人、数学80人、英语80人、道德与法治50人、生物50人、历史50人、物理50人、地理40人、化学40人）；小学语文、数学、英语学科教师共480人（含一、二、三年级语文80人，一、二、三年级数学80人，四、五、六年级语文80人，四、五、六年级数学80人，三、四年级英语80人，五、六年级英语80人）。

四、时间地点

培训班分15期开展，每期开展1天，培训地点分别在江城区教师研训基地学校。第1期培训定于9月16日上午8：30至12：00，在阳江市第二中学综合楼一楼阶梯会议室举行，8：10报到完毕。其余15期按培训安排表进行。具体培训安排如下表。

期次	培训时间	培训对象	培训地点/基地学校
第一期	9月16日星期五	初中数学	阳江二中
第二期	9月22日星期四	初中英语	星鹏中英文学校
第三期	9月29日星期四	初中地理	阳江二中
第四期	10月13日星期四	初中语文	田家炳学校
第五期	10月20日星期四	初中生物	岗列学校
第六期	10月25日星期二	小学五、六年级英语	江城十三小
第七期	10月27日星期四	小学四、五、六年级数学	实验小学
第八期	11月3日星期四	小学四、五、六年级语文	江城一小
第九期	11月10日星期四	初中历史	阳江二中
第十期	11月15日星期二	初中物理	田家炳学校
第十一期	11月17日星期四	初中化学	岗列学校
第十二期	11月24日星期四	初中道法	阳江二中
第十三期	12月1日星期四	小学三、四年级英语	江城十三小
第十四期	12月8日星期四	小学一、二、三年级数学	实验小学
第十五期	12月15日星期四	小学一、二、三年级语文	江城一小

五、培训内容

1. 教学展示

研训基地学校学科教师以"双减"背景下的课堂有效教学为主题进行教学展示，专家及学员现场观课、议课、评课。

2. 专题讲座

指导专家理论讲解2022年版课程标准背景、目标及内容，"双减"背景下新课标在课堂教学中的落实等知识。

六、培训考核

总成绩=过程性评价（60%）+终结性评价（40%），满分100分，70分及格。具体考核办法如下表。

考核类型	考核内容	考核标准
过程性评价（60%）	出勤情况（60%）	全勤得60分，迟到、早退一次扣20分，无故缺勤一次扣30分
终结性评价（40%）	培训总结（40%）	满分40分，培训结束后十日内提交一篇培训总结，总结内容包含但不限于培训知识小结、培训心得、个人教学质量分析及备考工作（或教学改进）计划等。方案格式自拟，要求字数不得少于800字。字数不达标、逾期提交或存在抄袭情况的得0分。

七、组织管理

（1）阳江市江城区教师发展中心负责培训目标确定、培训方案审核及培训项目统筹管理；督促有关人员按时参加培训，并落实培训经费。

（2）管理流程如下：

① 开展需求调研，了解学员对学习培训的期待；整理调研材料，分析学员提升需求，提出应对策略，为培训方案的制订、优化提供现实参考依据。

② 组建专家指导团队，做好课程建设、流程安排、学习辅导等工作。

③ 制定教务管理制度。针对需求调研、资源筹备、培训实施、效果反馈及考核总结等工作制定行之有效的管理制度，保证培训按计划顺利实施。

④ 实行双班主任制度。为班级配备两名班主任，班主任与学员直接对接，做好班级的日常管理工作，帮助学员解决学习和生活上的问题。

⑤ 执行每日培训情况反馈机制。由班主任负责汇总每日出勤、授课情况和学员的反馈意见等，将反馈意见于每日培训结束后发送项目负责人，供项目负责人了解、检查每日工作情况。

⑥ 加强教学质量监控。通过调查问卷、座谈交流、课堂观察等方式，对授课教师的教学与辅导质量进行考评，同时收集学员的意见和建议，及时总结、反思实施过程，不断调整、改进工作。

⑦ 做好后勤保障工作。提供完善的教学设施、专业的客服支持及良好的食宿、教学场地条件，保障培训正常开展。

⑧ 培训结束后，对学情及学员的学习物化成果进行统计、分析，并开展项目满意度调查，协助主办单位做好项目总结、验收工作。

⑨ 为做好疫情防控工作，请各学员佩戴口罩进场。

八、实施掠影

（一）第五期初中生物学科培训（10月20日）实施概况

为学习"双减"背景下学科新课标在课堂教学中的落实方法，增强生物学科教学有效性，改进教育教学行为，不断提升生物课堂教学质量，2022年10月20日，2022年阳江市江城区中小学学科教师有效教学培训班第六期初中生物学科培训在阳江市岗列学校开展。阳江市江城区教师发展中心生物学科中心蔡业开老师、江城区初中学校生物学科骨干教师共49人参加了培训。

本次培训分三个部分展开，一是由阳江市岗列学校曾建庭老师作七年级《观察花的结构》公开示范课；二是说课评课交流环节；三是由湛江市中学生物和小学科学教研员李遂梅老师作《研读课标，优化教学》专题讲座。

第一部分：聚焦课标理念，践行"双减"落地

首先由阳江市岗列学校曾建庭老师作七年级《观察花的结构》公开示范课展示。曾老师先从情景导入，通过小组合作解剖百合花等来学习花的结构，让学生从感性认识再到展开动手实践认识花，教师通过设计探究实验活动指导学生主动探究。接着分别展示探究成果，并开展讨论，达到了课堂讲究的自主合作探究的模式，学生能够联系实际并加以应用，这是一种很好的教学模式，充分发挥了学生的主观能动性。

第二部分：学教评一体化促闭环教学模式

课堂结束后进入说课、评课交流环节。曾老师分享了本节课堂的教学计划设计，介绍了课堂的背景、目标及达成效果，反思了实际教学的不足。现场听课教师也针对课堂发表了独特的见解，最后由湛江市中学生物和小学科学教研员李遂梅老师对本节课进行点评，提出了指导意见，建议在教学内容方面，要把握教材，又不拘泥于教材，教学过程要体现新课标教学理念，教学方法灵活多样，合理利用多媒体技术，实现高效性课堂教学。

第三部分：专题讲座拓思路，专家引领促发展

由湛江市中学生物和小学科学教研员、广东省名师工作室主持人、广东省基础教育学科基地项目主持人李遂梅老师做《研读课标，优化教学》专题讲座。李老师将新课标与教学实践相结合，以"观察花的结构"导学案为例提出如何优化教学目标，并提出四个解决策略：①用大概念意识优化概念教学；②情境为索，优化合作探究教学；③用设计思维开展STEM教育；④运用信息技术优化教学手段。

通过本次培训，参训教师不仅体会到在新课改中要转变观念，在传统的教学过程中，要把系统地传授知识作为重点，强调知识的系统性和条理性，同时还要将新课程标准的理念植根于心，更要脚踏实地，勇于创新，把新理论运用到自己的教学实践中去，提高课堂教学效率和质量，实现学科育人目标，提升学生核心素养。相信全体江城区初中生物老师定会继续深入学习，躬身实践，切实提升教育教学能力。

（二）第十一期初中化学学科培训（11月17日）实施概况

为切实响应教育"双减"政策，发展学生科学核心素养，促进学生多元化成长，落实个性发展的目标，进一步提升江城区教师队伍整体素质，促进优秀教师梯队的建设，2022年11月17日，2022年阳江市江城区中小学学科教师有效教学培训班第十一期初中化学学科培训在阳江市岗列学校开展，阳江市江城区教师发展中心教师干部培训室主任以及江城区初中化学骨干教师共36人参加了培训。

第一部分："双减"教学课堂引领

根据课程安排，阳江市岗列学校林举荣老师执教九年级第六单元实验活动2《二氧化碳的实验室制取与性质》课例。林老师通过实验活动，综合有关氧气的知识点，帮助学生形成氧气的知识网络。林老师先是展示仪器图片，让学生对实物进行逐一检查，再通过分组的形式练习制取二氧化碳，引导学生按步骤完成。同时，林老师对实验中学生操作存在的问题及时拍照，最后进行分析与解决。这堂课充分发散了学生的思维，培养了学生分析和解决问题的能力。

第二部分：说课助交流，评课促成长

课堂结束后进入说课、评课交流环节。林老师讲述了课堂的设计理念、思路及教学后的反思。随后现场参训教师对林老师这堂课进行分析点评，大家踊跃发言、各抒己见，取长补短，相互促进和成长。最后阳江市实验学校王小锋副校长对课堂作指导，对引入二氧化碳的情境提出自己的改进意见，强调以真实情景导向下的探究性课程，重点就是培养学生在生活中对化学的学习兴趣，且以实验探究为契机来培养学生的思维方法。

第三部分：专题讲座拓思路，专家引领促发展

经过深入交流探究，由阳江市实验学校王小锋副校长做《基于新课标的教学理念和教学实施》专题讲座。王校长从三方面进行阐述：《义务教育化学课程标准（2022年版）》的重要变化；《义务教育化学课程标准（2022年版）》对教学的新要求；依据《义务教育化学课程标准（2022年版）》开展教学（案例赏析）。同时运用多种案例带领在场参训教师思考新课标背景下如何进行课程实施，该讲座引人深思。

本次培训在"双减"政策的指导下，立足学科阵地，更新教学方法，在实践和活动中提高教学能力与水平，不断优化教学过程，全面推进学科素质教育的实施，真正实现提质增效的目的。

（三）第十四期小学一、二、三年级数学学科培训（12月8日）实施概况

落实"双减"政策，"减量"是一种必然要求和趋势，"提质"就成为"品质课堂"的核心任务。在基础学科"双减"的教育政策下，建设高效课堂，切实减轻学生学业压力。为提高小学数学教学质量，2022年12月8日，2022年阳江市江城区中小学学科教师有效教学培训班第十一期小学低年级数学学科培训在阳江市实验小学开展。阳江市江城区教师发展中心教研组成员以及江城区低年级数学学科骨干教师共74人参加了培训。

第一部分：聚焦课标理念，践行"双减"落地

阳江市实验小学刘达老师做二年级上册《数学广角——简单的组合》公开示范课展示。刘老师以游戏为主线，并将其贯穿整个课堂，以解锁密码箱引入课堂，让学生在游戏中学习，激发了学生的学习兴趣。本节课中，刘老师注重通过学生亲自实践探索，发现规律，总结方法，由于组合知识具有抽象性，所以在教学中通过让学生动手，在行动中感受排列组合的思想方法。同时，运用希沃白板和班级优化大师进行信息技术的融合，更好呈现学生的实践结果与评价学生。

第二部分：学教评一体化促闭环教学模式

说课、评课交流环节中，刘老师分享了本节课堂的教学计划设计，介绍了课堂的背景、目标及达成效果，反思了实际教学的不足。现场听课教师也针对课堂发表了独特的见解，随后由广东省特级教师、小学数学正高级教师陆春生老师对本节课进行点评。陆老师首先收集了参训教师的评价，再进行综合点评，提出三方面建议：给学生探究时间和空间；组织学生多表达、多分享；渗透数学思想方法，激发学生的学习兴趣和深度思考。

第三部分：专题讲座拓思路，专家引领促发展

由广东省特级教师、小学数学正高级教师陆春生老师做《双减背景下小学数学课堂教学有效性的落实》专题讲座。陆老师从完善教学方法展开交流，以学生与老师的视角，详细阐述多元化教学策略，激起学生学习的兴趣，注重师生之间的交流合作，激起学生思维的火花，进而不断提高学生的思维能力。最后表示只有家校共育，才能真正教育好学生。

本次小学低年级数学学科培训活动，以落实"双减"工作为目标，以教学、教材培训为切入点，内容紧凑、形式丰富，参训老师纷纷表示收获满满。大家将不忘初心，以教促研，努力做"双减"政策之下勇敢的探路者，

并将继续砥砺前行。

九、项目成效

此项目从策划到实施完毕，共历经了9个月时间，充分发挥了基地学校在教师培养上的职能。在实施过程中，充分调动了学科中心教研组的组织带领作用，同时也调动了基地学校的学科教师的积极性，他们有的做主持，有的上研讨课，有的做专题讲座。在评课环节，听课者能运用核心素养的理念和新课标课程观的观点，分析研讨课的每一个教学环节和设计。这些都充分体现了"三级联动研训"课题研究的深入推广，有效地提升了学科教师的专业素养。

第二章

学科中心教研组
——以研促训助成长

第一节 学科中心教研组的内涵及意义

在促进教师专业发展的实践中，培训和教研是两种最常见的形式，两者相互取长补短，有机结合，才能更好地为教师发展提供有效的专业引领。在三级联动研训体系中，学科中心教研组起到串联上下两端的作用，并且贯穿在"领雁工程""领军工程""领航工程"整个建设过程当中，对整个地区教师专业水平研训的效果有着非常重要的影响。

中小学学科教研中心组是在区域行政范围内，由具有教育行政权力的教育局或者教师发展中心（教研室）主导，精选区域内各学科骨干教师并对其加以指导管理的学科教学研究组织，是区域教研体系里的一个重要组成部分。它集中了区域最优秀学科的骨干力量，既有学术权威，又拥有较大优势的信息和人才资源。它的成立旨在凝聚区域学科骨干教师力量，开展形式多样的研训活动，提高教师专业素养。教师发展中心（教研室）审定组长和成员要审批活动计划，督促、检查、指导学科中心组的工作，对学科中心组的运行成效还要进行评估考核。

一、建设学科中心教研组的意义

1. 新时代教育高质量发展的需要

优先发展教育事业是实现中华民族伟大复兴，提升国家核心竞争力，提高国民素质的必然选择，也是中国特色社会主义新时代赋予的新的历史使命。"强国必先强教，强教必先强师"，高质量教师是高质量教育发展的重要条件，而高质量的教师需要有高质量的教师专业发展来保驾护航，教研工作在教师专业高质量发展中起到极其重要的作用。为此，2019年6月23日，中共中央、国务院出台了《关于深化教育教学改革全面提高义务教育质量的意见》，明确指出教研工作就是保障基础教育质量的重要支撑。教育部在《关于加强和改进新时代基础教育教研工作的意见》中也明确提出要根据不同学科、不同学段、不同教师的实际情况，因地制宜采用区域教研、网络教研、综合教研、主题教研以及教学展示、现场指导、项目研究等多种方式，提升教研工作的针对性、有效性和吸引力、创造力。广东省教育厅出台的《关于建立健全新时代基础教育教研体系的实施意见》，提出了要建成富有广东特色、国内领先、上下联动、横向贯通的新时代教研体系的目标和策略。江城区教师发展中心构建"教师发展中心—学科中心教研组—研训基地学校"三级联动教研体系，目的就是要多方联动，促进教师专业发展。在这样的教研体系中，学科中心教研组无疑也会起到重要的支撑作用，因而，建设好学科中心教研组显得非常重要。

2. 区域教育质量优质均衡发展的迫切需要

从2012年到2021年，我国义务教育在实现全面普及的基础上，仅用10年左右时间实现了县域基本均衡发展。现在，教育部进一步提出"到2035年将全面实现义务教育优质均衡发展"的新目标。当前，江城区每所学校的教师水平、教研力量参差不齐，特别是城乡之间、校际教研力量差异较大，过多骨干教师集中在市区的一两所大校。这种教研水平的不均衡，严重制约了校际教育质量的均衡发展。江城区要实现优质均衡发展这一目标，就要大力促进教育公平，切实缩小城乡、区域、校际、群体差距。这同样需要教研力量的强力支撑，组建区域中小学学科中心教研组是解决区域教研力量不均衡、促进教育公平发展的有效途径。

3. 区域教师高水平专业发展的迫切需要

新时代中小学教育课程的改革，不仅包括教学内容和方法的改革，还必然包括对教师的改革要求，对教师专业发展提出的要求只会更高。如何通过有效的教研体系建设来提高研训效率，进而推动教师的专业发展，就显得尤为迫切了。建设学科中心教研组，集中了区域内优秀的学科骨干教师，策划、组织、协调、管理区域学科教研工作，引领全体教师开展学科研修，发挥辐射和带动作用，为教师个体的研修学习营造民主平等、合作共享的教研氛围，这无疑会大大促进教师的专业发展。

4. 破解区域教研困境的迫切需要

（1）江城区教研存在的首要问题就是教研力量不足。江城区教师发展中心于2020年3月建成，作为专门的教研部门，其每个学科的专职教研员人数不足，学科也不齐全不均衡，教研员精力能力有限。而在2020年，江城区共有公、民办中小学校101所，其中中学及九年一贯制学校27所，小学及分教点73所，特殊学校1所，还有公、民办幼儿园近176所，而全区中小学（幼儿园）教职工共有8846人。本就配置不足的专职教研员，根本不能兼顾到每所学校和每个学科的教研指导。以江城区道德与法治学科为例，教研员只有1人，却要负责高中、初中和小学共12个年级的教研活动，教研员确实难以应对这样繁重的教研工作。其次，江城区教研员的年龄普遍偏大，想要深入学校开展细致的学科教研所收到的效果也往往会大打折扣。而江城区是经济欠发达地区，无法像经济发达地区那样，以高薪的形式向全国招聘优秀教研员，从而吸引不少高素质教研员和名师加入，提升区域的教研质量。因此，唯一的途径就是培养本区域的优秀教师作为教研员的辅助力量。建设学科中心教研组正是实现这一目标的最实在的方法。

（2）教研员工作量大、压力大。教研员是担当多重角色的专业人员，教学指导、命题、培训、科研等教研工作繁多。教研员一个人组织全区学科教研活动，学校多，教师多，往往会力不从心。每学期末各学段的多门学科命题，不但题量大，而且试卷关乎本区域教学质量评估的科学与否，关系诸多方面，影响大，压力重。此外，虽然江城区教师发展中心是独立的事业单位，但教研员同样被视为教育局机关工作人员，其他股室经常会抽调中心的人员，中心人员成为随时要协助其他股室的"机动人员"，参加各种活动，如防疫创卫，文明城市创建、卫生值勤、民办教育机构核查等与学科专业并无关系的行政任务。此外还有一些繁杂工作，让教研员很难有时间静心研究教育教学，从而提升自己，深入指导学校、教师做好教研。因此，成立学科中心教研组，汇聚区域学科的骨干教师，可以大大分担学科教研员的教研工作量和压力，让教研员能够有更多的时间和精力来统筹思考研究区域学科的专业发展。

二、学科中心教研组的功能与作用

中小学学科中心教研组是区域"教师发展中心—学科中心教研组—研训基地学校"三级联动教研体系的重要组成部分，是区域教研力量的丰富与发展，是促进中小学教师专业发展的重要力量。

1. 弥补区域学科教研力量、方式的不足

传统的区域教研一般由学科教研员个人负责，受编制、年龄、事务等方面的影响，单靠教研员个人难以让整个区域的教研搞得有声有色，难以有效链接教研理念和教学实践，难以让学校的教研工作得到均衡发展，久而久之，将会导致区域教研机构距离一线学校和教师实际需要太远。

成立区域学科中心教研组，立足全区域范围，一线的骨干教师的加入，可以加强教研员对一线教学情况的透彻了解，增强学科的教研力量，汇聚教研组成员的智慧，更能打破教研员的思维局限，帮助教研员更加有力引领、服务和促进区域教研的开展，从而不断缩小校级教研差距。

2. 协助教研员做好学科发展规划

教研员平常杂务缠身，全面深入教学一线的时间有限，难免对学校的具体学科教研缺乏充足、详尽的了解，仅靠教研员有时难以做好本区域学科教研的规划和落实工作。而学科中心教研组成员来自不同学校的教学一线，对学校的学科教研状况知根知底，能够把真实的教研情况反映出来，为教研员更好诊断学科教研问题，提出针对性解决策略提供了良好的事实依据。同时，学科中心教研组成员作为本学科的骨干教师，也能为做好本学科的教研规划及落实工作贡献自己的智慧及能力，从而促进本学科的教研优化发展，进而促进学科教师的专业素养提升。因此，每一学年的教研工作计划都需要经过各学科教研员与中心教研组成员的共同沟通而确定下来。

3. 储备学科教研员的后备力量

当前区域教研员普遍存在教研员年龄偏大、职业懈怠感较大的状况，一旦教研员出现工作调动或者身体问题，必然会影响本区域的教研工作的顺利开展，阻碍学科教研的深入变革。在江城区这样的欠发达地区，想要高薪聘请国内高素质的教研员，几乎是不可能的。因此，培养本区域本土教研员后备力量就显得非常有必要。而学科中心教研组会聚了区域内学科的精英，它无疑是培养学科教研员后备力量的绝佳组织。教研员通过压担子、给任务的形式让学科教研中心组成员承担各类研训任务，并在任务完成的过程中不断考查、审视成员的思想态度与能力，最终选定合适的教研员后备力量。如2022年，在生物和地理教研员由于一些原因转岗后，江城区教师发展中心立刻在学科中心教研组中选定了生物、地理两科新的教研员，而这两位新教研员原先分别担任生物、地理学科中心教研组的组长，组织了两科中心教研组，开展了形式多样的研修活动，这对促进生物、地理学科教师的专业发展起到很好的推动作用。

4. 承担学科教研示范引领工作

学科中心教研组作为区域教研组织，本身就起到联通教研理论和教学实践的中介与桥梁作用，能够很好地承担引领教研示范工作。而学科中心教研组成员都是各学科的骨干教师，在学科教研方面都有相当高的造诣，在学科教研员的领导下，完全可以作为学科教研的引领示范者，可以为区域学科教师提供可借鉴的教学模式、行动策略和教学范例，从而降低其他教师掌握课程理念的难度，普及新教法。例如，江城区教师发展中心在开展2021年中考备考专题研讨活动时，每个学科的教学都由学科中心教研组成员承担，不仅锻炼了成员，还通过教研组成员的示范带动，达到区域辐射、大面积培训、不断引领教师专业化发展的效果。2022年4月，教育部正式印发《义务教育课程方案和课程标准（2022年版）》，为推进《义务教育课程方案和课程标准（2022年版）》落地实施，区教师发展中心立刻组织教研员和学科中心教研组成员深入学习研究该文件，下发了《江城区教育局关于开展〈义务教育课程标准（2022年版）〉培训的通知》，率先在全市组织了17场课标解读活动，对17个学科的教师开展了学科课程标准的解读，帮助学科教师克服了对课程标准的畏难情绪，为进一步落实课程标准夯实了基础，也给学科教师做了良好的示范。

5. 推进区域教研协调均衡发展

近几年的国家义务教育质量监测、广东省义务教育质量监测及阳江市的教学质量监测，都暴露出江城区存在城乡、校际教育质量差异较大的问题，而按照国家的教育规划，实现教育的优质均衡发展也是今后努力的目标。要想真正实现教育公平，切实缩小城乡、校际、群体差距，仅靠学科教研员的努力是不够的，必须充分发挥学科中心教研组的力量。因此，虽然学科中心教研组成员来自一线，但也要立足全区域范围，树立全局观念，把整个区域的学科教学质量均衡发展作为任务，在教研员的带领下，努力构建区域学科教师教研共同体，借助校际教研、网络教研等形式，突破地域限制，不断缩小校际学科教研质量的差异，从而推进区域教研向优质均衡的方向发展。

第二节　学科中心教研组开展研训途径研究

"研训合一，以研促训"，就是将研究与培训紧密融合，通过深入开展学科教学研究，在研究的过程中实现培训的目标。要充分发挥学科中心教研组在三级研训体系中的作用，可以从下面一些途径积极努力探索学科中心教研组的建设。

途径一：切实加强组织管理

首先是要突出一个中心，即坚持以区域教师发展中心的领导为中心。充分发挥区域教师发展中心的研究、指导、引领、服务的职能，使其成为教育教学研究中心、教育教学指导中心、教育信息交流中心，从而引领学科中心教研组开展工作，保证区域教科研工作既能高速发展，又不偏离正确的方向。《江城区学科中心教研组成员选聘与管理办法》里就明确要求"学科中心教研组成员工作任务由区教师发展中心安排。学科中心教研组成员由在职在岗教研员联系、协调、指导本学科中心教研组成员开展工作"。

其次就是要不断规范制度建设。作为正式的教研组织，区域学科中心教研组由区级教育行政组织或者教师发展中心授权成立，并建设有规范的制度。江城区教育局2021年由江城区教师发展中心专门出台学科中心教研组建设管理文件《江城区学科中心教研组成员选聘与管理办法》，文件明确了中心教研组成员的选聘标准、职责与待遇、管理与考核，实现职责权利相统一。

再次，在该办法的指引下，严格选拔学科中心教研组的成员。要让学科中心教研组充分发挥作用，首先就是要选好教研组的成员，尤其是教研组的组长。在区域教育行政部门的领导下，制订学科中心教研组成员的遴选方案，力求把德才兼备且学科驾驭能力强的教师吸纳为学科中心教研组的成员。因此，教研员在平时的教学视导、教研活动中认真了解发现一些理论水平高、实践性强、有奉献精神、乐于参与教科研的学科骨干教师；选拔教研组成员要尽量考虑覆盖到更多的学校或者片区。

根据《江城区学科中心教研组成员选聘与管理办法》，教师发展中心于2021年共选拔114名学科骨干教师，组成了18个学科中心教研组，为推进区域学科研训工作，提升教师专业素养夯实了基础。

在今后的工作中，将进一步做好制度的建设工作，完善相关制度，包括学科中心组成员的选拔制度、研训制度、学习制度、考核评价制度等。通过制度规范来加强对研训行为的规范，为区域学科研训工作提供制度保障，促进学科教研持续发展。

途径二：加强中心教研组自身建设

学科中心教研组成员本身也是接受研训的对象，这层身份让学科中心教研组的每一位成员比一般的学科教师更需要搞好自身的建设。"打铁还需自身硬"，作为区域教研的领头羊，学科中心教研组要想在三级联动的教研体系中充分发挥"研究、指导、服务"的功能，成为区域学科教师的模范，就要在教研员和教研组组长的领导下制订学习的计划，不断主动加强自身学习，借此提升自己的素养。每个成员只有不断地学习，才能成为研究型、专家型人才，才能在研训中增强自己教学指导的权威。整个学科中心教研组只有不断学习，才能成为真正的研究团队，才能提升教学研究力、学科指导力、教育科研力，增强团队作为学科权威的引领力。不断学习也能让学科中心教研组拥有持续创新能力，提高学科教研管理能力和水平，能从容应对教改发展环境的新变化。另外，中心教研组团队学习研究也能活跃组内教研氛围，大大提高教研工作效率。

1. 加强自身学习

学科中心组作为研究团体，必须成长为一个学习型组织，组员必须成为学习型的教师。学科中心教研组组长要善于组织组员开展学习研究，举行主题教研学习，不断提升自身的学科素养。中学语文中心教研组组长梁显畅2022年9月就组织组员参加"名师优课——2022年中秋节公益直播活动暨新课标新理念新课堂专题活动"，授课专家都是全国名师，培训形式是网络直播：视频课+讲座+在线答疑+小组共创+学习反馈。组员认真参与学习，并开展了积极的讨论，大家敢于质疑，并不盲从专家，体现了良好的学习态度，大大提高了自身的专业素养。

学科中心教研组成员除了要提升自身的专业素养，还要不忘自己的"种子教师"定位。因此，还要学习作为一位学科研训师应该具有的技能，力求把学科教学技能通过有意思的研训技巧，转化为受训教师的专用技能。

由于编制的限制，江城区没有配备综合学科的教研员。但综合科中心教研组全体成员迎难而上，在教师发展中心的指导下，专心学习，不断提升自己的专业素养；同时，科学制订工作计划，扎实开展各种教研教学活动，教研组成员身先士卒，通过榜样引领提升区内综合学科教师群体的专业技能素质。近年来，江城区中小学参加省、市级信息技术和科创类竞赛的学校数量和竞赛成绩都名列全市首位，为区中小学开展科技创新教育打下了良好的基础。几位组员也取得了不少的成绩和荣誉。其中阳江二中的庞志文老师，不仅带领学生在多项国家、省市科技比赛中取得优秀成绩，还被评为第二批广东省科技教育名师工作室主持人。他主持的工作室经常为区内的信息科技教师无私提供研训，也带动了区域信息科技教学的发展。

2. 投身校本研训

校本研训是一切教师专业成长的起点，是教师发展过程中的第一个平台，也是研训的主阵地，中心教研组成员自然也不能例外。因此，中心教研组成员首先要积极投身到本校的校本教研中，并在其中不断成长成为优秀榜样，江城区18个学科中心教研组114名成员，绝大多数都主持或参与过教学科研课题研究，他们在各自的学校都起到很好的教研榜样作用。

同时，学科中心教研组也要投身到为其他学校的校本教研服务的工作中去。学科中心教研组要深入学校，通过听课、评课，参与教研，与教师对话交流，了解教师所想所感、所疑所惑，并与之共同探讨、解决教学中出现的新问题，助力学校的学科研训发展。

途径三：积极参与区域教学管理

参与区域教学管理是学科中心教研组发挥研训作用的重要途径。因为教研员的教学管理工作繁重，既要研究国家最新的教育政策、教育技术，又要结合区域实际制定这些政策、技术在本地区本学科落地的行动方案。显然，这么大的工作量光靠教研员一人是难以完成的。而学科中心教研组就相当于教研员援手，教研员借助中心教研组的力量就能从容完成自己的工作任务。也就是说，中心教研组是通过成为教研员的参谋与帮手而进行教学管理的。作为本地区本学科的最高教研组织，学科中心教研组可以在教研员的指导下通过积极参与区域教学管理来发挥研训的作用，从而提高本地区学科教师的专业素养，进而提高本地区的教学质量。

一是当好参谋，协助制订教学管理的目标与任务。学科中心教研组成员汇聚集体智慧，根据本地区本学科教学的现状以及任务，参与拟订教学管理的目标、计划、课堂教学管理、科研课题等相关各类标准、制度，从而间接地发挥了教学管理的作用。二是学科中心教研组要做好教研员的帮手，组织落实教学管理的内容与措施，开展相关学科研训活动以及考试命题、质量评价等工作。总之，学科中心教研组在参与区域教学管理的过程中，要积极主动作为，不仅是出智慧、出想法，提供各种建设性意见，还要亲力亲为，参与落实各项研训工作。

2021年7月，中共中央办公厅、国务院办公厅印发《关于进一步减轻义务教育阶段学生作业负担和校外培训负担的意见》后，教师发展中心教科研指导室马上组织各学科教研员会同学科中心教研组深入研究"双减"的各类文件，收集研究各地关于作业设计的资料，结合本区的教学实际，在本市率先制作了各学科作业设计范例，突出分层作业设计的理念，最终形成《江城区义务教育学校学科作业设计指导意见（试用）》，由教育局下发给各中小学，给学科教师做参考，并提供给市教研部门做参考。"指导意见"凝聚了各学科中心教研组成员的研究心得，学校学科教师以这样的成果作为范例，设计自己的分层作业。这样的一个过程，无疑就是研训合一的过程。

途径四：积极主动参与区域教师队伍建设

要提高地区的教育质量，就必须抓教师队伍的建设。学科中心教研组要主动融入教师队伍建设的工作中去，积极发挥作用，根据不同层次的教师队伍建设，采取不同的研训形式来达成最终的目标。例如，在旨在培养新教师的"领雁工程"中，学科中心教研组成员积极参与每期"领雁工程"建设工作，担任新任教师学科导师，指导他们学习学科教学理论，深入他们的课堂视导，提出改进的意见，帮助新任教师迅速成长为合格的教师。在旨在培养骨干教师的"领军工程"中，学科中心教研组成员一方面可以把自己作为骨干教师的培养对象，主动学习，接受其他组员的帮助，不断提高自己的专业素养，尽快成长为学科的标杆。另一方面，学科中心教研组可以作为骨干教师培养对象的指导者，对培养对象的学科教学、研究全程跟踪，给予评价、指导，促使他们尽快成长为骨干教师。在旨在培养名师的"领航工程"中，学科中心教研组则可以参与到名师培养对象的科研课题中，实践验证名师的研究设想，帮助名师培养对象及时发现问题，总结经验，帮助名师培养对象快速达成培养目标。

总之，学科中心教研组在区域教师队伍建设中可以也肯定能够发挥积极的作用，使学科教师的专业素养迅速提升。

途径五：技术融合创新研训形式

《教育部关于加强和改进新时代基础教育教研工作的意见》也提出："着力增强教学设计的整体性、系统化，不断提高基于课程标准的教学水平。"学科中心教研组要开展建设工作，积极发挥在三级研训体系的作用，就必须对区域内的学科教学情况有一个充分的了解，尤其是对存在的问题必须有透彻的了解。在这样的基础上再开展以问题为导向的教学和研究一体化、序列化的研训活动，活动形式可以丰富多彩。

传统教研活动像同课异构、听课评课等形式是最直接、最具体、最经常，也是最有效的提高课堂教学质量的方法和手段，学科中心教研组要继续运用这种方法和手段。除了开展传统教研形式活动外，学科中心教研组要紧跟时代发展潮流，与信息技术深度融合，不断优化创新，开发多元研训新样态。

1. 主题教研

教研员与中心教研组针对本地区学科教师在教学实践中普遍存在的典型性问题，细心梳理、归纳，提取出系列针对性的研究主题，并按照主题的轻重缓急排序，把这些研究主题作为今后一段时间的学科研训活动的核心内容，并把不同主题的内容作为任务分解到中心教研组成员身上，做到任务到人，责任到人。这样的安排就能突出学科研训活动的系统性，克服传统教研活动的零散、随意的问题。

2. 沙龙式教研

教研员与中心教研组选取一个迫切需要解决的热点或者难点问题作为主题，组织教研组成员，并邀请一些学科骨干参加学术沙龙活动，大家畅所欲言，相互质疑、相互补充、相互启发。为了提高学术沙龙式教研的质量，人数不宜太多，每次活动要有中心发言人。江城区教师发展中心于2023年下半年就组织开展了15场以"探讨新课标，共生教研智慧"为主题的学科教研沙龙活动。

3. 世界咖啡式教研

世界咖啡是一种有效的团队学习方法，也是一种有效的研训方式，值得我们去尝试。世界咖啡式教研同样需要教研员和学科中心教研组确定一个大的教研主题，然后以4～5人为一组，将所有成员分成若干小组。各小组商量确定小组名字，选定小组长，围绕大主题进行讨论，也可以从小角度入手，选定小的主题进行讨论。在几轮的讨论过程中，除了小组长外，其他教师要在每轮时间截止时，自由选择其他组，了解其他组的研讨内容，并进行交流补充。小组长负责组织协调，并整理小组成员的发言记录，最后各小组派代表来分享本组的讨论成果。这种形式建立了一个充满生机的集体交流空间，使得参与活动的教师能够在有限的时间内参与更加广泛的讨论，并不断激发其创新意识。

除了上述研训方法外，还可以通过读书会、案例研讨、辩论等研训形式，寻求更多的有效教学策略，促进教师的专业成长。

4."互联网+"教研

教育部颁布的《教育信息化"十三五"规划》中明确提出："积极探索和发展利用空间、平台、工具开展教师教研研修的能力。"随着信息技术的发展，"互联网+教研"也应时而生。教育部先后发布了《关于开展人工智能助推教师队伍建设行动试点工作的通知》《教育部关于实施全国中小学教师信息技术应用能力提升工程2.0的意见》等文件，强调利用新一代互联网及新兴智能技术推动教研新发展。"互联网+教研"能打破时间空间的限制，让教研不受限制，将会进一步加快研训工作的发展，提高研训工作的质量和效率。

一是基于网络的虚拟研训活动。基本形式是：发布研修主题（利用QQ群、微信群、论坛等发布）—共享资料（课例、课件、案例发布在QQ群、微信群、论坛等平台）—互动参与（教研组及学科教师分享发言）—团队引领（教研员及学科中心教研组成员支持互动研讨，给出评价）—成果分享（教研组精选发言，形成结论分享给大家）。

二是"线下课堂"与"网络直播"结合。将上课教室、网络教研平台和观摩点评研讨终端相连，通过对课程的现场直播、点评、互动功能，共享优质教研资源，参与研训的教师登录网络平台，学习已经上传的教学资源，并且通过网络留言点评功能能进行互动学习，提升教研资源的价值，提高教研工作的效率。

三是建设网络教学资源库。加快区域课程教学资源建设，也是学科中心教研组助力中小学教育质量提升的重要工作和途径。近两年，在区教师发展中心的领导下，各学科中心教研组通过举办"精品课""微课""应用数字教材资源课例"等评选活动，遴选了不少优秀课例，充实了本地区的教学资源。接下来就要融合网络技术，建设网络教学资源库，把遴选出的优秀课例提供给教师，让其观摩学习，这也是开展研训合一的途径。

"互联网+教研"是信息化教研发展的高端形态，我们不仅要把互联网作为技术工具实现简单信息连接，还要以互联网思维提升教研的理念、方法与技术，使得教师在云计算、大数据和智能技术支持的网络环境中，采用多样化教研方式，促进教师高水平专业化发展。

　　总之，随着时代的发展，技术的进步，学科中心教研组参与区域研训的途径将越来越广，形式也必然越来越丰富，只要教研组的每一个成员都能不忘初心，积极学习、研究、探索、实践，必定能充分发挥引领辐射作用，助推本区域教师专业素养的提升。

第三节　学科中心教研组以研促训实例

书香沐浴心灵　分享促进成长

——江城区开展"研读教育专著，提升专业素养"主题读书活动纪实

一、活动缘起

在全区营造浓郁的书香氛围，引导教师更新教育观念，树立终身学习的思想，展示教师优秀风采，提升教师整体素质和专业素养，建设一支热爱学习、师德高尚、业务水平高的教师队伍。

二、活动实施

（一）暑期研读

教师发展中心教科研指导室于2022年7月20日制定并下发了《江城区教育局关于开展"研读教育专著，提升专业素养"主题读书活动的通知》（江教研〔2022〕50号），鼓励教师在暑期研读教育专著，撰写学习心得，做一个智慧的老师。各学科中心教研组都强调组员要积极参与此项活动。本次活动共有235名教师提交研读名著心得，其中参与活动的各学科中心教研组成员接近一半。

（二）心得分享

暑期研读结束后，参与活动的教师提交了精心撰写的阅读心得，教师

发展中心组织专家评选出一、二、三等奖并公布。为了进一步推动广大学科教师的阅读兴趣,2022年11月6日~7日,由江城区教育局组织、江城区教师发展中心主办的"研读教育专著,提升专业素养"江城区主题读书分享活动举行三场分享活动:第一场在江城区教师发展中心,第二、三场分别走进公大书城新一代社区生活书店——幸福里店和清华坊店。走进社区书店,旨在让教师牵头热爱阅读,营造阅读氛围,推动全民阅读。参加的人员有江城区教师发展中心和教科研指导室的相关负责人以及获得暑假期间读书评选活动一、二等奖的教师。每场分享会都按颁奖仪式、领导致辞和获奖教师分享读书心得三项议程进行。

一是颁奖典礼,每场活动伊始都举行了简单而隆重的读书心得颁奖仪式;主持人敖舒敏老师宣布获得读书心得评选一、二等奖的教师名单,在老师们的热烈掌声中,获奖者依次上台领奖。

二是领导致辞。区教师发展中心相关负责人为每场活动都做了热情洋溢的致辞。首先对广大教师积极参与本次主题读书活动表示高度赞许,感谢教师发展中心教师们对活动的精心组织,也感谢阳江公大书城对本次读书分享活动的鼎力支持。读书是教师的标志,是教育的希望,作为教育工作者,只有孜孜不倦地学习,才能担当起"百年树人"的重任。希望老师们以此次活动为契机,把读书变成工作和生活的习惯,希望老师们多读书、读好书,不断提升自己的专业素养,提高自身修养,做习近平总书记所说的"四有"好老师。

三是获奖教师阅读分享。"欲求教好书,先做读书人。"教师们分别分享了自己暑假期间阅读的教育专著,从不同角度畅谈了自己的读书感悟与独特见解。从现场分享的氛围、效果上看,教师们妙语连珠、字字珠玑,充分展示了他们潜心研读时的思想激荡与智慧生成的美妙过程。教师们涉猎广泛,阅读的书籍多种多样,听着让人耳目一新。

分享的内容主要有下面两个方面:

1. 唯修师德,师爱才有根

分享会上,多位教师分享了自己对"师德、师爱"的理解。小学语文中心教研组成员十三小黎国琴副校长分享《做一个有德的师者——读〈师德师范师道〉有感》，他说，良好的职业道德是教师职业活动最基本的要求，教师是学生增长知识和思想提高的导师，师德是一个能否成为优秀教师的大前提。中学语文中心教研组城郊学校甘元燕老师分享《做快乐教育，做活的教育——读〈重读陶行知〉有感》，她重温陶行知先生的教育理念和主张，认为"教育乃是一种快乐之事业，只有把教育当爱好，才能享受到其中的快乐。"这些教师，不管是新入职的，还是资深的，她们都在这些教育专著的阅读过程中，重新认识了"师德""师爱"，或涵泳教育的初心，或排解职业的倦怠，或邂逅教育的宝典，或突破教育的瓶颈，"师德"之光在她们身上熠熠生辉。

2. 潜修专业，教学才有底

读书，能够改变教师精神匮乏、贫弱、苍白的状态；能够使教师不断增长职业智慧；能够完善教师的专业知识。英国著名的课程理论家劳伦斯·斯腾豪斯提出教师专业发展有三条途径：通过系统理论学习；通过研究其他教师的经验；在教室里检验已有的理论。可见，读专业书籍对促进教师专业发展是多么的重要。分享会上，有的教师阐述了教师研读教学专著的重要性，有的教师讲述了阅读教学专著对自己教学实践的重要作用，有的教师分享了阅读教师专著对提升自身专业素养的深刻意义。中学语文中心教研组组长城西学校梁显畅老师分享《木铎声声，探本求真——读〈用语文的方法教语文〉有感》，他说"文本解读是语文老师的硬功夫，文本解读的深度，决定了他在课堂里的高度。"同样，实验小学梁玉环老师分享《沉潜文本，修炼自我——读〈淞舟细讲文本〉有感》，也谈到语文教师解读文本必须从自身的"前见"出发，从我们所拥有的语言、生动阅历、人生体验、知识储备、审美情趣、个性心理、思维方式等方面出发，沉潜文本，才能提升自己的教学智慧。

三场阅读分享会，是思维与文字的碰撞，是语言与书香的共舞，带给大家享受的同时，也带来惊喜，带来了思考，也让大家看到了一群爱读书的教师，在书籍的滋养下，温润如玉，灼灼有光。书香浸润，笃行致远，江城教育一定会焕发出更加强大的能量，正如主持人敖舒敏老师所说的那样：阅读有光，真真实实地照在每个阅读者的身上，照亮光明灿烂的未来旅程，照亮生命的纯粹和希望……

三、活动效果

读书活动在区域学科教师内掀起阅读的热潮。活动彰显了江城区教师的良好形象，凸显了学科中心教研组不断提升自身建设、建设成学习型组织的努力和担当，更给区域内教师树立了良好的典范：只要我们主动投入阅读、学习，总会有思想的碰撞、收获，总能够快速成长。

创新同课异构，精准教学帮扶

——记2022年江城区历史中心教研组教学帮扶活动

一、活动缘起

阳江市江城区双捷镇红十月学校于2018年12月28日由原广东省农垦系统转入地方政府和江城区教育局的统一管理。由于学校以往游离于教育局的管理，学校的教研活动开展不正常，也缺乏教研部门的指导，学校的教学质量较为落后，在阳江市的教学质量抽测中，成绩很不理想。为帮助红十月学校实现从落后状态向与地方教育相适应的基本均衡化跨越式发展，教师发展中心组织教研员、学科中心教研组多次到学校开展视导及教研活动。2022年5月27日上午，江城区历史中心教研组在历史教研员张雪映的带领下，经过认真组织、精心安排，到红十月学校开展历史学科教学帮扶活动。

二、活动实施

（一）特色联动，同课异构促课改

此次教学帮扶送教活动别开生面，从同课异构到学术沙龙，两个环节精彩纷呈，圆满成功。基于红十月学校七年级只有一个教学班的实际特殊校情，对同课异构这一形式进行了创新，以"上课+说课+研讨"的形式进行，通过先由帮扶学校教师上实践课，接着中心教研组教师进行同课题的说课展示，最后针对这两种不同的教学设计和教学效果进行研讨交流。

这种新型的同课异构教学帮扶活动由中心教研组引领，落实新方式，既有理论高度，又有实践操作，为听课教师带来了深刻的启发与思考。一样的课例，不一样的风采，碰撞出了教学智慧的火花，有效地培育教师的学科核心素养。创新同课异构教学帮扶活动流程图如下：

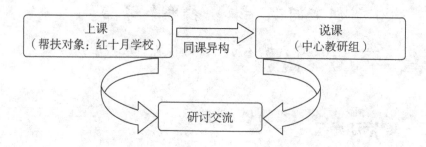

（二）形式创新，教学展现新风采

首先红十月学校杨彩云老师为我们展示了她的课堂教学，杨老师执教课程为七年级下册第17课《明朝的灭亡》，杨老师按照课文线索"政治腐败与社会动荡—李自成起义推翻明朝—满洲兴起和清兵入关"三个子目录展开，课堂史料比较丰富，讲解详细，最后让学生练习巩固，做到讲练结合。整节课堂较为流畅，环节完整紧扣，课例展示采用的是较为传统的教学模式，在课例创新设计、课前导入以及情景创设等教学环节上还有待加强。

接下来是由中心教研组成员关开燕老师为大家展示同一课题《明朝的灭亡》的说课，课例以主题式教学的形式展开，以人物作为主线串联整节课，形式新颖，富有创意。课例把"李自成个人的奋斗前程的兴衰"作为主题，对明朝兴衰的教学内容进行重构，通过三个篇章把整节课堂串联起来。第一篇：少年失志——驿站被裁；第二篇：高光时刻——灭明称王；第三篇：战败覆亡——清兵入关。在说课过程当中，关开燕老师重点说教学过程的设计理念以及教学方式，教学情境如何创设和如何落实教学目标。

关开燕老师的说课展示，讲解形象生动，深入浅出，每个环节都进行相对应历史学科素养的渗透，充分发挥了学生的主体性，开阔了学生的认识视野，提高了学生的思维品质，对新教材教学发挥示范引领作用，给教师们带来了非常深刻的启迪和思考。整个教学过程把历史文物的讲解作为导入、辅以直观的视频介绍、结合精彩的故事讲解、生动的历史演绎，以及循循善诱的点拨、深入灵魂的追问把帮扶学校的教师从传统的讲解课堂当中带出去，尝试以某个人物或者故事或者某件文物为主线，进行知识点的整合，进行主题式的教学，在很大程度上帮助红十月学校的教师激活常态课，提升教学效果。

（三）教研同行，学科交流提质量

说课之后，进入学术沙龙环节，中心教研组成员和红十月学校教师们针对杨老师展示课的优缺点以及关老师说课的特色，围绕主题就如何更好地优化设计、规范教学进行了深入的探讨，大家就新课程标准、学科核心素养、教学设计、教学有效性等各抒己见，畅所欲言。

在研讨沙龙中，江城区历史教研组组长洪锦柯老师对两节课作出中肯的评价，认为两位老师同课异构，各有千秋，实践课与说课相结合的同课异构形式是本次帮扶教学研讨活动的创新形式，不但可以直观看出同个素材老师在课堂上的处理方式的不同，还能聆听到相应的理论依据。洪老师指出杨彩云老师能兼顾学情，注重基础知识的把握，课堂内容完整；而关开燕老师的说课更注重理论依据和细节处理，课堂能够紧扣新历史新课标的要求，以主题式教学来培育学生史料实证、家国情怀、唯物史观等历史核心素养，而且选用的素材新颖、生动有趣，能紧扣时事，激发学生学习兴趣，开阔学生视野。

最后洪老师指出在当前历史中考改革趋势的推动下，我们的历史教学模式要有所改变，在要求学生掌握基础知识的同时，教师们要尽量改变传统单纯说教式的课堂，发挥学生的主体性，尽量创设直观生动的情景，在史料选用和文物展示方面要新颖严谨，要多尝试，尽量激活常态课，提升教学质量。

三、活动效果

此次"送教下乡"活动帮助红十月学校历史学科教师更新教学理念，提供了可借鉴的历史学科常态教学方法，促进了历史学科教师的专业发展，为缩小红十月学校与区内其他学校的教学质量差距打下了基础。同时，历史学科中心教研组也实现了一次研训合一的建设目标，不仅进一步丰富了教研工作机制与方式，还进一步缩小了城乡教育差距，促进了教育均衡与公平。

搭平台，展才情，齐联动，促提升

——江城区2022年学科教研大讲坛主题教研活动

一、活动缘起

2021年，阳江市江城区共有公、民办中小学校101所，还有公、民办幼儿园近176所。江城区教研当前存在的主要问题就是教研经费不足，教研力量薄弱，教研形式单一。

2022年1月，阳江市江城区教师发展中心自成功申报广东省第二批基础教育教研基地以来，按照项目建设与管理的相关要求，结合区域实际，以"破解江城区基础教育高质量发展的难题和关键问题，构建江城区中小学教师研训体系，提高教师专业素养"为主要目标，积极推动教研体系建设、推进研训一体化教师专业发展建设。

为了全面贯彻落实《关于全面深化新时代教师队伍建设改革的意见》，

破解江城区教研长期较为滞后的困境，切实落实"全面提高基础教育质量的新形势新任务新要求"，促进教师专业成长，在教育局和教师发展中心领导的支持下，借助获得第二批县区教研基地的契机，教科研指导室组织开展2022年"江城区学科教研大讲坛"主题教研活动。

（一）活动主题

落实学科课程理念，提升教育教学质量。

（二）活动目标

（1）建设示范性教研平台。组织实施系列主题教研活动，强化教研交流与合作，探索新时代教研活动实施的新机制、新路径，丰富教研内涵，推进教研转型与创新。

（2）推进教学教研成果交流与应用。立足于本区，大力推广全区各中小学校和教师在课程改革、教学改革、考试评价改革等方面的理论研究与实践成果，创新教学教研成果应用推广方式，助推本区基础教育高质量发展。

（三）促进中心教研组建设

深入推进学科中心教研组建设，探索学科中心教研组建设和发展机制及路径。

二、活动实施

（一）制订方案

2022年春季开学前，江城区教师发展中心教科研指导室全体教研员开会研究教研大讲坛活动开展工作，初步确定了活动的大体方案。随后，各学科教研员与学科中心教研组成员研究确定具体的讲座内容及主讲人。最后，经过教师发展中心领导班子的审核，确定下来讲座的方案，并于2022年3月25日经教育局以《江城区教育局关于印发2022年"江城区学科教研大讲坛"活动方案的通知》（江教研〔2022〕21号）文件下发。

（二）活动实施

教科研指导室根据方案的具体安排（见下表）开展大讲坛活动。

时间	学科	宣讲主题
3月	小学语文	"双减"背景下的小学语文教学与作业设置
	中学语文	考改促课改——"双减"语境下的中考命题研究
4月	小学数学	"双减"背景下小学数学教学方式的转变
	中学数学	"双减"背景下初中数学作业观重塑及课堂教学、教研变革回应
5月	小学英语	优化小学英语课堂，促教学质量提升
	中学英语	从命题规律谈试卷讲评及课后反思
6月	物理	中考物理计算题高效备考策略分享
	道德与法治	聚焦核心素养的教与考
9月	生物	新中考背景下的初中生物实验操作教学及备考策略
	地理	"双减"背景下生活地理教育的理论与实践
10月	化学	核心素养导向的单元作业和考试命题
	历史	初中历史主题式教学实践探究
11月	美术	做一个有理想有情怀的美育教师
	音乐	"音乐中考"背景下课堂教学的行与思
12月	体育与健康	现代教育技术在中小学体育与健康工作中的有效应用
	信息技术	新中考背景下初中信息技术教师专业成长策略
	心理健康	心理之路，有你有我

2022年3月31日15：00～17：00，第一场大讲坛"'双减'背景下的小学语文教学与作业设置"正式开讲，由江城区教师发展中心教科研指导室副主任、阳江市名师、市管拔尖人才邓梅主讲。邓梅老师向大家解读了"双减"政策，认为"双减"不是让学生减少学习，虚度光阴，更不是在教育质量上做减法、在教育责任上撂担子，而是对教师提出了更高的要求，并从树立"大语文教学观"、努力提高课堂质量、整合教学资源、优化作业设置这四大方面进行了讲述，结合生动有趣的教学案例，讲述如何打造高效课堂。由于疫情的影响，活动采用线下和线上直播相结合的形式，不在现场的教师在学校通过线上现场直播集中观看。教科研指导室也把直播的网址向市属学校及兄弟县区做了推荐，与他们共享教研活动。活动收到了良好的效果，仅在线参与活动的就达到3000多人。

此后，教科研指导室按照方案逐一开展各学科的大讲坛活动，2022年上半年结束时已开展了7期大讲坛活动。

2022年4月教育部印发了《义务教育课程方案和课程标准（2022年版）》后，教科研指导室紧扣热点，立刻组织教研员及学科中心教研组深入研读方案、课标，及时对大讲坛活动原有内容作出调整，仍然紧扣主题，在后续的学科大讲坛活动中开展各学科的课程标准的解读培训，特别是把劳动学科增加到了大讲坛活动中。每次活动都有市属学校、其他县区的教师参与其中。每次活动，各学科中心教研组都认真参与，及时总结，在美篇或者公众号加以宣传。

每次活动，主讲的教师都把他们对自己学科的课程标准研究、理解及教学经验无私分享出来，充分展示了各自的才情，获得了参与活动教师的赞许。每次活动结束后，教师发展中心都会给主讲教师发放讲座证明和酬劳，充分肯定主讲教师的努力。

三、活动效果

本次主题教研活动选题结合实际，对标问题，突破了疫情的阻碍，激发了本区教师教研的热情。

（一）打造了教研展示的平台

本次教研大讲坛活动，给本区教师一个展示的平台，机会弥足珍贵，更是教师的突破。以往教研专项资金欠缺，只能把有限的资金用在聘请高校或者外市专家来开讲座上。但是这样的讲座有时欠接地气，对老师的专业提升帮助有限；也忽略了对本土教师中的优秀人才的挖掘培养。现在有了这个教研大讲坛平台，立足于本地区对学科有深入研究并有不错心得的优秀教师，让他们借助这个平台发光发热，带动区域深入开展学科教研。他们的讲座都基于本地区实际，能够清晰地展示他们的经验与解决问题的策略，很接地气。这样一个平台，对发展中心、讲座嘉宾、参与活动的教师来说，就是一种三赢的局面。

（二）达成联动提升教师专业素养的目标

本次学科教研大讲坛活动，教师发展中心、学科中心教研组、中小学校同心协力，达成了联动提升教师专业素养的目标。2022年学科大讲坛一共举行18期，其中教研员主讲的有3期、学科中心教研组组长主讲的有12期，学科中心教研组其他成员主讲的有3期，学校除了派出骨干教师参与现场活动，还组织其他学科教师集中观看讲坛直播。这种多方联动，大大促进了各学科教师对本学科课程标准的理解，提升了教师的学科专业素养。

（三）树立了教研的范例

由于江城区是欠发达地区，以往开展提升教师专业发展工作，大多是聘请外地的专家学者来做讲座，鲜有本区的教研员、教师做讲座的主讲嘉宾。这次大讲坛立足本区，18期讲坛活动，除了第四期邀请了阳江市教育教学研究院副院长、正高级教师、广东省特级教师、广东省名师工作室主持人、全国优秀教师、阳江市名师梁军磊做讲座外，其他17期讲座都是由本区教研员或者学科中心教研组成员主讲。这无疑为学校开展校本教研树立了教研活动范例，提示各中小学校要重视对学科骨干教师的挖掘培养，善于打造教研平台，给有学科研究才情的优秀教师一个展示的平台、机会，带动其他教师积极开展学科研究，从而整体提升学校的教育教学质量。学校甚至可以借助这样的平台，让有学业专长的学生来充分展示自己的学习成果，提升学生的荣誉感、成就感，既树立了学习的楷模，又营造了浓厚的学习氛围，从而促进整个学校的教育教学质量的提升。

（四）促进了学科中心教研组的建设

本次专题教研活动，学科中心教研组发挥了很大的作用。本区组建过两届学科中心教研组，但由于缺乏教研经费，活动比较少，组员的积极性不高。本次大讲坛活动，不少中心教研组的组长和组员都有机会在大讲坛的平台中崭露头角，展示了自己对学科的深入研究，给其他教师树立了教研的标杆；中心组各成员各司其职，通力协作，做好每次讲坛活动的组织、总结及宣传工作。这大大激发了他们荣誉感和责任感，使他们更加主动自觉投入到学科教研组的工作中。中学语文中心教研组组长梁显畅老师借助了自己参加省级命题培训的机会，结合自己平常的教学，在第二期大讲坛活动中做了"考改促课改——'双减'语境下的中考命题研究"的主题讲座，围绕近几年全国各省区的初中语文考改促课改、中考关注的要点、中考命题的方向等方面进行了深入归纳总结及分析，筛选了各地近几年大量的中考试题作研究的素材，提出了语文教学跟着"双减""变"的应对策略，对中考备考很有借鉴意义。此后，梁显畅老师还组织中心教研组全体成员在9月份参加了"名师优课——2022年中秋节公益直播活动暨新课标新理念新课堂专题活动"，带动组员深入开展新课标学习，促进了学科中心组的自身建设。中学语文中心教研组在教研员和梁显畅老师的带领下，开展了不少教研活动，也促进了中学语文科教师的专业发展。其他学科中心教研组也借助这样的机会，加强学习，开展形式多样的教研活动，促进本学科教师的专业发展。

（五）促进发展中心研训条件建设

因疫情的影响，大讲坛开始的几期活动，按照防疫政策要求，不能有超过50名教师集中在一起开展线下活动，这影响到教研活动的效果。为了扩大教研活动的影响，让更多的教师参与到教研活动中去，发展中心领导全力支持，批示购买了全新的直播设备，搭建了教研直播平台，为后续教研活动夯实了硬件基础。

聚焦"任务群"，赋能新课堂

——记江城区小学语文学习任务群展示活动

一、活动缘起

2022年4月教育部正式印发了《义务教育课程方案和课程标准（2022年版）》，区各学科中心教研组迅速开展了对学科课程标准的解读。经过一年时间的实践，小学语文教研员及小学语文中心教研组成员在教学视导中，发现还有些教师对于如何达成课标中的学习任务群还存在一些困惑。为了贯彻落实《义务教育语文课程标准（2022版）》的新理念，全力推进阳江市江城区小学语文课堂教学改革，探索与现行教材内容的联系，特别是语文学习任务群的研究，经过教研员与学科中心教研组的研究，决定开展以"聚焦'任务群'，赋能新课堂"为主题的研训活动。

二、活动实施

2023年4月，小学语文教研员邓梅会同小学语文中心教研组成员精心研究制订了活动方案，下发了文件《江城区教育局关于举办江城区小学语文学习任务群展示活动的通知》（江教研〔2023〕40号）。

2023年5月8日，江城区小学语文学习任务群教学展示活动在阳江市共青湖学校如期举行。江城区小学语文中心教研组教师组成的评委团对每位选手进行打分，最终选出一位教师代表江城区参加阳江市的比赛。

活动首先是精彩的课堂展示。参赛教师以生活为基础，以语文实践活动为主线，以学习任务为载体，把"语文学习任务群"践行在课堂教学中，并充分调动学生的课堂积极性，为大家展示了异彩纷呈的课堂教学。

上午第一节由阳江市共青湖学校何雪银老师展示二年级下册课例《蜘蛛开店》。整节课设计"梳理故事内容""复述故事""分享故事""续编故事"四个任务。在任务活动中，学生掌握并运用"有目的地阅读、提取关键信息、体验感受"阅读策略。

第二节由江城第三小学关春娴老师展示三年级下册课例《花钟》。课堂上，一整节课以"探索大自然的奥秘"为任务驱动，精心设计四个连贯的语文活动：活动一，领取入场券；活动二，仿写法，制花钟；活动三，花钟揭秘大闯关；任务四，畅谈旅途收获。课堂环环相扣，情境性、实践性强，落实了单元的语文要素，提升了学生的核心素养。

第三节由二中附小陈良钰老师展示五年级下册课例《祖父的园子》。陈老师以四个任务为驱动，引导学生品读关键句段，学生的思维不断向纵深推进，体会园子从多姿多彩到自由到爱的过程。

下午第一节由马曹小学关雪影老师展示二年级下册课例《大象的耳朵》。关老师通过创设"给大象写颁奖词"的情境，引导学生在情境中紧扣"大象的耳朵是如何变化"这一问题，通过情境创设、角色置换、情景朗读等方式，让学生在体会大象和小动物心理变化的过程中，理解文义。课堂中，教师提供的语言支架让学生丰富的想象更能清晰地表达出来。

下午第二节由绿地小学许海英老师展示三年级下册课例《花钟》。课堂以"做《花钟》一课的播报员"为任务驱动，通过找关键句提炼方法，学生感受到语言文字的魅力，很好地落实语言文字运用，扎实指导、掌握语文要素。

最后一节由江城一小张春花老师展示四年级下册课例《宝葫芦的秘密》。课堂上张老师巧用"童话故事创编小达人"作为任务和情境，设计"我会读故事""我会听故事""我会编故事"三个任务，让学生感受到童话的奇妙，激发学生阅读整本书的兴趣。在"创编故事"这一活动中很好地实现了教学评一致性。

课堂展示后是精辟点评。江城区教师发展中心教科研指导室的相关负责人对六位老师的课堂进行点评。首先，她指出义务教育语文课程内容主要以学习任务群组织与呈现为主。语文学习任务群由相互关联的系列学习任务组成，共同指向学生的核心素养发展，具有情境性、实践性、综合性。接着，她肯定这六节优质课有五大优点：一是教学目标明确，教学思路清晰；二是在课堂中会创设情境，以任务为驱动；三是注重语言训练，扎实训练学生的听说读写能力；四是课堂以学生为主体，放手让学生自主学习；五是课堂体现"教学评"一体化的理念。同时，她还强调教学环节的过渡要自然，活动与活动之间的过渡不能太生硬，在"教学评"方面，"评"的形式可以多样，但要把握"评"的度。精辟点评让参赛老师和在座的每一位同仁都如同拨云见日，受益匪浅。

最后，经过评委公平、公正、公开的评判，江城第三小学的关春娴老师荣获一等奖，其他五位老师荣获二等奖。选手们面对荣誉不骄不躁，面向未来信心满满。

三、活动效果

本次展评活动，对标问题，展示了小学语文中心教研组对本区小学语文教学存在问题的精准把握，以及解决问题的智慧。其次，本次活动通过六位教师的"学习任务群"教学实践，对其点评研讨，实现了对本区小学语文教师的一次主题研训，为语文教学改革开启了一扇大门，促进了他们对"学习任务群"的认识——"学习任务群"对于推动语文教学改革、促进学生深度学习具有重要作用，也从而提升了他们的专业素养。教师们将以此次活动为新的起点，积极践行新课标"学习任务群"新理念，谱写语文课堂教学新篇章。

"探讨新课标，共生教研智慧"学科教研沙龙活动

一、活动缘起

为进一步推进《义务教育课程方案和课程标准（2022年版）》在学校真正的落地实施，促使教师深入研究学习领会新课标理念，进一步转变自身教学观念、角色和行为，提高教育教学水平，促进我区教育高质量发展，教师发展中心经过研究，决定开展2023年江城区"探讨新课标，共生教研智慧"学科教研沙龙系列活动。

二、活动过程

（一）制订方案

各学科教研员与各学科中心教研组成员充分交流，制订了活动方案。

1. 活动主题

探讨新课标，共生教研智慧。

2. 活动形式

以沙龙的形式，各个学科中心教研组通过深度的会谈活动，以江城区在落实新课标课堂教学中出现的某方面问题或困惑为主题，对如何践行新课标进行深入的探讨，发表各自的见解，使成员之间了解到彼此的想法，使彼此的意见碰撞，并使各自的思维得到拓展，产生闪光性的新知识、新智慧、新观念，迸发共生出集体创造的教研智慧。

3. 参与对象

江城区教师发展中心教研员、各学科中心教研组成员及骨干教师。

（二）确定主题

各学科教研员和各学科中心教研组成员经过深入的沟通研究，确定了15个研讨的主题。

序号	学段学科	研讨主题
1	小学语文	研讨新课标，落实核心素养
2	小学数学	核心素养导向下培养学生数感和量感的策略
3	小学英语	核心素养导向的英语课堂教学研究与实践
4	初中语文	指向学科核心素养的初中语文大单元教学实施策略
5	初中数学	基于新课标理念的初中数学核心素养内涵及其培养路径研究
6	初中英语	新课标下深化初中英语课堂教—学—评一致性的研讨
7	初中物理	新中考背景下初中物理实验操作教学与评价的研讨
8	初中化学	核心素养导向下初中化学探究实验设计与实施的研讨
9	初中历史	大概念教学下的革命文化教学的思考
10	初中地理	新课标下初中地理学生学习方式的研讨
11	初中生物	基于新课标下初中生物实验操作的策略研讨
12	中小学道德与法治	新课标背景下的课堂教学
13	中小学体育	新课标下的课程实施的教学建议研讨
14	中小学美术	基于新课标的美育拓展课程探究
15	中小学音乐	基于核心素养视域下的中小学音乐欣赏教学研究

（三）活动实施

（1）从2023年6月13日开始，沙龙活动分为15个学科中心教研组来进行，共举行15场。每次活动主持人预先召集中心教研组成员讨论研究当前在落实新课标课堂教学中出现的问题，选定探讨的主题以及参加人员。每场沙龙活动约20～30人，分为3～4桌。要求参加人员提前对探讨的主题有所思考，准备好发言稿，也可以用多样的形式来展示。

（2）沙龙活动将创设宽松舒适的研讨场地空间，场地安排3～4张大桌，分别作为"咖啡桌"，每桌配有6张椅子。成员进入会场，按照主持人预先安排的分组围坐在"咖啡桌"旁，每人可以使用桌上分发好的纸笔捕捉灵感、做笔记以及涂鸦画画。通过活动场地的布置，咖啡茶点的准备，主持人致欢迎词，营造民主、友好、和谐的氛围，为成员们探讨问题时能畅所欲言做铺垫。

（3）沙龙活动具体分两部分进行，中间休场10分钟，共约两个半小时。

第一部分是主持人对探讨的主题作解说及启发，起到抛砖引玉的作用，然后每个成员发言，主持人作初次总结归纳，并指出有价值的闪光点（每人2分钟，共约60分钟）。

第二部分是分桌讨论（30分钟），每位成员都要积极发言，提出自己的意见和看法，并通过聆听吸收多元文化和不同观点，桌长可以适时提点引导，并捕捉关键词，用思维导图展示在工作纸上。然后桌长轮流发言，也可以用思维导图来展示会谈的成果（30分钟）。最后主持人做进一步的总结归纳，得出本次会谈对探讨主题的共识（20分钟）。

（4）每场学科沙龙活动结束后两周内，主持人要提交一份沙龙活动会谈成果报告。15场沙龙活动全部结束后，编辑一本《江城区2023年"探讨新课标，共生教研智慧"学科教研沙龙活动成果汇编》。

三、活动效果

活动促使各学科中心教研组对课程标准进行主动深入研究，通过聚焦课程标准的某一要点、难点，教研组成员对这一要点、难点的内容有了多方面的理解，更加透彻地了解了课标的编写意图，为教研组成员在做示范教学时打下了坚实的基础。活动碰撞擦出了智慧火花，不同组员把自己的学习理解结合自己的教学实践凝聚成精彩的发言，结出更大的智慧果实。活动也尝试了新的教研形式沙龙，给校本教研做了很好的示范。

第三章

研训基地学校
——校本研训筑根基

第一节　研训基地学校的定位及功能

构建"教师发展中心—学科中心教研组—研训基地学校"三级研训模式，是江城区提升教师专业素养的创新举措，犹如搭建了三级阶梯，遵循教师成长成才规律，帮助教师逐级提升。

在三级研训中，校本研训最基础，开展历史最长，普及范围最广，但原方法陈旧，流于形式，以往基本上由学校学科教研组组织学科教师定期学习业务、开展听课评课，偶尔组织部分教师外出听课交流，效果一般，难以助力教师全面发展。成立区教师发展中心后，建立教师研训基地学校，旨在发挥学校教师培养的主体作用，形成上下联动、运行高效、研训合一、针对性强的教师培养机制，为全区教师专业素养提升打下坚实的基础。

一、研训基地学校的界定

研训基地学校是指扎根于学校，开展校本研训和教学实践研究，并能对区内同类学科教师承担培训、指导任务的研训组织，研训基地按学科设置在学校。研训基地学校领导必须具有较强的学科教研意识，重视并支持研训基地的建设工作，学校教学科研氛围浓厚；学校的硬件设施达到教师培训标准；学校学科教研组运行情况良好，并能在学科教研工作中发挥着重要的组织和指导作用；学校学科教师教研能力较强，学科教学质量良好。

研训基地学校的认定先由学校自行申报，再由区教师发展中心组织专家遴选，后报上级教育局审定，并发文通报。近两年来，江城区以部分学校先行先试，其他学校积极跟进的工作机制，搭建学科研究和教师成长的平台，分两批成立了如下教师研训基地学校：

（一）中学

阳江市第二中学（数学、地理、道德与法治、历史）、阳江市田家炳学校（语文、物理）、阳江市岗列学校（化学、生物）、阳江市星鹏中英文学校（英语）。

（二）小学

阳江市江城第一小学（语文）、阳江市实验小学（数学）、阳江市江城第十三小学（英语）。

（三）艺术与体育

阳江市关山月学校（艺术）、阳江市岗列中心小学（艺术）、阳江市共青湖学校（体育）。

二、研训基地学校的功能

研训基地学校的功能是全面贯彻党的教育方针，落实立德树人根本任务，充分发挥教育科研教研工作的研究、指导、引领和服务作用，以教研促教师发展，以基地学校为载体，搭建学科研究和教师成长的平台，构建区域科研教研共同体，进一步完善区教师发展中心、基地学校、教研组三级教育科研教研工作体系，营造健康良好的教学科研、教师培训氛围，促进教师专业发展，提升教育教学质量。

（1）研训基地学校要建设成为全区校本研训改革实践中心。积极探索校本培训的有效路径，以基地学校为样板，辐射其他学校的校本培训。让全区各学校承担起教师培养的主体作用，切实筑牢教师专业素养的根基。

（2）研训基地学校要建设成为全区学科课程改革实验中心。认真研究课程理念下的学科课程建设、课堂教学方式，积极探索教与学方式的变革，为全区课程的深入推进提供实验和借鉴。

（3）研训基地学校要建设成为全区学科课程资源中心。结合研训一体化的思路，加强学习型团队建设，探索学科教研组、备课组建设的实践经验，为全区学科教研组和备课组建设提供示范；搜集整理教学资料、建设网上交流平台，与全区学科教师共享优质资源。

（4）研训基地学校要建设成为全区学科教学交流中心。积极承担全区学科研讨活动，加强学科调研工作，开展区内学科教学质量动态分析，为全面提高学科教学质量起引领作用。

（5）研训基地学校要建设成为全区学科教师研修中心。通过研课、磨课、学科教研及相关交流活动，督促学科教师的专业发展和成长。促进学校优势学科的再发展，形成鲜明的学科教研特色，发挥示范、引领和辐射作用。

三、研训基地学校的工作思路

江城区教育局、江城区教师发展中心根据学校对基地建设的态度、学校硬件设施达标情况、学科教学质量情况、学科教师团队能力、学科教师教研能力等方面进行综合研究考虑，确定基地学校。基地学校挂牌宣示后，也明确其具体工作思路。

1. 组建机构，计划先行

各基地学校成立以校长为组长的基地工作领导小组，组员有学校相关领导、学科骨干教师和区学科中心教研组成员。基地统筹发展规划，制订和完善工作制度、计划，计划纳入教育局、教师发展中心研训计划及学校工作计划中。

2. 摸查问题，靶向教研

基地学校以当前本区、本校的教育教学热点问题为研究对象，通过课题研究、集体研讨、课例研究、赛课评课、成果评选等方式研究新时代下的学校建设、教师发展、学生成长、德育、课堂教学等事关学校发展的实际问题，及时发现问题，分析成因，不断改进教育教学措施，探索素质教育和学科核心素养的落实途径，为区域教育教学改革提供经验和借鉴。

3. 通力协作，搞活教研

基地学校要积极与区教师发展中心、区学科中心教研组沟通合作，共同做好在基地举办的学科教研活动。江城区教师发展中心定期邀请省内外一线名师到基地学校上示范课，开展教学研讨活动，保证基地学校每学科每学期至少举办一次全区性的学科交流活动，同学段同学科全体教师参加，实现学科教师全员培训。

4. 广泛宣传，推广辐射

以微信群、公众号为依托，定期发布教研活动简报、教学研究成果，定期开展网上论坛、互动答疑等活动，做好经验推广。基地教研组每年能够总结出一定的阶段性研究成果或成功经验并推广，基地学科教研组每学期要准备至少2个完整的教学案例或课例供专题教研使用。要充分发挥示范带动作用，体现两个"辐射"——以学科教研实践为切入点，积累经验，辐射到其他学科；以开展校本教研为重点，辐射到其他学校。

5. 学习交流，助推发展

基地要加强与其他县（市、区）及外地先进市、县学校的学习交流活动，借鉴先进经验，不断丰富内涵，促进自身发展。

四、研训基地学校的保障措施

研训基地学校的各项工作能够顺利开展，离不开上级教育部门的鼎力支持和基地学校本身对研训工作的精心策划，完善的保障措施也是关键。

1. 加强组织领导

各基地学校管理实行校长负责制，基地领导小组成员分工明确，各司其职。江城区教师发展中心加强对基地学校工作的指导和监督。

2. 建立专项档案

基地要安排做好各项教研活动原始记录和活动资料的收集整理工作，将其纳入档案，妥善保管，便于总结评价。

3. 做好工作保障

区教育局和教师发展中心要对基地学校建设和活动开展给予大力支持。区教师发展中心建立名师人才库，为基地学校开展学科教研活动提供人才保障。基地学校也要为基地教研工作提供必要的支持，落实基地办公场所，提供现代化教学设施，支持教师参与上级教学科研工作和外出培训学习，开阔视野，以研促教。

4. 注重评价考核

教师研训基地由区教育局和教师发展中心认定、挂牌、考核、评价。考核采取量化评定和工作实效、业绩考查相结合的方式，内容主要包括研训基地管理制度、工作计划与总结、工作运行过程、开展的专题研讨活动、教师培训成效等，每学年进行一次。考核既要重视定量定性考评，又要注重评价反馈，及时提炼经验和发现问题，并提出针对性意见和建议。考核结果分为优秀、良好、达标和不达标四个等级，对成绩优秀的基地和个人予以表彰，连续两年考核不达标的取消认定挂牌。

在三级研训中，研训基地学校是根基，负责学科教师的全员培训，探索校本培训的有效路径，以学科教研为切入点，以当前本区、本校的教育教学热点问题为研究对象，探索素质教育和学科核心素养的落实途径，为区域教育教学改革提供经验和借鉴。研训基地学校的各项工作的有效开展，必定能为全区教师专业素养提升奠定坚实的基础，助推本区域教育高质量发展。

第二节 研训基地学校促进校本研训的有效路径探索

随着基础教育课程改革的不断深入，对教师的要求也在不断地提高。建设高素质的教师队伍是我国实现教育高质量发展的关键。教师队伍的素质对一所学校生存和发展起着至关重要的作用，尤其是青年教师和骨干教师队伍，它是支撑学校教育发展的一大支柱，直接关系到本地区办学的质量和发展。江城区教师发展中心于2020年建成后，先后建立了10所教师研训基地学校，以"教师发展中心—学科中心教研组—研训基地学校"三级研训共同联动来提升全区教师专业素养。其中研训基地学校就是以学科教研为切入点，负责学科教师的全员培训，积极探索校本培训的有效路径。基地学校的研训活动，应以教学实践中的问题作为研究内容，以教师为研究主体，以促进教师专业发展和提高学生素养为目的，以保证新课程改革由点向面推进、落到实处为落脚点，创新研训活动的途径和形式，提高教师的教育教学专业水平，从而提升学校的教育教学质量。

一、加强理论学习，转变教学观念

观念决定行为。研训基地学校可以通过会议、讲座、交谈等方式引导教师明确自己的责任，强化其使命感。让大家认识到随着时代的发展，职业危机已成为迫使我们不断前进的动力。现在，单靠过去的教学参考书和教学辅导杂志来备课已捉襟见肘，如果不抽出时间多方位提升自己，就很难适应新课改对开展综合课程教学的要求，很容易被学生否认，被时代淘汰。如果想继续为师，就要客观务实地做好自己的职业规划，树立终身学习的意识，并努力加强学习，参加各种培训，不断提升专业素养。

苏霍姆林斯基曾说："一种热爱书、尊重书、崇拜书的气氛，乃是学校和教育工作的实质所在。"基地学校要努力营造浓郁的学习氛围，通过多种形式提高教师的内在文化底蕴。阅读是教师成长最好的助推器，为了教师的专业成长与整体素质的提升，学校要多购买一些教育教学类书籍供教师们阅读。建议每学期给老师们安排一定量的阅读任务，倡导个人阅读与团队共读相结合，个人阅读重在独立思考，团队交流重在分享集智。学校可分科组定期组织读书沙龙活动，让每位老师都分享阅读心得，感受读书的乐趣和读书的重要性。大家通过个人阅读、共读活动，激发智慧的火花，启迪教育教学的灵感，切实解决教育教学中的问题。

二、以课堂为阵地，提高教学水平

教师的主阵地仍然是课堂，课堂教学的质量决定了学生的学习效果。校本研训中最重要的一点是教师要聚焦课堂中存在的问题，研究解决对策，打造高效课堂。课例研修是目前中小学校本研训开展最为普遍的模式，教师成长最佳的场所就是课堂，因此课例研修要落实到课堂实践中。基地学校要有严格的课堂教学要求，可采取推门听课、轮流上公开课、同课异构等形式指导教师的课堂教学，共同研讨教学方法。同一个科组老师，大家一起听课、评课、议课，对于教师的自我完善和成长是很重要的。教师们在关注对真实教学问题的发现、研究与解决的同时，再将理论学习与备课、说课、授课、听课、评课、反思等教研实践活动结合起来，能使我们的课堂充满生命的活力。这个过程就是教师在行动中学习提高的过程，在这个过程中教师对自己的教学行为进行观察与反思，通过与其他教师和专业研究人员的对话与交流，不断地对自我和课堂教学加深理解，并在理解的基础上提高自己。

三、重视教研组建设，同伴互助成长

"独行快，众行远"，在一个教师群体当中，能够有不同的思想、观念、教学模式、教学方法的交流与冲突，是非常宝贵的。因此，基地学校要重视学科教研组的建设，合理安排教研组开展教研活动的时间，通过同伴互助的方式促教师专业成长。同伴互助的基本形式有以下几种。

1. 交谈

浅层次的交谈主要是交换信息和经验共享，信息和经验只有在流动中才能被激活，才能实现增值；深层次的交谈主要指专题讨论，在有效的讨论中，每个教师都能收获单独学习所得不到的东西。基地学校每个学期最好要组织一些专题活动，如"教育论坛""教学沙龙""经验分享会"等，充分发挥教师的智慧，共同解决教学中存在的问题。

2. 协作

指教师共同承担责任，完成任务，协作强调团队精神，群策群力。要发挥每个教师的作用，彼此在互动、合作中成长。例如，某学校接到赛课任务时，校长十分重视，充分发挥科组团队的力量，组织全科组教师参与讨论、选课题，就教案的设计出谋划策。为了做好充分的准备，科组长带领参赛教师辗转多个教学班进行试教、磨课。为了教案一个小小的细节，为了使课件更加精美，教师们常常聚集在一起讨论、修改。参赛教师本人更是根据大家的建议结合自己的教学特色，一遍又一遍，不厌其烦地修改教案，苛刻到要求自己一字、一句，甚至一个眼神都要精准到位。这一切，无不彰显教研组强大的凝聚力和精益求精的教学钻研精神。

3. 帮助

指让一些教学经验丰富、教学成绩突出的优秀教师，帮助和指导新任教师，使其尽快适应角色和环境的要求。基地学校可采取"师徒结对""成立校级名师工作室"等形式打造研训共同体，充分发挥优秀教师的示范引领作用，达到教师共同成长的目的。

唯有教师集体参与的研训，才能形成一种研究的氛围，一种研究的文

91

化，这样的研训才能真正提升学校的教育能力和解决问题的能力。只停留在教师个体的研训，虽然教学行为也会产生一时的变化，但这种变化难以持久，也难以从个别教师的行为转化为群体教师的行为。

四、组织活动，搭建成长平台

课改的根本目的是促进师生共同发展，培养和造就一支观念新、业务精、实力强的教师队伍是实施新一轮课程改革的前提和保证。为了达成这一目标，基地学校课定期或不定期举办各类研讨、评比、展示活动，努力组织教师加强交流学习，为教师的成长搭建平台。

1. 组织论文和各类教学技能评选活动

配合上级部门开展各项比赛活动，基地学校要以此为契机，组织校级的选拔活动，让一些优秀的教师有资格参与高一级的比赛活动，在学校营造一种积极上进的氛围。通过一些评选比赛活动，激发教师学习教育理论、从事教学研究和论文撰写的热情，促进教师专业素养的提高。

2. 组织各类课堂教学评比展示活动

按课改和教学的需要，基地学校可组织一些富有特色的课堂教学展示活动，如"践行新课标理念的优质课展示""主题教学比赛"等活动。以赛促教，以赛促研，在活动中发现人才，培养人才，树立先进典型，让其他教师学有榜样。

3. 组织教师外出交流学习

没有交流学习就没有进步，可采取组织教师"走出去"或"请进来"的方式加强教学研究，每个学期至少一次组织骨干教师外出听课学习，也可根据不同的培训主题邀请外面的专家、名师到校传"经"送"宝"。这样既可以让教师开阔视野，又可以让教师找到差距，不断加强学习，不断成长。

4. 加强校内外交流，组织送课下乡活动

基地学校组织本校优秀的老师送课下乡或送课到其他县区，这不但可以加强学校之间的交流学习，而且对上课的教师也是一次很好的锻炼与成长的机会。

5.承担学科教师研训活动

通过全区性的研课、磨课、主题讲座等交流活动，加快学科教师的专业成长，促进学校优势学科的再发展，形成鲜明的学科教研特色，发挥基地学校的示范引领作用，辐射其他兄弟学校的校本研训。

五、以课题为抓手，科研助推成长

苏霍姆林斯基说："如果你想让教师的劳动能够给教师带来乐趣，使天天上课不至于变成一种单调乏味的义务，那你就应当引导每一位教师走上从事研究这条幸福的道路上来。"只有当教师成为教育教学的积极参与者、研究者和实践者时，教师的教育智慧才能得到充分的发挥，才能有效地激发学生的创新潜能，也才能使教师真正感受教师职业的乐趣。教师主持或参与课题研究，能促进自己认真学习先进的教育理念，勤读书、勤思考、勤换脑，不断获取最新知识；能鞭策教师以研究者的眼光看待手中的工作，工作也就更加理性化；还能促进教师不断自我更新，自我超越。因此，基地学校应注重学科教学研究，以课题研究为抓手，助推教师专业成长。

（1）营造氛围，不断提高教师课题研究的积极性。学校领导要带头开展研究，对按时结项的项目，学校可进行适当的奖励，营造浓郁的科研氛围，提高教师开展课题研究的积极性，鼓励教师争当研究型教师。

（2）强化辅导，不断提高教师课题申报和顺利结题的成功率。学校可邀请专家进校指导，开展课题申报、开题论证、论文、研究报告撰写等辅导，提高教师课题研究的能力。

（3）强化过程，健全课题管理档案。一个课题一般要研究两年多，学校要做好课题的跟踪管理、组织活动等工作，注意收集整理好课题研究的过程性资料，使课题研究逐步走上科学化的道路。

（4）注重实效，面向教师成长和学生发展。从学校、教师、学生等方面的实际出发，选取相关问题作为课题。将课题研究与常规性教研活动结合起来，将课题研究所需要的理论学习、问题探讨、教学观摩、经验交流等渗透到日常的教研活动中，让常规性教研服务课题研究。

　　"教育大计，教师为本。有好的教师，才有好的教育。"教师专业发展是一个持续不断的过程，我们必须要有一个长期的目标和整体规划，教师专业发展理应成为一种新型的专业生活方式，并将其渗透于教师日常的教育教学中。校本研训作为教师专业能力提高的重要途径，其可以不断被优化，而研训基地学校促进校本研训有效路径的不断探索和实践，必定会开拓区域教师培养的新局面，实现全区教育的新发展。

第三节　研训基地学校促进校本研训的实例分析

群策共力　研教相长

——岗列学校化学学科校本教研活动实践

一、活动背景

岗列学校是一所九年一贯制公办城镇学校，现有教学班近40个，教职员工160多人，学生2000多人。由于学校教师平均年龄偏大，经费欠缺，缺乏教研领军人物及促进教研发展的长效机制，教研氛围不浓，学生的科学探究活动有待开发。

江城区教师发展中心的"基于教师专业素养提升的三级研训联动实践研究"课题自2021年获批为省级课题以来，课题组按照全区教师培养一盘棋的思路，实施"教师发展中心—学科中心教研组—研训基地学校"三级研训联动，推进以研促训、研训合一，搭建了学科研究和教师成长的平台，营造健康良好的教学科研、教师培训氛围，促进教师专业发展和教育教学质量的提升。

为了全面贯彻落实《关于全面深化新时代教师队伍建设改革的意见》和《国家基础教育课程改革指导纲要》，破解岗列学校校本研训长期较为滞后的困境，江城区教师发展中心"基于教师专业素养提升的三级研训联动实践研究"课题组从该校办学理念、培养目标和办学特色出发，本着有效利用现有教育资源和开发新教育资源的原则，在该校实施具有岗列学校特色的校本教研活动，为学生提供品德形成与人格发展、潜能开发与认知发展、身体与心理发展、艺术审美、综合实践等方面的学习活动，促进学生自主、合作、拼搏、创新、和谐发展，提高教师的教研、教学水平。在学科中心教研组的指导下，岗列学校借助2021年获得江城区研训基地学校的契机，结合学校实际，由化学科组试点开展了一系列的教科研活动。

（一）活动主题

落实学科课程理念，提升师生科学素养。

（二）活动目标

（1）搭建教师教研、成长的平台，建设优秀科组和培养教研骨干教师。组织实施系列校本教研活动，强化教研交流与合作，探索新课程教研活动实施新机制、新路径，丰富教研内涵，推进教研与创新。

（2）提升师生的学科素养和推进教学教研成果交流与应用。立足岗列学校，大力推广学校在课程改革、教学改革、考试评价改革、跨学科的实践探究等方面的理论研究与实践成果，创新教学教研成果应用推广方式，助推学校教育、教学高质量发展。

（3）促进学校教研氛围的形成。深入推进学科教研组建设，探索学科教研组建设和发展机制及路径，形成浓厚的校本研训氛围。

二、活动实施

（一）制订方案

2021年春季开学后，岗列学校被确定为江城区化学、生物学科的研训基地后，学科中心教研组以化学科为试点，指导化学科组研究校本教研活动工作，初步确定了活动的大体方案。随后，化学教研员与学科中心教研组成员经研究确定了具体的课程内容及负责人。最后，经过学校教务处和学校领导班子的审核，确定下来，并于2021年3月开始实施。

（二）活动实施

校本教研活动主要从生活的基本事实入手，培养学生对化学学科的兴趣，并参与一些简单的科学探究活动来认识化学、了解化学。主要内容包括：①了解常见元素，了解生活中的一些化学原理；②简单了解生活中常见物质（空气、水、食盐、牙膏、煤炭等）的一些化学知识；③掌握日常劳动和生活中一些相关的化学知识，对营养与健康、膳食平衡、常见污染源等知识有一个大致了解；④通过资料收集、信息交流、讨论、讲座等方式达到学习目标；⑤通过学习，激发学生对化学学科的兴趣，促进学生养成良好的饮食习惯、形成健康的生活方式，培养学生的合作探究精神。具体课程安排如下表：

时间	课序	主讲人	内容
第一学期	第一课	林宝盛	走进化学实验室
	第二课	林 莲	水中的化学世界
	第三课	林宝盛	气体的制取
	第四课	林举荣	让人又爱又恨的二氧化碳
	第五课	林宝盛	火——消防常识
第二学期	第一课	林宝盛	金属锈蚀的元凶
	第二课	林 莲	土壤的酸碱度探究
	第三课	林宝盛	学校周边白色污染的调查
	第四课	林举荣	衣料成分的鉴别

校本教研内容共12课，每课2课时，每2周一节。活动主要从环境、材料、饮食、能源等方面展开，内容符合学生的身心特点和成长规律。通过多种媒体的展示、趣味实验的开设、劳动实践活动、调查研究的尝试、阅读材料的查找和整理等多种形式，保持学生活动的积极性，确保顺利达成校本教研活动的目的。

活动以学生为本，尊重学生的意愿，采用学生喜爱的组织形式和活动方式，充分调动学生的学习积极性。在综合实践活动的实施过程中，教师给学生创造宽松的活动环境，鼓励学生勇于表述，既重视活动的结果，又重视学生的过程体验。教师每次都撰写综合实践活动教案，收集整理好各项活动资料，并将其放进档案袋，期末上交校本教研活动工作领导小组，以便总结、改进和推广，并做好汇报展示工作。

三、活动效果

（一）完善了学校化学实验室的建设

校本教研活动得到了学校领导的高度重视和大力支持，化学实验室由原来的仅有一个，发展为现在的药品贮藏室、仪器室、准备室和实验室四个功能室，各项配套设施也比较完备，仪器药品能满足课标规定的八大实验操作，及一个班级同时进行实验实操。

（二）创建了师生共同研究发展的平台，促进了校园科研氛围的形成

校本教研活动的开展，不仅是课堂学习的延续，还是学习方式转变的重要载体。在劳动实践、社会调查等活动的过程中，实现了五育并举，进一步丰富了育人方式，并对教师的教学、教研起到促进作用，使教师的"教"与学生的"学"更贴近生活，二者更加和谐统一，突出了学校的办学特色。

（三）培养了以林宝盛老师为代表的一批科研带头人

通过化学学科校本教研活动的开展，以点带面，带动了其他学科组积极加入教科研活动中，营造了浓厚的教研氛围。

（四）践行新课程理念，取得了一批教科研成果

（1）林宝盛老师的课件《测定空气中氧气含量的实验创新》在广东省中学化学优质教育资源征集评审活动中获省二等奖。

（2）林宝盛、林莲和林举荣共同编写的校本教材《化学》在全校推广使用。

（3）林宝盛老师的课件《分子运动》在全校推广使用。

（4）林宝盛老师的课件《硫燃烧改进实验》在全校推广使用。

四、活动反思

校本教研活动的开展，给教师、学生提供了展示平台，让教师在教中"创"，学生在学中"做"，发挥了教师的聪明才干，调动了学生的学习积极性，活跃了教研氛围，强化了岗列学校的办学特色，收到了预期效果。当然，活动也存在一些不足之处：一是活动时间有限，九年级毕竟是毕业班，升学压力大，参与活动的时间不足；二是校本教研活动项目有待进一步丰

富；三是个别活动流于形式，没有充分发挥学生的主体作用。这些需要我们今后去改进。

今后，课题组将结合校本研训的实际，推广岗列学校校本教研活动的经验，进一步丰富活动形式和载体，调动教师参与校本教研活动的积极性和主动性，不断提升教师的专业素养和学校的教育教学质量。

阳江市共青湖学校对分课堂研修与实践活动

一、活动背景

阳江市共青湖学校成立于2022年9月，全校共有37个班，其中小学部由6个年级、31个班组成，初中部由1个年级、6个班组成，社会各界和群众对学校期望较高。

在新一轮基础教育课程改革的浪潮中，作为改革主渠道、主阵地的课堂教学发生了巨大的变化，如教学的形式更加丰富多彩，师生的交流更加畅通，学生学习的方式更加多样，学生学习的兴趣更加浓厚。

为了全面贯彻落实《关于全面深化新时代教师队伍建设改革的意见》，提升共青湖学校教师队伍的专业素养和教学能力，推动学校高质量发展，江城区教师发展中心"基于教师专业素养提升的三级研训联动实践研究"课题组结合课题研究，指导共青湖学校积极探讨课程改革，引领教师转变教育教学理念，优化课堂教学，切实落实新课标和"双减"工作要求，在全面提升学生核心素养和提高学习成绩之间探索更高层次的平衡点。本着对对分课堂特色和优势的了解，课题组确定在共青湖学校组织开展对分课堂研修与实践活动。

（一）活动主题

探究课堂改革，提升课堂质量。

（二）活动目标

推进共青湖学校的课堂改革及教学改革，调动教师以研促教的积极性，在教研中提升教师的教学能力和专业素养。

二、活动实施

（一）制订方案

2023年春季开学前，学科中心教研组成员与共青湖学校经研究确定了对分课堂研修与实践活动的活动项目和活动主题，初步制订了活动的大体方案，建立了对分课堂学习研讨小组。

（二）活动实施

阳江市共青湖学校教务处根据方案的具体安排（见下表），在学科中心教研组的指导下组织开展对分课堂研修与实践活动。

时间	活动项目	活动主题
2月	书籍研读	研读《对分课堂：中国教育的新智慧》专著
	线上课堂实录观摩	道阻且长行则将至——对分课堂学习之旅
	专题讲座	道阻且长行则将至——对分课堂学习之旅
	示范课进校园	道阻且长行则将至——对分课堂学习之旅
	校内课例展示	对分课堂助成长，课堂交流学新知
3月	科组教研活动	聚焦对分，以研促教——对分课堂解读与分析
	推广动员会	低头拉车抬头看路——对分课堂推广动员会
	线上读书分享会	《对分课堂：中国教育的新智慧》第十期线上读书分享会
4月	周新桥主任第二轮进校指导	《对分课堂研究和实践的若干问题》专题讲座
	校内公开课	对分课堂校内交流研讨
5月	周新桥主任第三轮进校指导	对分课堂研讨课观课议课
6月	校内读书分享会	研读《对分课堂：中国教育的新智慧》专著
7月	校内读书分享会	研读《对分课堂：中国教育的新智慧》专著
	对分课堂经验交流会	分科组开展经验交流
9月—12月	对分课堂直播课活动	尝试进行对分课堂直播课

为引领教师转变教育教学理念，优化课堂教学，深入落实新课标和"双减"工作要求，在全面提升学生核心素养和提高学习成绩之间探索更高层次的平衡点，2023年2月22日下午，阳江市共青湖学校邀请全国对分课堂高级教研导师周新桥主任，为全体教师带来了一场精彩的"对分课堂研修与实践"专题培训课，正式拉开共青湖学校的对分课堂研修与实践活动。

此后，学科中心教研组指导共青湖学校按照方案逐一开展各类研修与实践活动，到2023年4月为止，已开展了12场教研活动。每次活动，教师们都认真参与，及时总结，在美篇或者公众号加以宣传。

三、活动效果

本次主题研修与实践活动结合共青湖学校教师与学生的实际情况，对标问题，通过对讲授与讨论的有机整合，实现了"教法"与"学法"的对立统一，激发了共青湖学校教师教研的热情。

（一）革新课堂教学模式

对分课堂的理念是教师和学生对半分割课堂时间，在讲授和讨论之间引入一个心理学上的内化环节，突出学生独立思考，然后合作讨论。对分课堂教学模式既重视知识，又重视能力；既强调教法，又强调学法；既系统高效，又主动探究；既要独立思考，又要合作讨论，转变了灌输色彩浓厚的传统讲授法，变被动学习为主动学习。

对分课堂吸收了以往教学模式的精华，把原有教学活动的关键元素进行组合，形成了一种全新的教学模式。对分课堂模式在讲授方法、作业布置过程管理、结果评估、学习动机等各个方面都有清晰、明确、细致、自洽的设计，各个环节互相配合、互相促进。如果把小组讨论和对话都归于一般所说的讨论，对分课堂其实是把讲授与讨论两种主要教学模式合二为一，而实现这个融合的关键是学习中的内化和吸收。讲授的目的是要促成学生的内化，而内化的目的是要能在讨论中展示学习的成果。这样的融合扬长避短，使一加一大于二，发挥出了比纯粹讲授或纯粹讨论更为巨大的威力。

共青湖学校组织教师大胆尝试对分课堂模式，每级每周都安排了各个学科的校内公开课，供教师们学习观摩。教师们在教研中探究课堂改革的方向，为教学改革创新提供了新的思路。

（二）提高学生自主学习能力

对分课堂在能够确保常规教学效果的同时，还能提升考试成绩，这就使得它能在当前的高等教育和基础教育领域中得到迅速的应用和推广。但从根本层面上说，对分课堂通过转变学习方式，带给学生的收获远远超越了那些传统标准涵盖的范围。

学生在课堂中聆听教师的讲授，认真阅读材料，完成书面作业，在小组讨论交流中交流表达，全面锻炼了学生的听、说、读、写能力。学生在对分课堂中有大量的独立思考时间以及小组发言的机会，激发了他们自主学习的能力，他们在听课中思考，在讨论中表达，在每一门专业课程上锻炼听、说、读、写能力，极大地扩展了这些基本能力的发展空间，对学生的全面发展产生了极其深远的影响。

四、活动反思

对共青湖学校教师来说，对分课堂是一个全新领域，在活动开展初期，虽然普遍处于懵懂阶段，但是广大教师都能够克服困难，积极主动地进行探究学习，这种精神是难能可贵的。课题组指导共青湖学校积极进行课堂改革，开展对分课堂研修与实践活动，有效提升了该校教师的教学能力和专业素养，全面培养了学生的学习素养，取得了良好的效果。今后，课题组将以此为新起点，深化对分课堂教学改革，总结推广共青湖学校的宝贵经验，助力学校落实立德树人的根本任务，促进学生素质全面发展。

雕璞琢玉，薪火相传

——阳江市实验小学"青年教师成长营"培养教师典型案例

一、案例背景

百年大计，教育为本。教育大计，教师为本。教师是学校的立校之本、兴教之源，而青年教师更是学校发展的生力军，青年教师兴则学校兴，青年教师强则学校强。青年教师有理想、有担当、素养高、能力强，学校就后继有人，充满生机和希望。江城区教师发展中心"基于教师专业素养提升的三级研训联动实践研究"课题组结合阳江市实验小学办学规模较大、青年教师较多的实际，遵循教师成长成才规律，确定以该校为试点，实施青年教师培养"领雁工程"，帮助青年教师快速成长，全面提升青年教师的专业素养，该工程得到了该校的大力支持和配合，于2021年11月30日成立了青年教师成长营。青年教师成长营以"促、引、带、磨、育、范"专业提升青年教师教学教研能力，全面助力青年教师拔节成长，在教育岗位上实现自己的人生理想。

二、主要做法

（一）青蓝缔结共成长，传承创新促发展

2021年11月，课题组在阳江市实验小学隆重举行了青年教师成长营开营仪式，聘请了一批师德高尚、经验丰富、教育教学成就突出的优秀骨干教师当青年教师的"导师"，采取师徒结对子方式，师徒双方当场签订了《师徒结对协议书》。课题组在开营仪式上强调，希望该校借助师徒结对，实现薪火相传、新老教师携手共进，在传承中创新前行的目标。

学校"青年教师成长营"还携手"广东省林润姬劳模创新工作室"构建"成长共同体",为青年教师构建"学习场",帮助新教师提升"学习力",并以此为契机,激励学校骨干教师二次成长。

(二)管理制度促前行,系列培训育人师

课题组指导学校研制《阳江市实验小学青年教师成长营三年发展规划》,敦促青年教师结合自身实际,以三年为一个周期,制订青年教师个人专业发展规划表,明确成长目标。学校认真落实《阳江市实验小学教学规范制度》,敦促青年教师注重教学工作的规范性、品质性,有效提升青年教师的教学能力与专业素养。

学无止境,教学相长。青年教师成长营注重培养青年教师的业务学习习惯,为每位青年教师订阅一本学科杂志,每位教师还可以根据学科特点选订学科学习资料。青年教师成长营要求青年教师根据学科特点,积极自主学习,加强课程研究,力求更加精准把握小学各学科教改方向和特点,提升自身的课堂教学水平。

阳江市实验小学不断加大校本培训力度,将专家请进来,把教学沙龙办起来,通过一系列专业发展培训讲座提升青年教师的专业素养。该校根据学科教学需要,多次遴选部分青年教师,让他们走出去,到教育理念前沿的学校或其他教育培训机构参加业务培训和学习。青年教师成长营邀请名师、导师每学年开设一次学科讲座,促进青年教师的发展,提升青年教师教学水平。2021年12月23日,江城区教师发展中心教科研指导室副主任、阳江市名师、市管拔尖人才邓梅苣临阳江市实验小学,指导青年教师提高专业素养;2022年3月1日,江城区教研室兼职教研员、青年教师成长营导师梁玉环老师举行了"如何利用思维导图进行习作教学"讲座,分享作文教学经验。

(三)深耕课堂长本领,笃行不怠共育人

课堂是青年教师的主阵地。从走上岗位到站好讲台,从杏坛新秀到学科骨干,这是不断试炼、不断进步的过程。青年教师成长营对青年教师的学科教学能力培养是持续性的,不断扎实推进教师成长计划,不断提供动力与助力,引领青年教师塑造更好的自己。

青年教师成长营要求：营员在培养周期内，每学期听课不少于15节，每学期承担校内公开课不少于一节，磨出一节能代表个人水平的课例，上送参评；要求营员积极撰写教育教学论文，每学期发表不少于一篇论文或在区级教育教学论文评选中获二等奖以上，并积极参与备课组研讨活动，做好活动相关记录与反思；积极承担校内、校外公开教学任务，至少承担一次区级或跨校区的公开课教学工作；外出交流，要认真学习，认真撰写学习心得或写一篇反思；积极参与学科研讨活动，每学期至少承担一次学科研讨课教学或学科讲座任务，或上交一篇学科教学研讨心得或论文。

课题组成员、学校级领导和签约导师不定时到班级课堂听课评课，认真指导，帮助青年教师提高教学水平，力争把每一堂课都上得精彩。实践证明，深耕课堂，是培育青年教师最有力的抓手。

（四）良玉切磋共成长，分享交流同提升

课题组和学校积极为青年教师搭建教学活动平台，每学期都开展各年级、各学科校内公开研讨活动，每年都举行"阳光杯"教学能力大赛，以赛促学，让青年教师在磨炼中成长，在成长中提升。

从每学期第三周起，青年教师结对师徒共同备课，逐一上一节展示校内公开汇报课。课题组成员、学校领导和全体学科教师参加听课评课活动，共同打造青年教师课堂，促进他们快速成长。青年教师一下课，导师立即对其进行指导，趁热打铁，展开集体交流，肯定青年教师的优点和进步，指出存在的问题与不足，并提出改进建议，帮助青年教师成长。

学校每学年都举行"阳光杯"教学能力大赛，为青年教师搭建一个展示自我的平台。这既是对学校青年教师成长营成果的一次大检验，又是一次重要的教学研讨、教师技能提升的学习过程。学校以"阳光杯"教学能力大赛为契机，倡导结对师徒加强教学研讨，促进各科组教师的有效交流和提升。青年教师在导师的组织带领下，通过集体备课、研讨、试教、修改等，发挥集体智慧，帮助参赛青年教师做好参赛的准备，并在比赛中不断突破自己。

课题组和学校为广大教师，尤其是营员教师的课题研究创造条件，鼓励青年教师积极申报课题研究，或者由导师牵头，带领学员参与课题研究，使青年教师不断提升专业素养。

（五）考核评估促发展，砥砺前行谱新篇

课题组指导青年教师成长营采取一系列的举措，助力青年教师拔节生长，并通过一系列的考核评估，使青年教师变"外力推动"为"内心发动"，持续生长，竞展芳华。

青年教师成长营为每位营员建立了教师个人成长档案，要求他们认真填写阳江市实验小学青年教师个人发展规划表。档案主要包括以下内容：青年教师个人成长发展规划表、学期教学计划与总结、培养协议书、培养教师的听评课记录、教研活动记录、青年教师汇报课教案及反思、论文获奖或教学竞赛获奖、发表论文或论著、辅导学生获奖证书等。

课题组和学校定期检查营内青年教师教案、作业批阅、活动记录等。青年教师在培养周期内，须提供完整的学期、学年教学设计。课题组和学校每学年对培训教师进行一次过程性考核评估，根据定量得分和综合得分给予优秀、良好、合格等级评定，并评选出若干名优秀青年教师，授予"校级优秀青年教师"称号。三年成长周期结束后，将进行一次综合性考核评估，学校根据评估结果给予相应奖励，并将考核结果作为教师评优、评先、晋级、晋岗等重要依据。这些举措，搭建了学科研究和青年教师成长的平台，营造了健康良好的教学科研、教师培训氛围，促进了该校教师专业发展，实现了教育教学质量的不断提升，谱写了一个又一个新篇章。

三、主要成效

星光不问赶路人，时光不负有心人。经过一年多的努力，青年教师成长营培养出了一批优秀的青年教师。这些青年教师在教育教学中取得了优异的成绩，共获得229项省、市、区级奖励，辅导学生346人次，在国家、省、市、区各级比赛中获奖。其中张淑娴老师被评为"全国优秀少先队辅导员""广东省优秀少先队工作者""阳江市教书育人先进个人"，刘照南老师被评为"阳江市优秀教师"，梁靖琳老师被评为阳江市"阳光教师"。

四、案例反思

青年教师成长营搭建了青年教师成长平台，积极探索青年教师成长的有效路径，通过师徒结对、传承创新、制度管理、系列培训、深耕课堂、分享交流，促进青年教师快速成长，挑起重担。但由于青年教师成长营建立的时间还不够长，一些做法和措施成效不够明显，今后还要结合学校实际加以改进。今后，我们会不断完善培养方法，丰富培养形式，充分发挥青年教师成长营的引领作用，雕璞琢玉，薪火相传，促进青年教师迅速成长，为学校可持续发展奠定人才基础，推动学校高质量发展，共同办好人民满意的教育。

阳江二中"互联网+生本"课堂实践活动

一、活动背景

阳江市第二中学创办于1961年，2004年被评为"广东省一级学校"，是阳江市首批义务教育规范化学校。学校总占地面积88212平方米，建筑面积33557平方米，现有67个教学班，学生共3868人。学校现有教职员工237人，教师学历达标率100%，其中高级教师92人，占教师总数的38.8%，中级职称以上教师145人，占教师总数的61.2%。教师中有115人次获得国家、省、市、区级优秀教师、优秀班主任、优秀教育工作者、名校长、名教师、骨干教师等荣誉。

作为享誉全市的初级中学，阳江二中坚持"稳中求进，内涵发展"原则，内强素质，外树形象，追求卓越。从阳江二中发展需求出发，江城区教师发展中心"基于教师专业素养提升的三级研训联动实践研究"课题组结合课题研究，积极推动阳江二中推行"互联网+生本"课堂实践活动，提升学校教师队伍的专业素养和教学能力，促进高质课堂形成，推进学校高质量发展。为了检验"互联网+生本"课堂改革成效，课题组指导学校举行"互联网+生本"课堂比赛活动。

（一）活动主题

展技能，亮风采，促成长，推广"互联网+生本"教学模式。

（二）活动目标

（1）为教师搭建一个锻炼自己、展示风采的平台，提高教师专业素养，促进教师专业化成长，使之早日成为骨干教师、学科带头人。

（2）使教师把握"互联网+"的各种手段和方式，能够熟练运用现代化教育手段，特别是信息技术2.0时代，高效优质地承担教学工作。

（3）更好地探讨教法学法，推进生本课堂改革，进一步推广"互联网+生本"教学模式，提高教育教学质量。

二、活动实施

（一）制订方案

课题组与学校确定活动主题和活动目标，共同研究制订比赛活动方案，为"互联网+生本"课堂比赛顺利进行提供保障。方案具体内容如下：

1. 组织机构

组长：陈团欣。

副组长：张霭姝。

组员：黄联端、陈晓玲、林健良及各科教研组长。

2. 参赛对象、名额及报名时间

（1）参赛对象及名额。

语文、数学、英语、道法、物理、化学、地理、历史、生物等9科科组分别推荐1位教师参加"互联网+生本"课堂比赛活动。

（2）报名时间。

13周星期二（11月22日）之前完成报名。

3. 比赛事项设置

（1）比赛项目："互联网+生本"课堂比赛。

（2）比赛总分为100分（其中教学目标占20分，教学内容24分，教学方法24分，教学手段16分，教学管理16分）。

（3）奖励：

① 按分数由高到低，设一等奖4名、二等奖5名，学校将给优胜者颁发荣誉证书、上课证明及奖品；并根据评分评出优秀教研科组；参加比赛还可以作为评选区、市优秀和年度优秀的考核参考依据。

② 学校为每一节参赛课拍课堂实录并存档（视频及拍照）。

补充说明：本次报名参赛的共有9节课，其中4节理科，5节文科。经过评委小组讨论，文理科分别按照1∶1的比例评出一等奖和二等奖若干名，即按照评委打分算出总平均分，总平均分70～80分为及格，81～89为良好，90～100为优秀。然后根据总平均分，评出相关奖项。

4. 比赛时间及地点

（1）比赛时间：定于本学期第14周星期二至五（2022年11月29日至12月2日），共4天，原则上每天不能安排多于3节的比赛课，若超出，则由教务处进行调整。

（2）比赛地点：艺萃楼一楼录播室。

5. 评委成员

张霭姝、陈晓玲、林健良、易理晓、林运容、陈国日、冯绍儒为本次比赛的评委，各位评委要全程做好9节课的评选工作。

6. 工作要求

（1）各科组要高度重视，认真组织选拔。

（2）参加大赛教师提前一天上交教学设计。

（3）严格遵守比赛时间，迟到或不到者视为自动放弃比赛。

（4）比赛中需要用到大数据平台，因为有更换的可能，所以比赛的选手要提前熟悉，并灵活运用。

（5）若操作中有疑问或需要学习的地方，学校将邀请大数据平台工作人员前来协助、辅导等。

这次展示活动，主要是语文、数学、英语、道德与法治、历史、物理、化学、生物、地理等9个学科，共9节课。从课题组成员、学校领导到教师，从教务处到教研组，都高度重视这次活动，特别是学课题组成员和陈团欣校长，为了能让评委们把握好评选方向，以及参赛教师在课堂上能充分体现"互联网+生本"教学理念和模式，不仅召开紧急会议对评委和参赛者进行技术指导，提出宝贵意见和重点要求，还在百忙之中挤出时间观摩了几乎所有的比赛科目。在课题组和学校领导的组织领导下，在参赛教师的共同努力下，参赛教师最终顺利通过考验，完成任务，展示了挥洒自如的教师风采。

（二）活动实施

教务处根据方案的具体安排开展比赛活动。

1. 2022～2023学年度第一学期阳江二中"互联网+生本"课堂比赛安排

序号	参赛教师	科组	年级	课题	选定时间（第14周）	上课地点
1	关 晴	数学	八年级	分式的基本性质	星期三第二节课	艺萃楼一楼录播室
2	李 钰	道德与法治	八年级	天下兴亡　匹夫有责	星期五上午第三节	
3	叶景云	英语	九年级	Unit 10 You're supposed to shake hands.	星期四第二节	
4	陈毓玲	生物	七年级	种子的萌发	星期四下午第一节	
5	李秋捷	历史	九年级	第二次工业革命	星期二第一节	
6	陈德衍	地理	八年级	祖国的首都——北京	星期五第一节	
7	陈建香	物理	八年级	升华和凝华	星期二上午第3节	
8	陈晓君	语文	七年级	蚊子和狮子	星期三下午第二节	
9	林进暖	化学	九年级	实验室制取二氧化碳	星期一下午第一节	实验室

2. 比赛时间安排

节次/时间/星期		一	二	三	四	五
第一节	8：15—8：55	历史				地理
第二节	9：05—9：45			数学	英语	
第三节	10：15—10：55	物理				道德与法治
第四节	11：10—11：50					

3. 比赛评分表

阳江市第二中学教师"互联网+生本"课堂比赛评分表

教师：＿＿＿＿＿＿＿＿＿＿＿＿＿ 科目：＿＿＿＿＿＿＿＿＿＿＿

课题：＿＿＿＿＿＿＿＿＿＿＿＿＿＿＿＿＿＿＿＿＿＿＿＿

时间：2022年＿＿＿月＿＿＿日，第14周 星期＿＿＿第＿＿＿节

指标	评价要点	满分	得分
教学目标 20%	符合课程标准和学生实际，明确、具体，且可操作	10	
	关注每一位学生，差异发展得到较好体现，目标达成度较高	10	
教学内容 24%	精心组织，容量恰当，层次合理	12	
	把握内在联系，突出重点，抓住关键和难点	12	
教学方法 24%	策略和方法选择恰当，创设情境，激发兴趣，环节合理、紧凑；自主学习、合作学习、探究学习运用恰当，效果好	12	
	以生为本，设置疑问，启发引导学生讨论、探究、合作，提出质疑，解决问题，总结归纳	12	
教学手段 16%	教学手段符合实际，适时、适量、适度、有效；合理应用多媒体教学，充分利用大数据信息，有效体现大数据功能	16	
教学管理 16%	教学气氛和谐，学生主动参与，学风良好	8	
	交流积极，师生互动好，调控有效，处理突发情况合理、有效	8	

总分：＿＿＿＿＿＿ 评委签字：＿＿＿＿＿＿

比赛中，参赛老师各显其能，不同的风格，同样的精彩。他们结合各自学科的特点，全面运用AIclass大数据信息教学平台，课堂教学从单一的幻灯片展示转向以幻灯片为主，结合了音频、视频、文档、图片的多种教学资源，教学资源更丰富，课堂环节更精彩，大部分教师都能熟练运用"计时器""随机选人"等小程序，信息技术的合理运用让课堂更生动有趣。

除了将信息技术2.0与学科教学有效融合，阳江二中教师也以此次教学比武大赛为契机，把学习的主动权交给学生，让学生主动地学，充分传递了"生本教育"理念和思想，展示了精彩纷呈的"生本课堂"。

三、活动效果

这次"互联网+生本"课堂比赛活动,体现了各个学科科组的团队精神,展现了阳江二中教师的教学风采,让更多教师熟悉了智慧课堂,也让更多教师提升了教学技能,收到了预期的效果。

(一)适应课改要求,提高教学质量

新课标进一步强调了基础教育的普及性和发展性,要求教师必须形成共同愿景、相互协作共同完成相应的教学任务。通过这次活动,阳江二中在新课标背景下,找到新的、适合时代潮流的教学模式,加强教学经验的分享交流,有效促进教师尽快适应新课改要求,并按照"互联网+生本"的运作模式展开广泛的交流学习,推动了新课改理念的全面落实。

(二)实现优势互补,促进共同提高

这次活动的参赛教师,基本上参加过广州生本学习活动,而且在本校都参加过生本模式培训。不同科目的教师倾情参赛,来自兄弟学校的教师听课、评课,在相互交流与互动中,碰撞出令人惊喜的火花,从而形成了多层次、多维度的优势互补,有利于促进各个教研主体共同提高。

(三)增进资源共享,推动专业发展

在"互联网+生本"的背景下,教研共同体的效能得到了进一步强化,其开放性、共享性、交互性等特点,有效消除了教研成员之间交流的障碍,在资源共享中强化了彼此的关联性。如在互联网交流平台上,有经验的老师分享自己的专业知识或教学经验,尤其是生本教育的理念、核心、教学模式等,使自身的价值得以体现。更重要的是,在彼此思想碰撞过程中,发挥了教师群体的智慧,形成新的灵感与思路,最终为解决教师群体普遍面临的问题提供更多可能。总的来说,"互联网+生本"的课堂比赛,有效增进了教研资源的共享流通,促进了教师的专业发展。

(四)优化课堂结构,提高课堂效率

一直以来,许多教师习惯以传统方式进行教学,课堂结构单一,课堂效率低下。"互联网+生本"教学模式,结合新版课程标准进行教学设计,紧

扣教学设计开展实践活动，能大幅提高课堂效率和学生学习效果。"互联网+生本"课堂，可充分利用希沃白板的动画、游戏、音频链接和计时器等功能，将信息技术与高效课堂教学相融合，激发了学生学习的兴趣，充分体现了学生主体地位，也增进了师生互动，从而大大提高了课堂教学质量。

四、活动反思

开展"互联网+生本"比赛活动，让理念有生本，课堂有生本，研讨有生本，遵循了学生成长成才的规律，有利于培养学生的核心素养，使课堂更加高效。但"互联网+生本"课堂不是一朝一夕便能生成的，需要持久地探索和实践。

今后，课题组将紧紧围绕新课程标准要求，指导学校紧跟智能时代的步伐，融合创新，融合技术与教学，用信息技术赋能生本教育，让每位教师在"双减"政策的背景下，在"五育并举"方针的指引下，进入良性的自我发展与提升轨道。

以课题研究为引领，促进教师专业发展
——阳江市江城第十三小学提高教师专业素养典型案例

一、案例背景

教师队伍是学校立校之本，是学校生存和发展的保证。为了全面贯彻落实《关于全面深化新时代教师队伍建设改革的意见》，切实落实基础教育质量的新形势新任务新要求，江城区教师发展中心"基于教师专业素养提升的三级研训联动实践研究"课题组（下称"区教师发展中心课题组"）立足阳江市江城第十三小学教育教学实际，确定以"在小学语文教学中渗透传统节日文化的实践研究"为研究课题，以课堂教学改革为着力点，创新教学研究机制，提高教师专业素养。

十三小课题组坚持以新课程改革为突破口，深入挖掘部编版语文教材中关于中国传统节日素材，实现"课内外衔接"的指导思想，探索"课内外结合、学用结合"的语文教学策略，构建有效提高学生语文素养的语文课堂教学模式。根据语文学科特点，结合生活实际，十三小课题组以传统节日文化为主题开展形式多样的学生综合实践活动，探索语文教学中渗透中国传统节日文化的有效途径与方法。区教师发展中心课题组指导学校以课题研究为抓手，促教师学习、促教师思考、促教师发展，引领教师专业成长，带动学校德育建设，推进了语文课程改革纵深发展。

二、主要做法

（一）思想高度重视，建立良好机制

"在小学语文教学中渗透传统节日文化的实践研究"课题立项以来，为了让课题按计划、科学有序地开展，区教师发展中心课题组指导学校营造浓厚的科研氛围，从政策、制度和经费上为教科研工作提供保障。

1. 领导重视，保障有力

区教师发展中心课题组、江城十三小领导、德育组、教务处十分重视该课题的研究，统筹安排课题研究与学校教育教学工作。区教师发展中心课题组成员、学校领导亲自参与课题的研究工作，通过课题相关公开课展示、开展全校语文综合实践活动等形式，宣传课题研究的目的、意义。在课程安排上，十三小对学校课题组老师进行合理配班配课，以便课题研究持续、有效开展。

2. 倾力支持，满足经费

十三小按照财务政策，尽量满足课题研究所需经费。为提高教师教科研能力，学校鼓励教师多渠道进行再学习，优先安排学校课题组教师外出学习培训、参观、听课。学校每年都配备一定数量的教育科研理论书籍、杂志（如《给教师的100条建议》《中国传统节日研究现状》等），方便学校课

题组教师从中获得必要的研究资料，汲取课题研究经验。为确保课题研究高效顺利开展，学校为校课题组购置上公开课的物品、提供录像拍摄，报销出版论文集、印刷校本读本等费用；还购置学生参加综合实践活动比赛所需的物品和奖状奖品，为课题研究工作提供强大的支持和帮助，充分调动本校课题组教师的积极性，使课题研究顺利开展，促进了教师的专业发展和整体素质的全面提升。

（二）重视理论学习，创新教学理念

1. 学习理论，提升理念

开展课题研究以来，十三小课题组教师除了每学期开学初学习《义务教育语文课程标准》之外，还有计划地阅读了教育教学相关书籍《教育的本质》《给教师的100条建议》，以及与传统节日文化课题研究相关的书籍《传统节日诗词荟萃》《弘扬传统节日文化现状与对策》和《传统节日文化趣闻与传说》等，丰富了自身文化修养和教育教学理论知识，提高了课题研究能力。

2. 学习先进教育理念，提升课题研究水平

区教师发展中心课题组尽量为十三小课题组老师创造参加校内外教研活动、各种教育教学能力培训、校内外课堂教学展示和比赛等机会，不断提高他们的教育教学能力。如安排江城区教师发展中心教科研指导室副主任、阳江市名师、市管拔尖人才邓梅进校为全校老师做"如何做课题"的知识讲座；协调十三小课题组到阳江市同心中学参加关于"如何写论文"的专题讲座；组织十三小课题组参观深圳荔园外国语学校，了解该校办学特色、校本课程开发等情况，学习先进的教育教学理念。在区教师发展中心课题组的指导和支持下，江城十三小课题组明确了研究方向和侧重点，加强了与外界的交流合作，储备了更多的专业知识，进一步提升了课题研究水平。

（三）开展实践活动，促进专业发展

十三小课题组教师的成长离不开同伴的帮助，需要与同伴分享交流、取长补短，而最为直接、最为有效的还是学校课题组成员间的相互促进。课题研究过程中，学校课题组就出现的问题、展示的成果进行全面的研讨，在研讨中弥补不足、收获经验、收获成功，实现了经验的交流和能力的提升。

1. 集体备课

备好课是上好课的基础，也是教师成长的体现。为了发挥教师集体智慧，博采众长，十三小课题组根据实际，每学期安排两名教师上课题研讨课。上课前，学校课题组教师进行集体备课，帮助上研讨课的教师修改教案，最后定稿，形成上课稿。

2. 上研讨课、汇报课、推广课

学科中心教研组指导十三小课题组成员深入挖掘所教年级与传统节日相关的语文教学素材，通过展示研讨课探究课堂教学模式，坚持边研究、边总结，共上了8节开题课、研讨课、中期汇报课、结题课。关兰仙老师还到三江小学上课题推广课《元日》，刘锦珍老师到白沙街道岗新小学上课题推广课《端午粽》，王桦桦老师在御景小学展示结题汇报课《九月九日忆山东兄弟》。

研讨课从授课内容的准备到授课方式方法的选择，再到课堂的具体实施，使参与教师得到一次全面的锻炼，同时教师借助各级别的教学研讨或各类大赛进行自我检测和交流，促使参与教师得到更多的指导和帮助，专业素养得到更快的提升。这些课例的展示，也对学校其他教师和兄弟学校起到了辐射和带动的作用。

3. 开展教学反思、总结

教学反思是教师进步的重要途径。教师进行教学反思，立足于教学实践，深入钻研、体会教学理论，有助于提高自身专业素质和能力。通过反思，教师会对某一个问题的对策、某一教学环节中学生的质疑，甚至某一个辩论回合展开深入思考。在反思中，已有的经验得到积累，并将其化成自身的教学能力，日积月累，驾驭课堂教学的能力将日益增强。

4. 策划、组织开展学生综合实践活动

在"在小学语文教学中渗透传统节日文化的实践研究"课题研究过程中，十三小课题组教师立足课堂，结合课内外，在每个传统节日来临时，组织学生开展形式多样的综合实践活动。如做纸盘画、制作风筝、包粽子、做书签、做手抄报、歌舞表演等活动，促进学生德、智、体、美、劳等各方面能力的提升，也提升了教师各种综合能力，特别是跨学科教学能力的提升。

三、主要成效

（一）丰富了教师文化内涵

十三小课题组老师经过讨论、查阅资料、定稿、编辑、审稿等步骤，选取课文中与传统节日相关的诗文为主要内容，以阳江本土节日习俗为特色，编写了《走进传统节日文化》校本读物和《我们的节日·画册》，不但加深了教师对传统节日的认识，也锻炼了教师的综合能力。

（二）提高了教师的策划、组织能力

在编写读本的过程中，十三小课题组教师分工合作，根据总课题规划编写读本，教师的读本编写能力得到了锻炼和提高。尤其是青年教师蔡晓宜老师对校本读本的要求把握比较准确，设计内容合理，设计版面美观、创意新。

（三）教育教学成绩喜人

在课题实践中，十三小课题组教师总结经验，教有所思，教有所得，积极撰写与课题相关的论文、教案、读书心得，参加国家、省、市、区级评比或发表论文。目前，十三小课题组教师已发表论文3篇，获奖的论文有13篇。其中，获区级奖励8篇，市级奖励4篇，省级奖励1篇。教师教育教学技能技巧也得到提升，参加区级以上各项比赛，成绩喜人，获奖达13人次，其中关兰仙老师被评为2020年江城区优秀班主任；蔡晓宜老师参加江城区小学语文作业设计比赛，《忆读书》获区一等奖；蔡晓宜老师负责的班级参加江城区小学第一届"最美教室"评选，获区特等奖；关兰仙和刘锦珍老师参加江城区精品课评比，她们的作品《元日》和《端午粽》均获区二等奖。

四、案例反思

开展"在小学语文教学中渗透传统节日文化的实践研究"课题研究，

进一步调动了江城十三小的教科研气氛，为教师成长搭建了广阔的空间和舞台，提高了教师的综合素质，促进了教师和学科教学的共同发展。当然，一花开放不是春，百花开放春满园，今后，区教师发展中心课题组将全面推广江城十三小的课题实践活动经验，依托学科中心教研组和研训基地学校，切实推进教师培养工作，不断提升教师专业素养，推动学校高质量发展。

第 四 章

三级研训联动

——研究实践出真知

第一节　三级研训联动研究篇

三级研训联动，走出区域教师专业发展新路子

阳江市江城区教师发展中心　冯全丰

　　加强教师队伍建设是促进教育高质量发展，尤其是振兴区域教育的必要路径和关键环节。阳江市江城区贯彻落实中共中央、国务院《关于全面深化新时代教师队伍建设改革的意见》和广东省《关于推进县级教师发展中心建设的意见》的精神，在教师人才培养的有效策略和路径上积极探索，构建并实施了"教师发展中心—学科中心教研组—研训基地学校"三级研训联动模式，从根本上改变了传统、低效的单一培训形式，更好地提升了全区教师的专业素养。

一、深化改革，构建三级研训联动模式

　　多年以来，江城区在教师培训方面虽然作出了一定的努力，但仍存在诸多问题和不足：教师培训形式单一，往往以听讲座为主，研训分离；教师参训机会偏少，培训内容缺乏针对性和实效性；注重学科知识和技能的再教育，忽略教师能力素质的培养，注重理论知识的灌输，忽视了教学实际的应用。

　　这些问题和不足在一定程度上影响了教师专业素养和教学质量的提升。因此，江城区深化研训改革，变传统培训为系统和持续培养，建构可持续发

展机制，区教师发展中心牵头，带动学科中心教研组和研训基地学校进行三级联动，以全员培训为基础，以网络培训为支撑，以集中面授为重点，以骨干和专项培训为突破，以专题讲座、学科专业知识辅导、教学案例分析、网络学习、实践操作、互动、研讨、观摩、考核等为主要形式，把"研"和"训"紧密结合起来，从而有效解决教学实际问题和教师需求，带动了全区的教师人才培养，促进全区教师的专业发展以及全区乃至全市教育教学质量的提升。

二、搭建平台，促进教师人才梯级成长

区教师发展中心成立后，优化整合了区教师进修学校、区教育教学研究室、区教学仪器设备站三大机构，组建研训基地学校，承担对区内同类学科教师的培训、指导等任务，在教研教学方面起到示范、引领和辐射作用。研训基地逐步建成全区学科课程改革实验中心、课程资源中心、教学交流中心以及教师研修中心，推进校本研训的改革创新，完善教师人才梯级成长模式。

虽然各级研训任务不同，但目标一致，各任务之间相辅相成。区教师发展中心发挥主导作用，负责学科教师培训及专题培训的统筹组织安排工作，推进以研促训，研训合一，重点实施项目化教师培养工程。学科中心教研组通过组织教研活动，带动和培养一大批青年骨干教师，构建"教研室—中心教研组—学校教研组—备课组"四级教研网络。研训基地则负责学科教师的全员培训，探索校本培训的有效路径，以基地学校为样板，辐射其他学校。研训基地学校从学科教研切入，研究教育教学热点问题，通过名师示范课、名师讲座、课题研究、集体研讨、课例研究等研究教师发展、学生成长、课堂教学等实际问题，重点实施学科教师教学能力提升培训工程。校本研训面向全体教师，立足校情，从师德教育、基本功技能提高训练、现代信息技术学习、新课程理念、教育的艺术以及教育科研潜力培养等诸多方面对教师进行培训，着力提高受训教师的师德修养和教育教学业务能力，重点实施个性化教师培养工程。

在"教师发展中心—学科中心教研组—研训基地学校"三级合力联动管理下，逐步构建了"教坛新秀—骨干教师—名师"的人才培养新路径，形成了"研训联动·梯级成长"的教师专业发展新模式，实施开展教师培养"云梯工程"三大工程项目建设，即针对新教师培养的"领雁工程"、针对骨干教师培养的"领军工程"和针对名师培养的"领航工程"，在三大工程项目建设推进下形成了教师分类分层培训培养体系。三级研训共同体的形成，搭建了学科研究和教师成长的平台，营造了良好的教学科研、教师培训氛围，促进了教师专业发展和教育教学质量的提升。

三、强化保障，推动研训联动长效开展

三级研训要顺利开展、长远发展并取得实效，必须强化其保障机制，因此，区教师发展中心从实际出发，采取了系列保障措施。

1. 实现研训联动，人才保障是关键

区教师发展中心成立以来，在整合原区教师进修学校、区教学研究室和教学仪器设备站人员的基础上，选调年富力强的业务骨干充实中心的研训队伍，选聘优秀教师组建学科中心教研组，使各学科研训都有领军人物。发展中心和学科中心教研组人员驻点到基地和学校，指导基地和学校开展研训活动。同时还选聘名师专家，建立专家库，开展互动交流活动。研训基地学校也成立了以校长为组长的工作领导小组，成员有学校相关领导、学科骨干教师和区学科中心教研组人员，配足配强各学科教研人员，各学校组建学科教研组和备课组队伍，实现教师队伍参与教研全员覆盖，开展教研活动，促进学科发展，形成鲜明的学科教研特色。

2. 实现研训联动，资金保障是基础

江城区各级研训资金主要来源于财政拨款、公用经费和专项资金。发展中心每年向区财政申请足额教研经费，用于中心、基地和学校开展教研活动、教育科研、教研员访学进修、教学资源开发、成果总结推广等活动。发展中心依照规定用好省"强师工程"费用和区教师培训专项资金，实施项目化教师培养工程，联合教育局督促学校自觉落实将不少于10%的公用经费用

于常规教研、校际教研交流等校本研训活动。工作经费落实到位，保障了研训联动工作有序有力开展。

3. 实现研训联动，制度保障是核心

区教师发展中心建立了中心培训和教科研制度、学校教学管理视导制度、研训考核制度，修订完善了《江城区教学常规管理指导意见》。区教育局和教师发展中心每学年对教师研训基地开展考核评价，考核内容包括研训基地管理制度、工作计划与总结、工作运行过程、开展的专题研讨活动、教师培训成效等，考核结果分为优秀、良好、达标、不达标四个等级，对成绩优秀的基地和个人予以表彰，连续两年考核不达标的取消其认定挂牌，这些举措有效调动了研训人员的积极性，使研训工作更好发展。

实践表明，加强三级研训联动，既有利于有效实施教师全员培养工作，又有利于建立本土造血机制，培训一批"种子"教师，通过发挥示范引领作用，提高全区教师整体专业素养，进而推动县区教育高质量发展。

参考文献

［1］王定华. 谋划教育发展方略，建好教育第一资源［N］. 中国教育报，2017–12–08（1）.

［2］唐信焱. 教师队伍区域培训的实践与探索［M］. 海口：南海出版社，2020.

［3］朱旭东，宋萑. 新时代中国教师队伍建设的顶层设计［J］. 儿童发展研究，2018（4）：76.

［4］姚计海. 基于自主的教师专业发展（动力与激励）［M］. 北京：北京师范大学出版社，2019.

构建区域教师培训新模式的探索

阳江市江城区教师发展中心　张雪映

习近平总书记指出，教育是对实现中华民族伟大复兴具有决定性意义的事业。要想实现中国梦，归根结底靠人才、靠教育。在当前教育发展的新时代，那种一次性学习终身受用的传统观念已经过时了，中小学教师必须树立终身学习的观念，才能更好地适应当前教育改革和发展的需要，因此对在职教师的培训教育是一项具有战略意义的教育工程。

江城区在教师培训方面虽然做了一些努力，但还存在着诸多问题和不足，而教师培训是教师专业素质提升的有效路径。对此，我们需要结合本区域实际情况，以提升教师专业素养、促进教师专业发展为目的，围绕如何通过区教师发展中心、学科中心教研组和研训基地学校三大层级共同联动管理（"三级研训联动"），从研训合一的角度，对培训路径、方式、内容进行分析，探索和创新中小学教师培训和人才培养的方法和模式，从而让区域教师的专业发展获得实质性的提升。

一、区域教师培训构建中存在的问题

按照目前的普遍情况来看，在区域教师培训模式的构建过程中，依旧还存在较多的问题和缺陷，例如对区域教师展开的培训形式较为单一，大多是以同样反复的形式向各个科目的教师开展相同的培训和教育。培训方式大多是让教师参与到讲座学习当中，仅仅让教师听取专业人士的理论教学演讲，教师在培训过程中收获的知识较少。而且许多培训讲座都仅仅是为了培训而培训，培训中所涉及的各种内容并没有针对性地以教师需求去进行设计，缺乏一定的实效性。在这种情况下所开展的区域教师培训工作取得的成效并不理想，想要成功打造出教师发展的新高地，就需要将这些问题进行解决和优化，构建出全新的区域教师培训新常态。

二、"三级研训联动"培训模式的含义

近年来，各级教师发展中心都在积极探索教师培训的新方法、新路径，在构建"教师发展中心—学科中心教研组—研训基地学校"三级研训联动的模式中，区教师发展中心负责学科教师培训及专题培训的统筹组织安排工作，学科中心教研组由教研员和学科优秀骨干教师组成，通过组织教研活动带动和培养一大批青年骨干教师，研训基地学校则负责学科教师的全员培训工作，探索校本培训的有效路径，以基地学校为样本，辐射其他学校的校本培训。通过这种联动管理模式，将区域教师培训的体系构建成为一种全新的培训课程网络，让区域教师的培训和提升更加全面，改善传统的教师培训模式中所存在的一些问题和缺陷。

三、构建区域教师培训课程网络

为了让区域教师的专业发展获得有效提升，结合区教师发展中心、学科中心教研组以及研训基地学校组成的"三级研训联动"培训模式，首先就要构建完善的区域教师培训课程网络，其主要构建方法可以分为以下几个方面：

1. 了解教师需求，构建教师需求网

对教师开展专业培训的主要目标就是想要让教师在向学生传授知识和专业技能期间，能够始终秉承着学无止境的理念，让自己不断充电，获得提升，让自己的专业知识储备能够满足教学需求和学生需求。想要让教师培训构建得更加完善，最为重要的就是要充分了解各个教师在任教期间所遇到的困境和在教学当中的需求，并针对这些问题进行分析，然后设计出相应有效的教师培训内容。

每个教师在任职期间都会随着时间产生各种对于自身专业技能提升的需求和问题，这些需求及问题都是区域教师培训方式和内容的设计基础。各

个培训机构应当充分发现和掌握这些需求和问题，才能够保证区域教师培训课程网络的构建更加完善，培训课程所能够达成的效果也更为显著。而想要去了解和掌握这些需求以及问题，就需要利用各种方法建立起教师培训需求网。例如，通过互联网平台或者通信平台进行相关的问卷调查；或是开展相关访谈工作；或者举办关于教师培训需求的研讨会等。通过这些方法，得出更加精确和真实的教师培训需求，让教师培训工作的展开更加符合实际情况，让区域教师培训课程网络的构建更加全面。

在"三级研训联动"模式中，当负责培训统筹组织工作的教师发展中心及培训机构掌握了区域教师的提升需求和问题之后，就需要及时对这些需求和问题进行分析和处理。因为不同区域的教师会因为教学内容的不同、教学环境的不同或者个人专业素养的不同而产生各式各样的提升需求和问题，那么培训机构就应当对这些多样且复杂的需求进行充分的分析，将从各种渠道所收集来的信息进行分类和处理，最后总结出来这些信息中最为关键和最需要得到处理的问题和需求。接下来就可以以此为基础去制订和设计相关的培训内容及培训方式，让接受培训的各个区域教师都能够得到实质性的提升和培养，让他们急切所需要解决的问题得到解决和需求得到满足。

2. 以教师需求为基础建立培训课程网

在了解并分析了区域教师对于自身教学的需求和问题之后，区教师发展中心等机构就可以根据这些需求内容创建出相应的培训课程，将培训课程更加系统化和富有针对性地展现在教师面前，使培训课程不再如以往一样分散化和片面化。创建出丰富多样的培训课程内容，能够让教师根据自身不同需求和实际情况去选择相应的培训课程，让他们能够在培训过程中收获的知识更加实用。一般来说，教师培训课程的制订大多都以市场需求为基础，以满足绝大多数教师的发展需求和解决教学问题为目标，让经过培训的各个区域教师的实践教学能力和对应专业素养获得提升。但是目前来说，很多培训机构并没有针对性地根据各个区域教师需求制订对应的培训课程，对于课程的模块设计也较为单一，各项培训课程之间也缺乏关联，课程资源之间无法互相匹配和实现融合，也就没有办法创设出具备正确逻辑关系、实践含义以及理念的培训网络，也就不能真正地将各个区域教师的需求和问题覆盖完全，没法彻底符合各个区域教师对培训课程的要求。由此可见，要建立多样化的培训课程内容，就要按照各个区域教师的个人需求和实际情况搭建出完整的教师培训课程网络，这样能够让教师的培训方向和培训选择更加多样，让区域教师培训具备更强的实效性和实用性。并且，通过"三级研训联动"培训模式的展开，还可以将各式各样的教师培训课程内容和培训资源上传到各个层级的培训平台之上，由点及面，覆盖到全员，让有需要的教师能够随时随地利用网络平台自由选择自身所需要的教学培训课程。

3. 培训过程中构架双方互评的评价网

对于教师来说，他们所受到的专业培训的质量和培训效果都需要一定的专业和科学的评价来对其进行判定。同样的，对于培训机构来说，教师对于培训课程内容和模式的评价也是尤为重要的一项评判数据。一项健全完善的双方互评体系能够让教师和培训机构双方都能够对自身的需求和实际状况进行了解和总结，以便于接下来的自我调整和提升。构建出这种双方互评的评价体系和网络能够督促双方在培训之前的准备工作、培训中的课程展开情况以及培训完成之后的总结。并且，双方都能够在整个培训环节中进行互相监督互相督促，让培训课程和教师都能够共同收获较大的效益。

四、完善"三级研训联动"培训模式

在对区域教师培训策略模式的探索过程中，区教师发展中心、学科中心教研组和研训基地学校共同合作，将"三级研训联动"培训模式的展开工作做进一步的完善，借助各类师范类名校的专业教育理论和实践路径，成立专家库，邀请名校讲师或教授专家进入培训课程统筹体系，前往各个区域，向教师传递教学经验、教学理念和教学方法。以这种借助名师、名校力量的方法使区域教师培训模式构建得更加完善，从而真正有效地打造出教师专业发展的新高地。

同时这种教学模式不能仅靠线下培训的方式来提升区域教师的教学能力，还可以通过互联网技术、和互联网中相关的培训平台进行合作的方式，让国内外的各个著名讲师学者在无法前往各地现身讲座的情况下，能够通过互联网进行线上直播培训，让每个区域教师都可以通过互联网向更多的名师学者进行相应的专业知识学习。并且还能够通过互联网将各个名师学者的培训课程和讲座内容进行下载储存，在任何空闲时间，教师都可以以视频的方式反复观摩这些培训内容，深入领会，不断学习。通过这样的方式能够让区域教师的培训模式更加现代化，也使其更加符合教师的需求，让其培训质量和成效都得到有效提升。

总的来说，在构建区域教师培训新常态的探索过程中，充分利用"三级研训联动"模式，构建出完善的教师培训课程网络，为区域教师的进步和专业素养提升提供更加多样的选择以及更多的机会，通过"三级研训联动"模式上下贯通，层层落实，辐射全员，让每一位教师都得到更进一步的发展，同时为我国教育事业的发展提供强有力的支持。

参考文献

[1] 胡意慧.教师学习：如何构建区域教师培训课程系统［J］.上海教育，2021（33）：30-31.

[2] 李万峰.构建区域教师培训新常态　打造副中心教育发展新高地［C］//2020全国教育教学创新与发展高端论坛会议论文集（卷四），2020.

[3] 石群雄.区域融合教师培训体系的建构与实践探索［J］.中国教师，2018（0）：92-94.

[4] 廖文.构建以教师为中心的区域教师培训模式的探索：以广东顺德区"双塔层"校本研训模式为例［J］.中小学教师培训，2018（3）：10-14.

[5] 王丙双.南阳市：促进区域教师专业化成长［J］.河南教育（教师教育），2021（9）：24-25.

走专业发展之路　促骨干教师成长

阳江市江城区教师发展中心　肖美华

党的十九大报告指出："加强师德师风建设，培养高素质教师队伍。"中共中央、国务院发布的《关于全面深化新时代教师队伍建设改革的意见》提出，到2035年，教师综合素质专业化水平和创新能力大幅提升，培养造就数以百万计的骨干教师。习近平总书记指出："实现中华民族伟大复兴的中国梦，归根结底靠人才、靠教育。""强国必先强师"，一个地区的发展，教育为根本，教育的发展，教师为根本。骨干教师是教师成长的成熟标志，是教师中的品牌，学校的中坚和教育的脊梁。探索骨干教师专业发展的路径和方法，促进骨干教师的专业成长，从而提高教育教学质量，推动教育高质量发展，具有一定的现实意义。

一、教师专业发展

（一）教师专业化发展的背景

1966年，联合国教科文组织和国际劳工组织提出"关于教师地位的建议"，这是首次以官方文件形式对教师专业化作出明确说明。1986年，美国卡内基工作小组、霍姆斯小组相继发表了《国家为培养21世纪的教师做准备》和《明天的教师》两个重要报告，提出以教师的专业性作为教师教育改革和教师职业发展的目标，倡导大幅度改善教师的待遇，这两个报告对美国教师教育的发展产生了深远的影响。我国1994年1月1日起施行《中华人民共和国教师法》，其中第三条规定，教师是履行教育教学职责的专业人员。1995年，国务院颁布了《教师资格条例》，建立了教师资格证书制度。2000年，《中华人民共和国职业分类大典》首次将我国职业归并为八大类，教师属于"专业技术人员"一类，分高等、中职、中小学教师等小类。2001年4月1日起，国家首次开展全面实施教师资格认定工作，进入实际操作阶段。《国家中长期教育改革和发展规划纲要（2010—2020年）》指出："严格教师资质，提升教师素质，努力造就一支师德高尚、业务精湛、结构合理、充满活力的高素质专业化教师队伍。完善培养培训体系，做好培养培训规划，优化队伍结构，提高教师专业水平和教学能力。通过研修培训、学术交流、项目资助等方式，培养教育教学骨干、'双师型'教师、学术带头人和校长，造就一批教学名师和学科领军人才。"

（二）教师专业化的概念

教师专业化是指教师以合理的知识结构为基础，具有专门的教育教学实践能力，并能有效地、创造性地解决教育教学领域中的问题。教师的专业成长过程就是教师素质的提高过程。教师专业化是职业专业化的一种类型，其本质上是个体成长的过程，是教师不断接受新知识、增长专业能力的过程。

（三）教师专业化发展的内容

教师专业化发展的内容包括专业知识、专业智慧和专业精神。专业知识是前提，专业智慧是关键，专业精神是动力。教师应当具备的广博精深的专业知识和专业能力、良好的行为水准和工作技巧，还有基于自我期待而表现出来的风范与活力。我们应该对骨干教师、学科带头人进行重点培养，使其成为教师专业发展的带头人、引路人。

二、骨干教师

（一）何谓骨干教师

骨干教师的知识结构从单一结构向综合结构转变，骨干教师能不断更新和拓宽学科基础知识和学科前沿知识，掌握相关的学科知识和综合知识，能掌握现代教育理论和现代教育技术，具有独立承担教育科研的能力，并能有机地将这些方面应用于自身的教育教学实践中，形成和发展自己的教学风格。骨干教师对课堂教学能运筹帷幄，具有较强的表演力和互动能力，有领先的教学理念，成为教学改革的"促进者""领路人"。骨干教师是教师成长的成熟标志，是教师中的品牌、学校的中坚和教育的脊梁。

（二）骨干教师应具备的特点

1. 骨干教师应该有先进的教育理念

教育理念决定了教师教育工作的方向，骨干教师应具有与时代精神相通的教育理念，深刻领会教育的内涵和精神实质，在教学中建立以"学生发展为本"的教育观念，突出学生的主体性，培养学生的自主学习能力；重视学生基本观念、思维技能和实践能力的形成；注重学生需要、学习兴趣的培养，有效地促进学生学习和人格的全面发展。骨干教师只有在自身的发展过程中不断地吸纳先进的教育理念，保持教育理念的先进性，才能实现教育实践的科学性。

2. 骨干教师应该有扎实的专业知识和合理的认知结构

专业知识是骨干教师从事高质量教育活动的基础。随着知识经济时代的到来，知识量的剧增和知识更新速度的加快，教师必须不断地更新现有的专业知识。同时，学科交叉相互渗透、基础教育学科综合发展的态势，又要求教师要不断地拓宽知识渠道，加快信息获取速度，以形成较好的认知结构。

3. 骨干教师应该有深厚的教学基本功

骨干教师深厚的教学基本功不仅表现为合理地选择和运用教学方法、清晰准确的语言表达及优良的教姿教态，更要善于创设教学情境，善于不断地改革创新教学方法，熟练地掌握和运用现代教学技术等。

4. 骨干教师应该有独特的教学个性与风格

教学的个性与风格是教师教学工作获得成功的根本条件。教师只有探索自己在课堂教学中的独特风格与个性，才能够吸引学生的注意力，激发学习热情。因此，骨干教师要善于结合和运用自己的专业特长与爱好，在教学中不断探索与积累，形成自己的个性和风格。

5. 骨干教师应该有良好的意志品质

骨干教师群体表现出来的突出的特点有：态度谦虚谨慎，气量大度容忍，具有强烈的进取精神和合作精神，善于与他人沟通，擅长调整人际关系，乐于助人，自我调控和调节的能力较强，具有团队合作精神。

三、骨干教师的专业发展路径

（一）让规划蓝图伴随骨干成长的脚步

引领教师成长为骨干教师的第一步，是帮助他们制订职业生涯规划，经过实践证明，以下方法和步骤可行且有效。

1. 6W规划法（What，Why，When，Where，Who，How）

What指"做什么"，即明确一个时期的具体任务和要求；Why指"为什么做"，即明确计划的原因和目的，或者是宗旨、目标、战略；When指"何时做"，即规定计划中各项工作的起始时间和完成时间；Where指"何地做"，即规定计划的实施地点，了解计划实施的环境条件和限制条件；Who指"谁去做"，即明确完成计划的相关部门或人员；How指"如何做"，即明确实现计划的措施，以及相应的政策和规则，对学校资源进行合理的预算分配和使用，具体的计划和方案。

2. SWOT分析法

S代表strength（优势），W代表weakness（弱势），O代表opportunity（机会），T代表threat（威胁）。S和W是内部因素，O和T是外部因素。教师利用SWOT分析法评估自己的长处和短处，找出自己的职业机会和威胁，提纲式地列出今后3~5年自己的职业目标和职业行动计划，然后在专业领域向学校、教研组、名师等寻求专业帮助。

（二）让读书成为工作的专业方式

书卷气是教师的最好品格，教师通过读书与名人进行心灵对话。读专业书籍，提高专业水平，增强教育教学实践实力；读教育艺术书，提高综合素养，增添职业魅力；读文化修养书，增补职业潜力。心法比技法更重要，做一位有光、有爱、有魅力的教师比一位只有技法的教师更受学生的喜爱，也更容易在事业上登峰造极。读书是教书之源，也是专业化开源之道、充电之途，通过自我阅读和读书分享会的形式，让读书成为骨干教师工作的专业方式。教师成长，学习应无处不在，做学习型教师，从文献资料中学习，从网络上的丰富资源中学习，向身边的同行学习，向自己的学生学习，从自己的历史经验中学习。

（三）让备课成为教学的研究方式

江苏省特级教师、享受国务院颁发的政府特殊津贴的于永正老师提出，让备课成为教学的研究方式。根据于老师的备课观点，备课关注"三点三备"：知识点作为基础和根基，技能点作为转化和提升，情感态度价值观体现学科育人功能，全面体现学科的核心素养，符合立德树人总体目标。现代备课应包含的内容有：学习目标与任务、对学习者特征的分析、学习环境的选择、学习情境的创设、学习资源的设计、学习活动的组织和学习评价的设计。教师通过集体备课、伙伴磨课、自主探索等方式进行备课，做到心中有课标、目中有学生、脑中有思路、手中有方法。

（四）让反思成为科研的自觉方式

学习—实践—反思，是教学闻、思、证、悟的过程，写教学反思实际上是对自己备课及实施的思考和总结。于永正说："认真写三年教案的人，不一定成为优秀的教师，但认真写三年教学反思的人，必定成为有思想的教师，说不定还能写出一个专家来。"在骨干教师的培养过程中，进行教学反思是必经的路径。

反思的方法之一是写教学后记，反思教学技能：反思成功之举，反思败笔之处，记下教学机智，在对比中反思，从学生作业中反思和反思教学主体地位的落实情况。反思的方法之二是理论学习，反思教育观念：反思达成的教学目标是否全面，反思教学活动是否有充分的"交往与合作"，反思教材的使用是否有创造性，反思学科特点是否鲜明，反思教学过程是否适应了学生的个性差异，反思课堂教学是否充满了生命活力。反思的方法之三是集体反思，立足发展，着眼未来：一起看课，看教学不看表演，教学目标是否明确，教学思路是否清晰，教学方法是否得当，教学特色是什么；看学生不看教师，学生是不是积极参与，学生的输出有多少，是不是都很快乐地输出；看门道不看热闹，看课不仅看课堂气氛，根据学科特点看目标是否达成，方法过程是否高效；一起评课，找出一个亮点，指出一个弱点，想出一个金点。

（五）让信息化渗入教育的每个细胞

英国语言学家柯里福说："科技不能取代教师，但是使用科技的教师却会取代不会使用科技的教师。"现在已经进入教育教学信息技术2.0时代，贯彻落实国家大力推进教育信息化的要求，进一步适应信息化、人工智能等新技术变革，积极学习信息技术，并将信息技术和教育教学高度融合作为骨干教师专业发展的重要路径。

骨干教师应掌握信息检索技术、知识管理技术、表达展示技术、探究教学技术、教学评价技术、思维汇聚技术、实践反思技术和网络教学技术等多种技术。

（六）科研成为成长的催化剂

骨干教师的专业发展，或者在从骨干教师成长为名师的过程中，必须形成自己的教学特色和与众不同的教学风格，创立自己教学品牌的最好路径就是开展课题研究。一线教师做科研课题的标准不必"上天入地"，只需真切自然，目标不在建构理论，重在解决问题。在教学中发现问题、寻求解决问题的独特方法，在解决问题的实践过程中不断反思和总结，这就是教师的科研课题。科研内容可以从以下三个方面出发：一是亲近叙事，用发现的眼光来挖掘科研内容，用叙事的方式来呈现教育事例、问题和思考；二是走近行动，一切带有思考的教育行为和教学过程，就是行动研究，就是行动研究的成果，包括活动、问卷、论文、案例、随笔、教学后记等；三是走近课题——自下而上，由困惑凝聚成问题，由问题升华成课题，问题即课题，形成课题、报告和论文。

（七）和谐人际，成为有德行的教师

骨干教师的专业发展，最后也是最重要的一条路径是自身德行的修养。任何一件事情一项事业，成功的不是技法高的人而是道行高的人。品德修养高的教师有这些共性：正确的自我认识，适度的自我表达，尊重别人并欣赏自己，常持诚恳态度，有一颗谦卑宽容的心。遵守团体规则，乐于服务他人。善于合作沟通，懂得调整心态，排除人际障碍……

信其道、亲其人，好教师的人格魅力如一道亮光，照耀和温暖着身边的每一个人。一灯燃千百灯，教师的爱和光可以影响一圈又一圈的无数的人，而且影响力持久长远。教师友善的态度、尊重课堂上的每一个人、广泛的兴趣、良好的仪表、对个人的关注、颇有方法、公正、幽默感、耐性、坦率、宽容等良好的品性，每天会给学生带来欢乐，每节课会让学生爱之惜之。所以说，德行才是骨干教师专业发展所有路径最重要的出发点。

总而言之，让读书成为常态，让思考成为习惯，让激情成为行动。只有坚持读书，勤于思考，注重行动研究，教师才可能成为真正的学科带头人、领路人。专业发展是无止境的，专业发展就是终身学习无尽的过程，骨干教师的专业发展永远在路上。

初中物理教师专业成长途径研究

阳江市江城区教师发展中心　彭崇生

初中物理教师要承担自身的教学职责，必然要不断促进自己的专业成长。教师若是原地踏步，则很难肩负起培养学生综合素质与学习能力的教学责任。目前学生的学习发展需求越来越凸显出多样化的特点，教师应通过不同的途径促进自身的专业成长，发挥自己良好的教学能力，打造高效的物理课堂，让学生有更强的学习自信心，促使他们在物理课堂上获得可持续的发展。

一、科学转变自己的角色

在新课改推行以后，课堂教学中出现了一个问题，即教学资源开发不足，导致课堂教学内容比较单一，学生缺乏丰富的学习资源来拓宽自己的眼界，也很难积累起丰富的知识量，无法确保学生建构起完善的知识结构。为了改进这样的问题，初中物理教师在促进自己的专业成长过程中，不应只是停留在教材内容的实施者这一角色上，还要担任教学资源的开发者这一角色，加大物理教学资源的开发与利用力度。教师在加强教学资源开发过程中，也可提高自己的专业知识水平，与学生共同进步，不断更新自己的知识。

比如在《能源与能量守恒定律》这节新课的备课环节，教师可以从网络、图书馆等不同渠道获取更多的知识信息，开发更多的教学资源。例如这节新课涉及能源分类、能源开发等相关知识，教师可关注能源行业相关的新信息，将其作为一个新的教学资源融入课堂教学之中。又比如这节课涉及能源可持续发展的知识点，教师可结合当前社会能源利用的热点，开发相应的教学资源，让学生可围绕着一些社会热点展开学习，学会根据具有时效性的信息对新课知识进行有效的理解。除此之外，教师也可从物理专刊书籍中开发教学资源。比如这节课涉及的能量守恒定律属于比较专业的知识，教师可从物理专刊书籍中寻找可引用的阅读材料，让学生在物理课堂上可从专业角度感受物理知识的奥妙。总的来说，教师在加强教学资源的开发过程中，既可为课堂教学提供丰富的教学资源，又可拓展自己的见识，促进自己的专业成长。

二、在实践中促进专业成长

初中物理教师要促进自身的专业成长，则应积极地参加学校或上级部门组织的实践活动，在实践活动中促进自己的专业成长。这些实践活动应与教师的专业成长有关，学校应为物理教师的专业成长提供一些实践性的发展平台。比如初中物理教师可积极参加省、市、区级教学技能比赛，或者课堂教学比赛等活动，或者与同行共同参与同课异构、磨课、微课交流等教研活动，在这样的平台上展示自己的专业教学能力，并在参与的过程中不断积累物理教学实践经验。

例如在课堂教学比赛中，教师可自选一节物理课，科学设计物理教学方案，然后在竞赛平台上展示自己的物理教学方案。教师既可在亲身体验的过程中促进教学能力的提升，又可从课堂教学比赛的评价环节中汲取经验，找出不足，改进缺陷。由此可见，教学技能比赛活动、课堂教学比赛活动和教研活动均是学校为促进教师专业成长而提供的发展机会，初中物理教师可瞄准这样的发展机会，积极参与进来，促进自身的专业成长。

三、在课题研究中获得成长

一位教师在专业成长过程中应具备搜集信息、整理信息、分析信息的能力，要善于将教学中存在的各种问题整合起来，将其转化为教学工作的研究课题，并围绕课题展开深入的研究，使其在不断解决课题研究的各项教学问题的过程中，提高自己的教学能力。因此，初中物理教师要促进自身的专业成长，可积极参与到课题研究过程中来，从中获得专业成长的"营养"。

比如教师在搜集、整理和分析信息的过程中，发现学生存在自主学习意识薄弱、自主学习能力较低等方面的问题，则可建立起"如何提高学生在物理学习中的自主学习能力"这一课题，然后针对这一课题开展深入的教学研究。教师可将自己的课题研究成果融入新课的教学之中，验证课题研究成果在物理教学中的运用成效。例如教师在课题研究中提出了以"微课+翻转课堂"为主的教学模式，该模式用于提高学生在物理学习中的自主学习能力。在教学《怎样用电才安全》这节课前，教师可制作微课的微视频，将本节课相关的知识点融入微视频之中，如电器铭牌标出参数的意义、额定和实际电压的区分与辨别、运用伏安法对小灯泡电功率进行测量的步骤和方法等等。教师在教学新课之前，可将微视频发送给学生，指导学生围绕微视频中的重要知识点开展自主学习，然后尝试自主设计电路图，让学生在以"微课+翻转课堂"为主的教学模式下进行有效的自主预习，并提高其自主学习能力。通过这样的课题研究和教学验证，初中物理教师可有效促进自身的专业成长。

四、在教学反思中获得成长

加强教学反思，这是教师获得专业成长的必经之路。这是因为教师在开展教学时难免会遇到或多或少的问题，所以教师有必要及时地做好反思工作，这也是教师从教学过失中吸取教训和经验的过程。因此，初中物理教师应注重通过教学反思这一途径促进自身专业成长。比如教师在执教《探究简单电路》一课后，须及时做好教学反思。有的教师发现了这样的问题：电路知识点比较繁杂，学生容易对串联电路、并联电路认识不清，出现混淆的问题，或者对比较相近的物理概念认知不清。教师可对这样的问题进行教学反思："为什么会导致这样的教学结果？自己所采用的教学方法有哪些不合理之处？可以采用什么样的方法来进行改进？"当教师在教学反思环节对这一系列自主提出的问题进行了有效的解决，则意味着其教学经验更丰富了、教学水平更高了，也标志着教师获得了一定的专业成长。

五、结束语

总之，初中物理教师可促进自身专业成长的途径有很多，在以后从事物理教学工作的过程中，应抓住更多提高自身教学能力的机会，并通过多种途径来促进自我提升，初中物理教师的自身专业成长不仅为学生提供优质的教学服务，还可提高教师自己的职业幸福感。

参考文献

［1］潘亚飞.初中物理教师如何更快地实现专业成长［J］.数码设计（下），2018（11）：218-219.

［2］张云.中学物理教师专业发展的策略与实践［J］.中学物理教学参考，2017（18）：26-27.

［3］瞿红.有效反思加速物理教师的成长［J］.数理化解题研究，2018（29）：78.

区域中小学学科中心组的定位与建设策略初探

阳江市江城区教师发展中心　冯活

随着教育改革的不断深化，教研的组织形式、教研方式也在随之发生着深刻的变化，原有靠教研员组织教研活动的单一形式在某种程度上已经不能满足新形势、新发展、新要求。必须与时俱进建立起由区域教研机构、学科中心教研和研训学校组成的三级教研体系，才能真正促进区域教研工作高质量发展。在区域教研三级体系中，中小学学科中心教研组起到重要的作用，有着自己的建设途径。

一、区域中小学学科中心教研组的定位

（一）区域中小学学科中心教研组的内涵

区域中小学学科教研中心组是在区域行政范围内界，精选区域内各学科骨干教师组成，旨在凝聚区域学科教师力量的教研组织，是在区域教研体系里的一个重要组成部分。

（二）区域中小学学科中心教研组的功能定位

区域中小学学科中心教研组是区域"教师发展中心—学科中心教研组—教研基地学校"三级联动教研体系的重要组成部分，是发展中心与基地学校沟通协作的桥梁，更是整个体系最能发挥效能的关键一环。它主要有如下的功能。

1. 补充：弥补区域学科教研力量不足

传统的区域学科教研一般由学科教研员个人负责，但由于编制、年龄、事务等方面的影响，区域教研员的力量非常不足，有的学科甚至没有专职教研员；一个尽职尽责的教研员如果想把所有的工作都深入细致地开展，那就

有做不完的事情，自然也就没有工夫去紧跟学科发展的前沿理论和技术，没办法真正学透知识并将各种先进的教学理论加以消化，进而将教学理论传达到区域学科教师身上，难以让学校的教研工作得到均衡的发展；久之，只会导致区域教研机构和一线学校和教师实际需要之间的距离相差太远。

建设区域中小学学科中心教研组，选拔一批真正有教育情怀的学科骨干教师，借助他们对一线教学情况的通透了解，教研员就可以对本区域本学科教学情况有一个全面而深刻的系统了解，进而借助他们的智慧和力量，突破教研员个人的思维局限，对本学科存在的问题做深入的剖析，制订出系统的长期的教研攻关计划，就能更加有力引领、服务和促进区域教研的工作开展，从而不断缩小校标教研差距。

2. 协助：协同教研员做好学科发展

教研员平常杂事缠身，精力有限，每所学校都亲自深入进去了解学科的教研发展情况不太现实。同时一个人的视野思维也难免有所局限，所以，仅靠教研员一人有时是难以做好本区域学科教研的规划和落实工作的。而中小学学科中心教研组成员在选拔时就明确要在不同学校里选拔，不能过于集中在一两所学校。这样，教研员就可以通过来自不同学校教研组成员，较为清楚全面把握到各个学校学科教研情况，形成对全区教研的整体印象，为教研员做好学科教研发展规划奠定了基础。同时，学科中心教研组成员作为本学科的教研中坚力量，他们除了协助教研员做好学科诊断及规划工作外，也能积极参与到各项学科研训活动中，充分发挥自己的智慧及能力，汇聚大家的力量，不断提升本区域本学科的教研水平。

3. 储备：培养学科教研员的后备力量

区域教研员当前普遍存在教研员年龄偏大、职业懈怠感较大的问题。每当有教研员身体出现问题或者有其他想法，不想辛苦而要调动工作时，就容易出现学科教研工作无人管理的局面，必然会影响到本区域教研工作的顺利开展，拖慢学科教研的深入发展进度。而在欠发达地区，想要高薪聘请高素质的教研员几乎是不可能的。因此，要破解这一难题，就要提早物色培养学科教研员的后备力量。而学科中心教研组本来就是由本地区各学科的教研中坚力量组成的，他们熟悉了解区域内教研活动的运作方式，他们无疑就是学科教研员后备力量的最佳人选。教研员平时就要有意识在各种学科教研活动中不断考查审视教研组成员的思想与能力，最终筛选出适合作为教研员后备力量的人选，并在后续的教研活动中不断锤炼人选。

4. 辐射：促进区域学科教研发展

学科中心教研组在三级研训体系中起到承上启下的桥梁作用，而教研组成员又都是一线骨干教师，在学科教研方面本身都有相当高的造诣，能够很好地起到教研示范引领作用。学科教研员就要充分利用他们的示范作用，把他们作为学科教研的种子，使他们在各自学校及区域起到引领示范辐射作用，可以为学校、区域学科教师提供可借鉴的教学模式和行动策略、教学范例，帮助其他教师快速提升对学科课程理念、教学模式的把握程度，进而推动整个区域学科的优化发展。

二、中心教研组的建设策略

（一）坚持区域教研部门的领导

要始终坚持在区域教育行政部门的领导下开展工作。学科中心教研组必须在区域教师发展中心（教研室）、学科教研员的指引下开展工作，保证区域教科研工作高速发展，不偏离正确的方向。

（二）规范的制度建设

要使区域学科中心教研组真正发挥作用，成为学科教研的核心，并长远地发挥效能，就需要有规范有效的制度。区级教育行政组织或者教师发展中心（教研室）要结合本区域的实际，制定并逐步完善学科中心教研组的制度，让制度来管理人。规范有效的制度要明确中心教研组成员的选聘标准、职责与待遇、管理与考核，实现职责权利相统一，充分激发中心教研组成员的主体作用。特别要想方设法做好中心教研组开展教研活动的经费保障工作，确保各项教研活动能够落实。

（三）严格选拔学科中心教研组的成员

学科中心教研组要有效发挥示范引领作用，成员的选拔异常重要，特别是教研组的组长遴选。好的组长能把教研组带出新的高度。首先，教研员不放过每一次到学校视导、开展各项教研活动的机会，从中了解物色一些有教育情怀、有极强专业素养、具有理论与实践相结合的能力，并有所担当甘于奉献的骨干教师，通过给任务、压担子的形式有目的地锻炼他们。同时，要科学制定学科中心组成员的选聘办法，兼顾各个层次的学校，真正把德才兼备、学科教研能力强的教师选拔为教研组成员，并把统筹能力强的成员作为组长。

（四）坚持问题导向，开展系列化教研活动

学科中心教研组要开展建设工作，就要首先对区域内的学科教学情况有一个充分的了解。在这样的基础上再开展以问题为导向的教学和研究一体化、序列化的研讨活动从而达到精准而又循序渐进开展教研的目的。中心教研组开展学科教研的形式可以多样化，可以是主题讲座、论坛沙龙、课堂教学展示、同课异构等，还可以专门针对区域里学科薄弱的学校开展到校的学科诊断与帮扶工作。

（五）加强教研组自身建设

"打铁还需自身硬"，中心教研组成员要想在三级联动的教研体系中充分发挥作用，成为区域学科教师的示范，就要在教研员和教研组组长的领导下制订学习的计划，不断加强自身学习，借此提升自己的素养。除了要提升专业素养，还要不忘自己是"种子教师"的定位，因此，要学习作为学科研训师应该具有的技能，力求把学科教学技能通过有意思的研训技巧，转化为受训教师的专用技能。作为领导的区域教研部门要充分利用机会，把教研组成员送到知名高校接受与时俱进的教育教学理念，提升成员的理论高度。

建设好中小学学科中心教研组，充分发挥中心教研组在区域中小学教研、教师培训中的积极作用，整合区域教研力量，实现了优质教育资源共享，彰显骨干教师的优势，在教师专业成长上起到示范引领作用。

参考文献

[1] 万荣庆.新课程视角下学科教研组的内涵建设 [J].教书育人，2011（9）：37-39.

[2] 梁恒亮.谋教育发展升级 促中心教研行动：学科中心教研组建设的思考与内涵 [J].江西教育，2016（20）：63.

[3] 吴绍晋.核心素养视阈下县域初中学科联盟建设的实践探索 [J].福建基础教育研究，2019（1）：32-33.

终身学习视域下新教师成长策略

阳江市江城区教师发展中心　赵薇

教师成长是一个不断学习螺旋式上升的过程，终身学习又贯穿其中。这是教师职业道德规范所规定的，是教师专业发展不竭的动力，尤其是在新教师培训培养时就应该为他们种下这颗种子。

如何在"领雁工程"新教师培训中使新任教师快速适应教育教学要求，成为新任教师培训的一个重要目标。这些年新任教师培训，尤其是集体培训，无论是网上学习还是集中面授，教师在教学技能上都能学到很多实用的东西。然而，真正促使教师成长的是教师的自我成长，而新教师自我成长就体现在自主学习上。那么，新任教师到底如何行动才算得上是自主学习，从而将其内化为习惯，使其有效促进自我成长呢？这就牵扯到新教师自我成长的策略"听说读写看"。

"听"和"说"是人与人交流的最基本的手段，听不进，就说不出。听得好，就能说得好。这也是自然规律，也是输入和输出的关系。那么新任教师，听什么，怎么听，说什么，如何说，关乎他的职业定位和职业理想的层次，甚至是在这条路上能走多久多远的问题。然而，新任教师的"听说读写看"是一个较为系统的课题，它是贯穿新任教师成长策略的五个方面。

一、练好"听"的功夫

作为新教师，懂得"听"的重要性、听的方向、听的内容是非常有必要的，它关系到教师行动的方向性和有效性。教师的任何教育行为和教学行为都是以国家教育方针为前提。在这个前提下，新教师要听些什么呢？主要从"两听从三听取"来学习。

（一）听从国家教育政策指引

这一点是针对那些所谓的只打算"一心只教圣贤书，两耳不闻窗外事"的教师而言的。为了防止过激言论，为了不脱离国家利益和民族利益而盲目从教，所有教师都必须有善于倾听国家教育政策的"耳朵"，要有敏锐的政治觉悟和立场，绝不能说破坏民族团结、损害民族利益的话，不能做与党和国家利益背道而驰的事，更不能出现违背教育政策的行为。这样才能使自己的教育意识和教育教学行为不会走偏。要做到这一点，好好听一听法律法规的课程，听听前辈的教育故事，从中获取"听来的"智慧和营养，避免走偏，脱离正轨。其实只要做到这一点，就做到了师德规范的第一条——爱国守法，也就能达到教师职业的基本要求。

（二）听从学校领导工作安排

听从学校工作安排是教师集体意识、团队精神的体现，听懂领会上级领导和校级领导、级组长、科组长的会议讲话和临时交代的应急任务，并按时完成，这也是衡量新任教师能否胜任重要工作的条件。教师有了这项听的能力，就能保证工作效率，不仅自己提高效率，还能提高团队效率。同时也能减少很多不必要的心理纠结和郁闷，对身体和心理的健康能起到保驾护航的作用。

（三）听取同侪前辈意见

这方面主要是从"团体动力学心理"的角度来讲。俗话说得好，一个人可能跑得很快，但一群人就会跑得很远。这就是团体成员彼此帮助、互相促进的结果。教师要成长，业务上肯定得多和同行交流，包括互相听课、互相听取意见建议等，达到博采众长扬长避短之效。只有这样，才能避免走弯路，进而加快成长的步伐。

再有新教师虚心请教同侪前辈，不仅是谦虚的表现，还是智慧的选择，同侪前辈的某一句经验之谈、某一些体会感悟都可以成为你的台阶，让你成长得更加稳健。

（四）听取学生家长愿望

家长也是教师成长的伙伴，有时候还能成为教师的亲密朋友。和家长处好关系，有利于营造良好的家校沟通状态，有利于树立自身威信，提升学校形象。当然这方面不是一味讨好和忍让，而是和颜悦色，温柔而坚定地以维护校园秩序为原则。只要态度诚恳，善于倾听家长的意见，了解他们的愿望，就是尊重家长的表现。家长得到了尊重，关系自然就会融洽，教师工作也会得到家长的支持，即便是有什么磕磕绊绊，也会得到家长的谅解。这样，才更利于教师安心教学，放心做教育工作。

（五）听取孩子发展心声

做教师，和孩子相处也是一门艺术。为了建立良好的师生关系，教师要善于俯下身子倾听孩子们的心里话，这绝对是一个技术活。是技术，那就得用心对待，就得认真对待。"以心换心，将心比心"这个中国俗语，用在你和孩子关系的处理上也是非常适合的。

二、提升"说"的能力

作为教师，能说一口流利的普通话是最基本的要求，只要你普通话测试达到二级乙等水平，那就绝对能流利地交流，但说什么、怎么说却是一个很深的学问。那到底说些什么呢？又要用怎样的情感基调来说话、来表达呢？

（一）会说教育行话

教育行话是教育工作者的标志，也是名片。有一句经典的话叫"三句话不离本行"，说的就是这个道理。优秀教师，是要花大量的时间尤其是业余时间来学习行业知识的，学到的行业知识可以涵养自己的职业生涯。新任教师只要有这个意识，有行动，那就为日后迅速成长为优秀教师和卓越教师打下了好的基础。

（二）懂说规范语言

教育教学是一个"教规范、用规范"的过程，那么教师的规范语言，就是规范行为的体现。如果一个教师口中有脏话，说话欠文明，那就完全与教师传播社会文明的职责背道而驰。教师的语言具有示范性，它关系到教学行为是否规范、校园的文明程度是否高等问题。因此，说规范语言、讲文明礼貌是一个教师最起码的要求，也是最低要求。因此，新任教师一定要把好自己的语言规范关。

（三）善说积极鼓励的话

近些年，积极语言在教育教学工作中的应用越来越广泛，这是各级教育部门和各级各类学校推行积极心理学在教育教学中应用的结果。积极语言是积极心理学的标杆特征，人无论遇到什么事，只要善于使用积极语言，那问题就会得到积极的解决，无论事情多么糟糕，只要心态积极，语言积极，事情就会朝着利好的方向发展。所以，让自己思维积极起来，让自己的行为积极起来，就从说积极鼓励的话开始。比如，"我觉得你行！""你真了不起！""这个你都懂，太厉害啦！"……

（四）能说成就孩子的话

成就孩子，是教育者的责任，是社会的需要，更是家庭的需要。每一个孩子来学校读书，或多或少都要有所获得。只是有些孩子对未来比较明晰，有些孩子比较模糊，甚至十分模糊。这就需要新任教师从一进到校园、一接触到孩子，就要有意识地多说成就孩子的话。说白了，就是给孩子希望，给孩子正向期望。

要做到这一点，就必须要了解孩子的天性和禀赋，挖掘他的兴趣点，然后积极主动地用语言点燃他的小火苗，帮他把人生的目标和理想竖立起来，这样他就能成为你想让他成为的那个人，成为他自己想成为的那个人。这个人就是有益于社会进步的合格公民和优秀公民，就是顺应时代发展的、国家需要的、为实现民族复兴而努力的人才！

三、扩大"读"的宽度

（一）认认真真研读你的学生

优秀教师都有一个特点，他们跟学生关系处得很好。要让教学有成效，这是先决条件。学生喜欢你，你的课就会顺利，你的教学就会容易出成绩。那么如何做到这一点呢？有两点思考可以借鉴：新课标中的"学生观"，要把学生当成人，当成发展的人，当成全面发展的人来看。另外，可以借鉴老教师吸引学生的经验。这两点可以让我们缩短与学生的空间距离和时间距离，使我们提高与学生打交道的效率，少走弯路。

其实，教育的性质决定了其工作对象的特殊性，我们面临的是一群生龙活虎、生动活泼、生气蓬勃的孩子，有的六岁，有的七岁，甚至有的已经长成少年，十三四岁，甚至十五六岁，如果我们不好好地研究他们，想想看，如何跟他们相处，如何引起他们的兴趣，又如何带领他们学习知识，增长见识，锻炼能力，提高智慧？关于这个问题我们可以从发展心理学儿童、少年、青年成长的特点来了解孩子，尤其是心理和行为上的特点。了解了孩子的年龄特点之后，就可以有针对性而非盲目地开展教育教学工作，也才能少走弯路，少生闷气。从前，很多刚刚走上教坛的老师，缺乏领路人，疏忽了影响学生学习水平的心理因素，自己明明花了大力气，却收效甚微，甚至还和孩子对着干，却感觉是孩子跟自己过不去。久而久之，造成与学生关系紧张，与家长沟通困难的问题。所以，新教师首先要花点心思好好地"读一读"孩子，了解他的年龄特点和心理特征，读懂他的心理需求，有助于有的放矢地开展教育教学工作。

（二）认认真真通读学生课本

读学生课本，是备课的第一步。通常而言，一般教师只读所教学段的教材，对于通读教材意识还是比较欠缺的。但是，如果立志做一名卓越教师，就要趁早树立大教材观，这也是新课程标准所提倡的教材观。

关于读教材，好的做法是不仅读目前任教年级的教材，还要腾出时间、挤出时间通读任教学段学科的教材，这是优秀教师必须做的事。如果你的目标是想成为卓越的老师，你完全可以花点时间读一读其他学科的课本。这样做的目的很直接，就是能让你从一个点看到一个面，再从一个面看到并悟到一个立体的教学体系。还有一个好处就是你在与孩子、与其他学科教师交流时多了几分相同的话题，这样能够很快树立你在学生心目中和在同事心目中的地位。另一个直接的好处就是，你能将各学科知识融会贯通，更好地实现跨学科融合教学，使你的课堂更加生动、充满活力，提高效率。

（三）认认真真通读教师用书

教师用书是指导你进入课堂最直接的工具书，它的好处不用赘述。当你从教师用书中获得前辈成功的教学经验，在将其拿到课堂上使用的同时，获得自己的教学体验，慢慢地你也会总结出自己的教学经验，这个经验写出来，说不定在某个时候它就被收录在以后的教师用书里啦。

（四）针对性地选读行业期刊

为了使自己成为一个有血有肉、活灵活现的有灵感、有灵性的老师，新教师最好能有针对性地读一读教育教学期刊，如《中小学德育》《中小学心理健康教育》《中小学语文》《中小学数学》《中小学外语教学》《音乐教育》《美术教育》《体育与健康》《舞蹈教学》等学科教学期刊，还要坚持阅读《中国教育报》，从中获得国家最前沿的教育信息，了解国家大、中、小学，甚至幼儿园的最新教育动态和经验做法，说不定哪一天你就能从中获得专业所需之外的教育素养和教育情怀。

（五）有重点地研读教育专著

教育专著，尤其是名师、教育家的教育专著非常值得好好地阅读。如著名教育家魏书生的《语文教学探索》《班主任工作漫谈》《初中生科学学习方法》《魏书生文集》，李镇西的《教育是心灵的艺术——李镇西教育论文随笔选》《花开的声音》《风中芦苇在思索——李镇西教育随笔选》《教有所思》《民主与教育》《怀揣着希望上路》，于漪的《语文教苑耕耘录》《语文园地拾穗集》《学海探珠》《教你学作文》《语文教学谈艺录》《于漪文集》《于漪教育文丛》等，音像教学辅导材料有《于漪语文教学课堂结构精析》《妙笔生辉》等。如果说这些名家的书是灯塔，是高高悬在空中闪着光却有点遥远的星星，那么阳江地区"省百千万名师"正高级教师成杰主编的三本书《走进学生心灵》《在故事中成长》《探索班集体发展规划中的教育心理学原理》，以及省名班主任周雪燕老师主编的《跟随学生一起成长》《走在德育探索的路上——家校共育模式下的德育研究》都可以成为我们实实在在可以用来解决自己教育教学过程中遇到的实际问题的书，最主要的是他们是在阳江这块土壤上开出的教育之花，学起来、用起来更接地气。

（六）选择性地读文学著作

文学作品有着极高艺术价值，对于新教师，陶冶情操、涵养性情和休闲娱乐都是很好的黏合剂。比如，我们读四书五经，读《史记》，读《离骚》，读《唐宋八大家》，读《红楼梦》《水浒传》《三国演义》《西游记》，这些文学著作可以开阔我们的视野，提高我们眼光，让我们的教育生活厚重起来，温良、温润起来。

四、加强"写"的深度

一个教师，尤其新教师，多用笔来描述和表达自己的职业思考，这是无论如何也逃不过的功课。那到底要写点啥呢？

（一）认真写好计划总结

任何工作都离不开计划，越是计划得好，执行得就越好，教学计划也不例外。对于教学工作，认认真真做个计划，把它形成文字写出来，然后按部就班地去执行。当然这个计划不能随意杜撰，一定要根据教学任务做个全面的思考，好好部署学年度计划、学期计划、大单元、小单元计划，精心准备课堂教学计划，即教案，这样做并坚持一两年，你一定能把自己锻炼成具有大格局思维的合格教师，并能脱颖而出。总结自然不用说，如果以教学反思、教育叙事做铺垫，相信你的总结一定会有亮点。总结自然是对应着时间段的计划来写的，当然一定要以实际所做的教学工作为基础，绝不能凭空捏造。

（二）认真写好课堂教案

教案，是教师进行教学前的准备工作的文案体现，它是教学依据，初上讲台，教案可以帮助你有条理地上好课，越是舍得花时间写教案，上课时越是条理清晰、有条不紊。常言道，备课十年功，上课一分钟。可见备课写教案的分量有多重。

（三）刻意写好课后反思

新课标在给教师教学建议中，特别把课后反思归到了课后教案，也就是说，课后反思是教案不可或缺的一部分。随着人性化教育教学工作的开展，教学反思已经成为优秀教师的招牌，课后反思写得好，一定能成就你，超越你！

（四）随时写好教育随笔

教育随笔，是相对于教学反思而言的。当然，教学随笔也是教育随笔的一种。教育随笔更侧重于与学生打交道，在身教言传方面的一些做法和体会，也可以单纯地整理一些教育趣事，久而久之，你的教育随笔都可以整理出版了。当然对于新教师而言，养成这个习惯是根本，文字不求华丽，只要坚持把一些有意义、带有启发性的事件或片段记录下来即可。适当的时候还可以参加评比，学校里的奖项也是奖项，逐步参加高一级的评比，获得更大范围的认可，从而增强自信心，促进成长。

（五）用心写好教学论文

教学论文的作用不用赘述，它是一个教师除了教学成绩以外的又一把衡量业绩成果的尺子。既然如此，学习写作教学论文就成了教师逃不过的坎。其实写论文也不难，根据自己的思考和研究成果，提出论点，摆事实、讲道理、罗列论据，得出一个别人也能照着做的结论。教育论文也是如此，遇到问题，怎么做的，理论依据是什么，结果如何，概括出结论。无论是教育论文，还是教学论文，他们同样属于教育教学成果，若拿去参加评选获了奖，尤其是区级以上奖励，那么在你专业成长晋级的过程中，它就会为你增光添彩，成为不可或缺的先决优势。

（六）刻意写好学习体会

在教师岗位上前行，少不了要参加一些学习活动，那么为了给大脑和心灵留下一点痕迹，最好的做法就是写学习心得与体会。通过文字把心得整理成书面语言，锻炼了教师的思维能力不说，还能练就语言表达技能，新教师多写学习心得，必然能尽快成为骨干，逐步登上优秀教师、卓越教师的台阶。

（七）随心写好生活散文

说到散文，很多人会不以为然。我们只是教师，又不是作家，摆弄散文有何益？可是从文字的角度讲，教师是不是应该有点文学气，"粗缯大布裹生涯，腹有诗书气自华"，人只要有才气，才会在平淡的教育生活中显现精致的思维、豪华的思想。工作之余偶尔写写散文，偶尔写写诗歌，那是一种和自己的对话，毕竟在生活中、工作中，还是会有不能随便想说就说的话，那么拿起笔来，随心所欲地写写心里话，写写人生感悟、工作感悟，或者收获等，不求文字的雍容华贵，只求我写我心，我写我愿，我写我情，我写我感。这样不仅养成了写作的好习惯，还是维护自身心理和修身养性的好办法。

五、提升"看"的品位

这里的"看"主要是欣赏观赏的意思。在当今的网络世界里，新教师的选择就特别重要。首先我们要从内容上靠近教师的身份，靠近专业需要，即看能够带来教育生命价值的东西，提升自己的品位。那么看什么，怎么看就是一种策略。

（一）多看教育公众号

除了纸质或电子版的《人民日报》《中国教育报》，教育类最权威的电视节目就数中央教育台、教育新闻、教育专题活动，近年很火的《开学第一课》都在教育公众号播放。如果你想让自己专业再专业一点，那就从收看中央教育公众号开始吧。

（二）多看魏书生视频号

魏书生是一代教育人的前辈，也是楷模。他是全国著名班主任，他的视频号值得关注，值得持续收看，每次一打开，你就能从中获得启迪和智慧。还有新近冒出来的董宇辉，他的知识和文化绝对是你做教师所要达到的目标高度，从他语言流畅度到他的文化素养，越看越觉得自己知识与文化的贫乏，读书太少，语言干瘪，哪来的吸引力啊？所以从老一辈榜样魏书生身上，从年青一代董宇辉身上，新教师会学到一些增加教育底蕴的东西。

（三）多看中外教育影视

电影《放牛班的春天》是我在新教师培训班上作为一堂课播放的电影，它讲述的是一个处处受排挤的青年男教师，在迫不得已的情况下，来到一个偏远的山村学校，为这里的贫瘠的孩子创建映月梦想、唤醒孩子追求新生活的故事。《我的外婆》讲的是一个城市小孩暑假回到偏远山村，与佝偻的外婆相处，从讨厌外婆，到被外婆无私付出所感动的小孩的故事。近年，和学校教育、家庭教育相关的电视剧《小欢喜》《小舍得》也可以很好地让教育工作者特别是新教师理解学生和家长在不同阶段的心理期待……

（四）多看演讲朗诵比赛

语言是教师的面子，教师讲课声音好不好听，表达清不清晰，直接影响着孩子接受你的程度，那么怎么样才能突破自己，练就一口清纯的嗓音、抑扬顿挫的表达、情感饱满的讲述与叙说？最有效的途径就是多看、多听、多欣赏一些演讲、朗读朗诵作品，如有可能，力争参加这一类的赛事，让自己通过准备比赛的过程，练就一口流利标准的普通话。多看就会潜移默化，多练就会熟能生巧。教师的语言美绝对是职业生涯里的加分项，有一副好嗓音，能化解掉你与学生的"千千结"，与家长的"恩怨情仇"。这不仅为教育教学提升层次，还为人际关系添加了亲密度。

（五）多看远山和近水

教师作为一个人，也需要到大自然中去汲取能量，净化身心灵。从这个意义上讲，新教师也好，老教师也罢，都需要把自己的眼光放到大山之巅，放进流水潺潺之中。当一个人、一个教师得到了山的启迪，得到了水的宁静，就更容易看清困难的本质，明白坚守信念的力量。所谓"行万里路，阅人无数"，天下没有踏不平的山，也没有蹚不过去的水。这一点能为新教师在面对困难时提供有力的支持。

"听说读写看"，不仅是"领雁工程"新教师的必修课，还应成为终身学习视域下所有教师进行自我修为的基本策略。

参考文献

[1] 李镇西.新教师成长日记丛书：怀揣着希望上路［M］.北京：教育科学出版社，2006.

[2] 中华人民共和国教育部.义务教育课程方案和课程标准（2022年版）［M］.北京：北京师范出版社，2022.

浅谈新时代中小学校长核心素养的涵育

阳江市南恩学校　刘良贤

教育是国之大计、党之大计。面对世界百年未有之大变局，中小学校长必须增强为党育人、为国育才的时代使命感，自觉涵育优良的政治素质、道德情操、人格魅力、工作作风等核心素养，全面贯彻落实党的教育方针，落实立德树人根本任务，大力培养德、智、体、美、劳全面发展的社会主义建设者和接班人。

一、涵育过硬的政治素养

心中有信仰，脚下有力量。中小学校长在学校发展和教育工作中起着把舵定向的作用，只有具备过硬的政治素养，坚定共产主义信仰，坚持社会主义办学方向，才能不畏浮云遮望眼，充满激情育人才，不辜负党和人民的殷切期望。为此，中小学校长必须加强政治理论学习，不断提高理论水平。

（一）系统学习马克思主义理论

日常工作中，有些中小学校长对马克思主义理论重视不够，学习缺乏计划性，存在时松时紧现象，理论功底不扎实，满足于一知半解，在面对复杂问题时，不会正确运用马克思主义的立场、观点和方法解决问题，结果轻则贻误工作，严重的甚至出现政治性错误。对此，中小学校长必须循序渐进学习马列主义、毛泽东思想、邓小平理论、"三个代表"重要思想、科学发展观和习近平新时代中国特色社会主义思想，特别是深研细读十八大以来马克思主义中国化的最新成果，如习近平总书记系列重要讲话精神、《习近平谈治国理政》等专著，熟读精思，全面系统掌握马克思主义基本原理，不断提高政治判断力、政治领悟力、政治执行力，增进对中国共产党为什么"能"，马克思主义为什么"行"，中国特色社会主义为什么"好"的认识和理解，深刻领会"两个确立"的决定性意义，增强"四个意识"，坚定"四个自信"，切实做到"两个维护"，进一步提升党性觉悟和业务能力，用系统的科学理论武装头脑、指导实践、推进工作，做马克思主义理论的宣传员，守好意识形态阵地，帮助师生提高政治思想认识，坚定政治立场，在教育教学中带好头，做表率，全力办好令人民满意的教育。

（二）加强学校党建工作

党建是学校工作不可或缺的重要组成部分，搞好党建工作，有利于提高教师政治素质，发挥党员教师先锋模范作用，激发教师干事创业的热情，营造争先创优的良好氛围，凝心聚力提升教育教学质量。据媒体报道，一些学校个别教师因政治素质不高，在网络平台发表不当言论，在社会上造成恶劣影响，受到广泛批评。这样的教师怎能培养出德才兼备的学生？这些现象警醒校长，必须提高政治站位，重视党建工作，健全组织机构，压实党建责任，明确和落实党组织的领导权、决策权，进一步巩固、强化党组织在学校各项工作中的领导地位，把党的领导覆盖到学校工作的各个方面，实现党建与教育教学同频共振。要结合实际制订党建工作计划，落实"三会一课"制度，加强党员教育，严格党员管理，积极发展党员，发挥学校党组织的战斗堡垒作用。积极探索增强党建成效的做法，通过丰富组织生活、开展党史学习教育、参加党史知识竞赛活动、参观红色教育基地、诗歌书画主题创作、重温入党誓词等系列活动，采用合唱、朗诵、舞蹈、小品等师生喜闻乐见的形式，增强教育效果，帮助党员教师感悟初心使命，汲取奋进力量，激发工作热情，成为政治上的明白人、工作上的领跑人、学生家长的贴心人，自觉抵制腐朽思想的侵蚀，主动提高自身教育教学水平，不断提升育人成效。

（三）掌握教育政策法规

教育政策法规是依法治校的依据，其落实情况也是衡量校长管理水平和工作成效的主要标准。校长不深入学习教育政策法规，依法治校就无从谈起，容易出现违规办学现象，阻碍学校健康发展。对于党和国家教育政策法规，中小学校长要老老实实、认认真真地学，全面学懂弄通，提高法律素质，提高学校依法处理各种关系的能力，把《中华人民共和国教育法》《中华人民共和国教师法》《中华人民共和国义务教育法》《中华人民共和国未成年人保护法》等法律法规落到实处，完善学校各项民主管理制度，依法开展教育教学活动，维护学校、教师、学生的合法权益，推动学校高质量发展。

二、涵育高尚的道德情操

苏霍姆林斯基曾说："一个好校长就是一所好学校。"好校长必然具有高尚的道德情操，中小学校长要成为好校长，就要热爱工作、关爱师生、率先垂范，做道德高尚的教育者。

（一）爱校如家

中小学校长肩挑育人重担，任务艰巨，使命光荣，面对师生日常管理、教师队伍建设、教学质量提升、办学条件改善、推动学校发展等工作，压力不言而喻。当校长清晰地认识到自己的价值与使命时，就会产生强烈的事业心，发自内心地热爱学校，浑身充满干劲，自觉肩负起学校大家庭的重任，把学校的发展放在至高无上的地位，把师生的利益放在至高无上的地位，先学校之忧而忧，后学校之乐而乐，不怕艰辛，不负众望，乐于奉献，再苦再累也毫无怨言，团结带领师生克服面前一切困难和压力，全力实现学校教育教学目标。

（二）关爱师生

没有爱就没有教育。爱具有神奇的力量，它能温暖人心，凝聚力量，成就梦想。中小学校长是学校大家庭的家长，建设和谐大家庭，就要视师生为亲人，发自内心地关爱师生，了解师生所思、所想、所盼，为师生做好事、办实事，创设良好的工作学习环境，帮助师生解决工作学习上的困难，营造和谐友爱的氛围，给予师生人文关怀，增强大家的归属感。家和万事兴，当师生心往一处想，劲往一处使时，学校前进的步伐就势不可挡。

（三）严以律己

孔子曾说："其身正，不令而行，其身不正，虽令而不从。"中小学校长是教师的教师，必须以更高标准约束自己，带头遵守规章制度，待人一视同仁，要求别人做到的，自己首先做到；要求别人不做的，自己坚决不做，工作身先士卒，处事公道正派，为人光明磊落、坦坦荡荡、一身正气、无私无畏，以自身榜样的力量感召教师，营造干事创业的良好育人氛围。

三、涵育优良的人格魅力

人格魅力通常具有鲜明的个性和风格，是一种无形的精神力量，具有强大的感召力。中小学校长往往具有独特的人格魅力，有的平易近人，有的严肃认真，有的阳光开朗，有的内敛务实，有的处事果断，有的细致谨慎……这些性格特质通过潜移默化，会对师生的思想行为产生较大的影响，起到积极或消极的作用。要发挥人格魅力的积极作用，中小学校长应重视学而不厌、胸怀宽广、担当作为等优良品格的养成。

（一）学而不厌

办好一所学校，校长必须具备渊博的学识，而渊博的学识离不开读书学习。中小学校长要养成读书学习的良好习惯，坚持钻研古今中外的教育名著，汲取理论精华，形成自己的教育理念；与时俱进学习教育管理知识，不断提高管理水平和成效；精通学科专业知识和教法，指导教师提高教学水平，推进教改取得新成效；广泛涉猎文史哲地、艺术体育、新闻时事，开阔眼界，储备知识，提升自身综合素质。当校长成为教育、教学、管理、艺术等方面的行家里手时，在抓教师队伍建设、学生思想教育、课堂教学管理、师生综合素质培养、校园文化建设等工作中展现出精湛的管理艺术、高雅的艺术素养、丰富的知识储备，必然会在师生中形成崇高的威信，赢得大家的信服。

（二）胸怀宽广

学校是教育专业人才云集、藏龙卧虎的地方，教师思想性格各异，能力各有所长。中小学校长如果有海纳百川的胸怀，尊重教师教学个性，待人宽容大度，就能让教师各尽所长，富有创造性地开展工作，从而培养出富有创造性的学生。校长如果能虚怀若谷，作风民主，虚心向教师学习，欢迎群众提意见，善于采纳合理的意见和建议，就更有利于改进工作，促进团结，得到更多人的支持拥护，带领教职工齐心协力做好教育教学工作。

（三）担当作为

拿破仑说："不想当元帅的士兵不是好士兵。"同理，碌碌无为的校长也不是好校长。中小学校长就要胸中有梦想、肩上有责任、眼里有事情、做人有良知、处事有担当，战胜艰难困苦，不断超越自我，造福校园一方。一个富有教育理想、勇于担当作为的校长，必然会把自己的理想化为全体教师的理想，化成全体学生的行动，调动师生的激情，挖掘师生的潜能，追求卓越，实现学校的发展目标。

四、涵育务实的工作作风

务实，就是实事求是，切合实际，踏踏实实地做。习近平总书记指出："实事求是，是马克思主义的根本观点，是中国共产党人认识世界、改造世界的根本要求，是我们党的基本思想方法、工作方法、领导方法。"中小学校长工作务实，不好高骛远，从实际出发，就能闯出一条适合学校发展的路子，办出富有鲜明个性特色的学校，赢得人生的辉煌。

（一）准确把脉，对症下药

在全面掌握学校情况的基础上，有针对性地制定治校措施，发挥长处，克服弊端，补强短板。三甲中学是阳春市边远山区的一所公办初级中学，2019年秋季黄好省校长走马上任时，学校环境脏乱差、校风学风差，学生打架逃学现象时有发生。为扭转这一局面，黄好省校长不走寻常路，立足现实推行改革，通过"舌尖改革"抓后勤、"以疏代堵"抓德育、"量体裁衣"抓教学、"绩效杠杆"调动力四大举措，收到了立竿见影的效果。每天早、午、晚、大课间、消夜5餐的创举提供了美味可口的菜肴，满足了青春期学生的营养需要，增强了学生对学校的向心力；每月一次的全校性美食节、烧烤、捉鱼比赛、歌咏会、校运会等大型活动，结合传统节日开展的端午节包粽子比赛、中秋节赏月草地音乐会、课余时间开展的棋牌竞技、拼字游戏、歌舞表演等减压趣味活动，改变了学生萎靡的精神状态，培养了学生的才艺，增进了学生的友谊，促使学生以积极、乐观的心态投入学习生活中；改变教学管理模式，建立各级各科基础题库，为各班量身定制阶段目标，坚持"四读一练"常规教学（即早读、午读、晚读和预备铃至上课前的5分钟考点诵读，以及每节课前5分钟的基础知识小练），激发了学生的学习兴趣，夯实了学生的基础；从盘活学校的业绩绩效入手，以备课组为单位进行考核，按低分率、进步名次、综合值排位设档奖励，有效调动了教师的工作积极性。短短两年，三甲中学就取得了令人刮目相看的成绩，到2021年中考，总平均分在阳春市公办学校中排名第二，仅次于实验中学。三甲中学的成功，关键是走出了一条切合实际的发展路子。

（二）落实行动，推进工作

再好的工作方案，再完美的工作计划，如果得不到有效落实，就会成为一纸空文，对工作毫无意义。中小学校长要围绕办学思路，制订相关工作方案，细化每项工作的内容、目标、具体要求、完成时限，合理安排人力、物力、财力，确保工作落实到位，取得实实在在的成效。

（三）跟踪问效，改进提高

对于安排布置的工作，校长不能当甩手掌柜，不闻不问，仅知皮毛，而是要及时跟进了解情况，帮助解决进展中遇到的困难和问题，根据实际调整办法措施，有利于提高工作效率，按时保质完成目标任务。

总之，一所学校的办学风格如何，办学水平如何，办学境界如何，主要取决于校长的核心素养。中小学校长要心怀教育理想，自觉涵育核心素养，不断超越自我，以卓越的办学成绩回报党、回报国家、回报人民，为实现中华民族伟大复兴培养更多更好的人才。

参考文献

[1] 朱永新.我的教育理想（增补本）[M].桂林：漓江出版社，2009.

[2] 李贤芬.学校管理学[M].重庆：西南师范大学出版社，1999.

关于学校如何做好研训一体化的校本研训实例分析

阳江市城郊学校 谭健明

近年来，初中教学更加注重对学生动手能力的培养，而初中学业水平考试更是将学生实验操作能力纳入考察范围。为了更好地提升教师的课堂教学能力，给学生提供一个更好的教学环境，让教师实现自我成长，提高学校整体教学质量，学校组织了物理课组在本校展开了关于实验操作教学的校本研训活动。作为一名物理老师，我参加了本次研训活动，收获颇丰，分析了本次校本研训的工作，提出了做好研训基地，促进校本研训的下面几点建议。

一、加强研训宣传工作，为校本研训做好准备

1. 提前对校本研训工作进行规划

为了更好地促进校本研训工作的顺利进行，取得良好的研训成效，学校应该提前做好研训规划工作。首先，明确研训目标，明确这次研训活动中需要解决的问题。例如，本次研训活动中，学校组织教师参加研训的主要目标是解决教师如何有效地在课堂教学中提高学生实验能力的问题。其次，规划此次参加研训人员名单，对其进行分组，把优秀骨干教师当作组长，在教学过程中进行培训，比如将物理老师分为两组，一组为演示实验教学，一组为学生操作实验教学，通过两组不同的教学目标，对参训教师进行不同的参训教学，并且邀请校外更加专业优秀的教师参加评估。例如，本次研训活动，学校邀请了教师发展中心的物理教研员参加培训，给我们分享了很多新颖的教学方法，让本校教师都受益匪浅。最后，制订研训计划，按照时间顺序，把每一个环节都有序排列，保证每一个环节都能够紧凑地充分地顺利地完成。

2. 加大宣传力度，邀请广大教师参加研训，提高教师自我学习的热情

研训工作可以顺利有效地进行，离不开学校的宣传工作。学校可以在培训前将培训项目以制作海报的形式，将研训的内容、目标、规划写出来，引起广大教师的重视，营造一个良好的研训氛围，让每一个位教师感受到参加研训的重要性和荣誉感，让每一位教师都从内心想要通过研训实现自我成长。例如，本次研训活动就采用了海报的宣传方式，让教师感受到学校对教研工作的重视，教师也都十分重视此次活动。同时，在培训后要通过各种方式将培训结果向全体教师展示，比如教师分享培训心得体会，展示培训成果，学校表彰奖励成果显著的教师等，通过一系列的正向反馈，充分提高教师参加研训的热情，让教师参加研训成为学校的主流。

3. 针对研训主题，引导教师自主学习

校本研训的目标是组织教师一起学习，满足教师自我成长的需求，从而提高教学质量。因此，在进行研训之前，一定要引导教师提前学习相关的知识，可以在网上查阅，也可以购买书籍，还可以观看视频，让教师提前备课，充分发挥出教师探索新的教学方法的潜能。例如，在本次教研活动中，学校统一组织教师参看优秀教学案例，让教师提前学习，在研训时，可以取得更加优秀的成绩。

二、组织专业人员听课观察，为校本研训提出问题

1. 校本研训要体现差异性

校本研训的目的不是传授给教师一些教学方法，而是能够加强教师自主探索教学方法的本能，不能够一刀切，而是要体现出差异性。组织专业的教研组进行听课，让不同的教师讲课，尊重每一个教师的不同，给不同的教师提出不同的建议和评价，让教师更加有信心探索新的教学方法。例如，在本次研训活动中，我校有三名物理教师进行了讲课示范，有两名外校的优秀教师进行了讲课示范，讲课方法差异很大，但是都得到了教研组的好评，让大家相互学习。

2. 校本研训要体现实用性

在参加校本研训后，教师有所成长，才能真正体现校本研训的实用性。因此，在研训中，越多的专业人员参加活动，教师越能够从专业人员中学习到更多专业的知识和提高素养，校本研训的效果也就越好。例如，在本次研训活动中，大部分教师都受益匪浅，认为在教学过程中对教学的内容可以不按部就班地讲授，可以根据学生的兴趣和接受能力进行调整，可以用实际生活映射课堂教学，利用学生对现实生活的认知来提高学生动手的兴趣，从而加强对学生动手能力的培养，营造一种积极的学习氛围。

3. 校本研训要体现针对性

校本研训对于将要解决的问题要有针对性，围绕研训主题展开，才能取得良好的效果，解决想要解决的问题。例如，本次物理研训活动中，对学生自主探索电路的连接问题进行了研讨，通过几个教师的共同授课和观察，探索学生的思维点在哪里，对如何才能够让学生发散思维的问题进行探索。

三、开展研讨沙龙，提出建议

在进行课堂案例展示以后，一定要组织教师、校领导、教研组等成员一起展开讨论，彼此发表一下自己的意见，共同围绕主题发表言论，相互记录和学习，为以后的撰写报告和实际教学打下基础。例如，本次教研活动中，物理科组七个人在组长的领导下开展了研讨沙龙，各抒己见，彼此相互学习，相互督促，互相比较，教师的教学积极性很高，都希望提高自己的教学质量，成为优秀的教师。

四、对研训工作进行合理评估

开展研训工作以后，学校如果能够对教师的表现给予合理的评估，就可以大大提高教师的工作积极性，让教师进一步探索成长。例如，本次研训活动后，学校对教师的授课案例、沙龙表现、学习笔记、撰写的报告都给予了非常及时的回馈，很多教师因为获得了表扬和表彰，激情四溢，更加奋发图强，学习更加专业的教学知识，不断提升自己，争取在下次的研训活动中表现出更加优秀的自己。

总而言之，通过参加学校的校本研训，我收获颇丰，通过加强校本研训的宣传、规划、评价等内容，可以更好地做好研训基地的工作，让教师有归属感、责任感，真正让教师在研训活动中学到知识，实现自我成长。

参考文献

[1]张秀珍，刁常春.通过各种渠道加强青年教师素质的培养［J］.化学教育，1990（6）：33-35.

[2]毛毓滔.重视青年教师的培训　让学生都有好老师［J］.人民教育，1991（1）：20-21.

[3]马容升.校本研训：开启课堂生命之源［J］.教育，2015（2）：32.

[4]王惠滨.创新校本研训模式 促进教师专业发展［J］.山东教育，2020（35）：57-58.

[5]卢淑芝.浅谈提升校本研训实效性的有效途径［J］.中国培训，2016（10）：134.

"学、研、训、用"校本研训机制，促进教师信息技术应用能力提升

——以阳江市江城第一小学为例

阳江市江城区教师发展中心　陈世光

一、能力提升工程2.0校本研修新思考

（一）当前学校教师信息技术应用能力提升的困境

信息技术应用能力，需要利用信息技术手段，在丰富的教育教学资源基

础上，优化教学过程，创新教学模式，增强学生的信息素养，实现教育现代化。阳江市江城第一小学作为一所有着百年历史的公办全日制小学，获得过非常多的荣誉，教育资源、设备设施亦是非常丰富。但由于认识不足、教师年龄结构偏老化、培训不到位等原因，导致教师对于现代化设备的使用与理解还停留在"会使用，能上课"的状态，而对于新的应用、新的设备、新的技能缺乏积极的学习运用的心态，更是缺乏研究信息技术与学科融合创新能力等。

（二）学校校本研新思路

面对"信息技术应用是新时代素质教师的核心素养"这一时代需要，学校的指导思路将从以硬件为核心转变为以应用创新的发展为核心；从注重信息化的基础设施建设转变为注重信息化设施应用的效能；从注重基础设施的信息化转变为注重教师与学生的信息化发展；从注重信息技术的表面应用转变为注重各学科教学质量和促进学生学习能力的提高，真正达到教育信息化"革命性"的目的。

二、校本研训的新架构

（一）理念先行

学校以《教育信息化2.0行动计划》文件为纲领，结合中小学教师信息技术应用能力提升工程2.0提出了"以校为本、基于课堂、应用驱动、注重创新、精准测评"的教师信息素养发展新机制，用先进的现代化教育理念武装头脑，同时为了更好地理解能力提升工程2.0、教育现代化2.0的相关理念，以及其对教育的未来意义，学校还聘请省、市专家分批给学校管理层及全校教师做专题讲座，向教师广泛宣传信息技术应用能力提升的意义与作用，为开展信息技术应用能力提升校本培训营造良好的氛围。

（二）领导重视

阳江市江城第一小学非常重视信息技术应用能力提升工程2.0的培训工作，由学校校长挂帅，成立了由校长为组长，教导处主任、信息技术科长为组员的管理团队，还组建了以学校各学科科组长为成员的培训团队。校长及管理团队、培训团队积极参加上级组织的关于教育信息化、能力提升工程2.0等有关的领航校长、培训者培训研修班等具体项目培训，为学校的能力提升、教育现代化校本培训的开展奠定基础。

（三）确立机制

学校管理团队负责梳理学校当前的信息化发展现状，总结优势与不足，对学校的信息化教学设备设施进行汇总。然后根据能力提升工程2.0的要求，结合本校实际情况，制订了《阳江市江城第一小学信息化教育教学发展规划》，提出了三年发展愿景。建立了校本研修方案与考核方案，使其有针对性地指导能力提升工程2.0校本研训的开展。同时设立了教师参与校本研训的奖罚制度，与年度考核、职称晋升、评优评先进挂钩。

（四）明确路径

提出"学、研、训、用"的校本研训路径，其中"学"是教师学习信息技术应用手段，根据选择的微能力点，进行网络学习，以及由学校培训团队组织的符合本校实际以及教师需要的信息技术应用的学习；"研"是教师分别以个人、科组、级组等形式开展微能力，并将其点用于教育教学的研究；"训"是以科组为单位，再细分为年级科组，根据本科组所选择的微能力点开展集体训练，通过观摩、公开课、磨课、讨论等形式，形成信息技术在某节课上的运用模式，再进行运用；"用"是在"学、研、训"的过程中形成的信息技术在教育教学中的运用模式后在日常教学中的常态化运用。

三、"学、研、训、用"校本实践的创新

（一）课题引路，科研先行

阳江市江城第一小学承担广东省教育科研"十三五"规划2017年度研究课题"ITtool 3.0平台下小学学科教学方式创新研究"，并于2018年遴选为广东省基础教育研究实验基地学校。学校的信息化研究氛围还是有一定的基础，借助ITtool 3.0教学辅助平台，让学校教研线上线下不受时间、时空限制，融合学科特色、个性化特征，打造学校"智慧教研"新常态。在该基础上，学校任用课题组成员担任学校校本研训培训团队的主要成员，利用他们

之前做课题形成的信息技术应用能力的优势经验，为学校的信息技术应用能力提升2.0工程做坚强的后盾。学校坚持以课题为引领，营造浓厚的科研氛围，调动教师参与校本研训的热情。2021年，"粤教翔云数字教材应用平台与小学学科融合的研究"被批准为广东省中小学教师信息技术应用能力提升工程试点校、试点区专项科研课题。

（二）多层次的组合多维度研训

作为"以校为本""整校推进""学校信息化发展"的、以学校为整体的研训及考量方式，校本研训必须全局统筹，方向一致，才能更好地实现学校的整体发展目标。学校管理团队秉承以科组为中心，年级组为承托，跨科同点共研训的原则对全校教师的校本研训进行组织管理。

1. 科组按年级研训

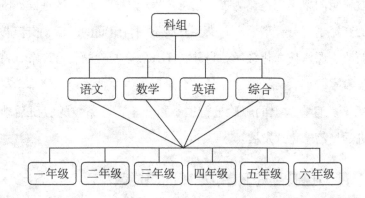

2. 各学科按能力点交叉研训

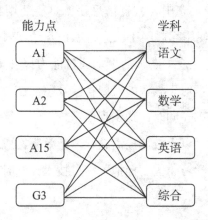

（三）先分阶段后整合运用

科组根据本科组所选取的微能力点，对能力点进行分析、研讨，通过查找文献等方式，梳理出能力点所需要的信息技术应用能力有哪些，有哪些是教师已经掌握得比较好的，又有哪些是教师未掌握需要培训团队进行培训教学的，然后申请学校培训团队进行信息技术能力点的培训，通过系统化的学习，掌握各种教育教学应用。组织在教学的设计、学情分析、实施、评价、反思阶段使用信息技术应用的研究与讨论，根据组内讨论的成果以及集体备课的情况开展实验研讨课活动，通过在课堂上的实践，收集学生课堂上的反应和教师在使用信息化过程中的体会，以及对于教学目标完成程度，再次进行对话，以此促进教师对于信息技术应用于教学的修改与完善。如此循环往复，让科组内每一位教师都有上实验研讨课的机会，既能收获实践经验，又能获取科组的集思广益，为提升信息技术能力打下坚实的基础。既要开展科组内的交流学习与分享活动，又要开展不同科组间的对话、交流与分享活动，不断改进课堂信息化教学。另外，还开展全校性的交流环节，每个月一次的学校校本研训大会，每个学科一个学期负责主持一期，将本学科在信息技术应用于教育教学上的经验进行展示与分享，让整校的教研活动活跃起来，促进学校信息化的发展。

四、能力提升工程2.0校本研训的成效

（一）更新了教师的信息化教育理念

以往学校教师的观念中，教育信息化就是能使用学校提供的多媒体设备，即会用PPT，会使用互联网手段进行家校互动就属于信息化，学校信息化的发展更多的是信息技术老师的事。通过能力提升工程2.0校本研训，让教师们认识到信息技术对于教育的发展将涉及每一位教师，而教育信息化将是国家强盛的坚实基础。同时，认识到信息技术的发展，大数据、人工智能等新的设备新的应用可以有效地提高教育教学效率，成为教师的好帮手，但也需要教师积极地去学习、去"拥抱"信息技术，同时亦通过实践去探索创新的信息化教学模式。

（二）提升了学校多层次多维度组织校本研训的能力

整校推进基于课堂的研训机制，让学校面对有别于以往的一刀切式的校本研训。需要组建团队，需要与上级管理、研训团队对接，还要制订学校的信息化发展规划、校本研修方案与校本研修考核方案，并在开展网络研修后，再开展校本研修。因为微能力的选择各有不同，决定了校本研训的开展不能以一刀切的形式展开，必须是多层次多维度开展，让学校的校本研训能力得到了提升。

（三）提升了教师的信息技术应用能力

阳江市江城第一小学是一所有着百年历史的名校，同时也存在职教师年龄结构老化的问题，全校40岁以上教师占了65%以上，30岁以下的寥寥无几。之前，学校的信息化设备建设还在区内走在前列，除了传统的普通教室多媒体外，还新建了录播室、智慧教室等先进的信息化基础设施，但由于教育现代化理念的不足，先进的设备未能发挥其效能。而能力提升工程2.0校本培训的开展，在教育教学专家的指导下、学校的组织下、科组的研训下，教师积极开展基于课堂的指向信息技术应用的改革探索，目前已经取得一定的成效，教师将信息技术应用于教育教学上的热情高涨，教研气氛热烈，过程中生成了一个课题，十余篇相关论文在市、区论评比中获奖。

经过学校的信息技术能力提升校本研训后，多数教师均能从信息化教育教学出发，积极参与根据学校制订的"学、研、训、用"的校本培训，提升自身的信息化教育教学水平，提升了学校整体的信息化教育教学质量。

参考文献

[1] 中华人民共和国教育部.教育部关于实施全国中小学教师信息技术应用能力提升工程2.0的意见［DB/OL］.（2019-03-21）http://www.moe.gov.cn/srcsite/A10/s7034/201904/t20190402_376493.html.

[2] 高永刚."研、训、教"一体的校本培训路径研究：风华中学"研、训、教"实例［J］.教育观察，2021，2（7）：53-55.

［3］邱曙光．校本培训：精准助力教师专业成长［J］．中小学管理，
2020（1）：57-59．

［4］臧勇．创新"研训一体化"校本培训运行机制，全面促进教师的
专业发展：以南通职业大学技师学院为例［J］．职业教育，2016
（2）：29-32．

三级研训联动促进中小学体育发展策略探究

阳江市江城区教师发展中心　王远明

三级研训联动在促进中小学体育发展策略探究中起到非常重要的作用，三级研训联动就是"教师发展中心—学科中心教研组—研训基地学校"，正是因为三级研训联动的存在，可以将中小学体育教学中的问题——找寻出来，然后通过学科中心教研组研究和分析，给出对应的解决策略，最终将实践工作运用到研训基地学校，从而使中小学体育教学得到很大的发展，促使中小学体育教学取得一个又一个阶段性的成功。三级研训联动的存在能够在很大程度上解决中小学体育发展中的问题和不足，能够将教师、教研组和基地学校三者联系在一起，从而形成一套严谨的机制，最终将中小学体育中存在的各种各样的问题——查找、解决，最终保障中小学体育发展走向更加美好的未来。

一、三级研训联动促进中小学体育发展策略探究的重要意义

三级研训联动能够有效地促进中小学体育教学朝着更好的方向发展，带给中小学体育教学以强大的生命力。通过三级研训联动的作用，能够让中小学体育教学及时有效地发现自身存在的问题，经过学科中心教研组的研究和分析，能够使中小学体育教学变得精细化，使之持续获得良好的教学结果。

三级研训联动能够提升中小学体育的教学质量，能够让更多的中小学生积极主动地参与其中，为三级研训联动的发展提供足够的支撑，也会形成三级研训联动与中小学体育发展的内在深刻联系；本文的研究能够让中小学教师认清体育教学的本质，使他们通过三级研训联动做好中小学体育教学工作，本文的研究也能够使更多的中小学体育教师得到一定的参考和借鉴，促使中小学体育在三级研训联动的作用下走向更加美好的未来。

二、三级研训联动促进中小学体育发展策略探究

（一）提升三级研训联动促进中小学体育发展意识

只有具备了意识，中小学体育教师才会认识到三级研训联动的重要性，就会将三级研训联动融入自己的实际教学之中，让三级研训联动真正作用于中小学体育教学。提升发展意识，需要在中小学各个地点张贴三级研训联动相关的宣传标语，设置宣传栏和海报，组织教师展开以三级研训联动为主题的会议活动，让更多的中小学体育教师产生意识，深知三级研训联动对促进中小学体育发展意识的重要性。

（二）改变中小学体育教师对三级研训联动的认识和了解

对于中小学体育教师而言，必须能够清晰地了解和认识三级研训联动，能够真正深入三级研训联动工作之中，体悟到三级研训联动的作用和价值。认识和了解三级研训联动，需要组织教师集体学习三级研训联动，让每一个教师写出对三级研训联动的体会和认知，让他们真正用心了解和认识三级研训联动，感悟三级研训联动带来的作用和影响力，最终将三级研训联动深入运用到实际的教学之中。

（三）针对问题，发挥三级研训联动的作用

对于中小学体育教师来说，一定要针对问题来发挥三级研训联动的作用，能够有条不紊地开展三级研训联动，有效地把控三级研训联动的整个过程，将教师发展中心真正均衡化，让学科中心教研组的工作变得更加科学化、有效化、严谨化，使研训基地学校可以真正展现出更大的教学力量，使之具备更加扎实可靠的实力，最终令三级研训联动真正发挥自身的作用。

（四）不断反思和总结，强化教师在三级研训联动中的沟通和交流

要不断对三级研训联动进行反思和总结，反思三级研训联动在中小学体育教学开展的过程中存在的问题，能够针对反思做出有效的总结，使反思有实，使总结刻骨，让反思和总结真正发挥自身具备的主动性，要求教师在三级研训联动工作中进行有效的沟通和交流，形成热烈的沟通和交流氛围。相信如此，定会让更多的教师体会到反思和总结的重要性，能够在三级研训联动中更好地沟通和交流，促进三级研训联动作用于中小学体育的发展。

三级研训联动促进中小学体育发展策略探究是非常重要的一个主题，对于中小学体育发展来说，三级研训联动是一个分阶段性的程序机制，能够及时发现中小学体育教学中存在的问题，然后通过体育学科中心教研组的研究和分析，然后将分析的结果运用到研训基地学校，从而能够帮助中小学体育教学不断获得成长，能够让中小学体育教学逐步走向更加理想的发展之地。三级研训联动可以有效促进中小学体育发展，带给中小学体育教学方向、动力，相信三级研训联动定会让中小学体育取得良好的发展，使之走向更加成功的未来。

参考文献

［1］张学斌.大连市中小学教师教育策略研究［J］.大连教育学院学报，2006，22（4）：36-38.

［2］骆东升.关于"研训一体、校际联动"的几点思考［J］.大连教育学院学报，2006，22（2）：5-8.

［3］孙萍.小学体育学科研训一体的几点尝试［J］.大连教育学院学报，2006（4）：81-82.

第二节　教师专业素养提升篇

核心素养下初中语文名著阅读教学探究

阳江市江城区教师发展中心　张雪映

初中语文教学中，在核心素养的培养理念下优化名著阅读教学，能够培养学生养成良好的阅读习惯，提高人文素养和陶冶高尚情操。同时，借助名著阅读教学给予学生更多的阅读时间和指导，在积累语文知识的基础上，加强学生的情感体验，引导学生形成正确的学习观与价值观，为初中语文的高质量教学提供保障。因此，在核心素养培养背景下对初中语文名著阅读教学进行研究分析显得尤为重要。

一、初中语文阅读教学现状分析

在核心素养的培养背景下，初中语文教学需要重视阅读教学改革，通过对现有的阅读教学问题进行针对性的优化，更好地促进学生的全面发展。在现阶段的语文教学中，由于部分教师对于学生的名著阅读教学重视力度不够，指导不足，导致学生的阅读能力得不到很好的提升。在实际开展的阅读主题活动中，缺乏相应的名著推荐阅读指导，导致实际的阅读培养教学与学生自身情况存在差异，进而削弱了初中学生的语文阅读能力的培养效果。因此，在当前的初中语文阅读教学上，需要教师重视阅读教学的精细化建设工作，通过开展高质量的名著阅读指导教学工作，逐步提升学生的阅读能力，

171

为中学生素质的全面发展保驾护航。

二、核心素养下名著阅读教学价值

在语文核心素养的培育理念下，开展的名著阅读教学活动，具备以下三点教学价值。其一，开阔学生的阅读视野。基于学生语文核心素养的培养目的，开展名著阅读教学，能够以各国的名著来丰富学生对于世界、对于历史的认知，以此开阔学生的阅读视野。同时借助名著来了解各个国家的发展与风土人情，借助阅读情感的共鸣来提高学生的语文素养，从而提升初中语文阅读的教学质量。其二，积累语文知识。基于学生语文核心素养的培养目的，名著阅读教学能够加强学生的语文知识积累，通过开展名著阅读主题活动，让学生能够在自主名著阅读过程中，不断学习其中的文学知识，积累相应的名言名句，从而丰富学生的语文知识储备，为初中学生素质的全面发展提供保障。其三，提升写作能力。基于学生语文核心素养的培养目的，开展名著阅读教学活动，能够有助于提升学生的写作能力。由于阅读与写作之间具有关联性，加强名著阅读教学，能够让学生对名著进行学习和模仿，逐步锻炼学生的写作能力。关注名著阅读的指导教学，让学生能够对其深层思想进行理解分析，让名著阅读能够引导学生获取相应的写作技巧和灵感的火花，并且在写作的过程中合理运用写作技巧，以此帮助学生提升写作能力。

三、核心素养下初中语文名著阅读教学优化策略

（一）以名著阅读开展主题学习活动

在初中语文核心素养的培育下，教师需要重视名著阅读主题活动的开展工作。名著阅读教学以主题学习活动的形式来开展，有助于学生自主阅读能力的提升与阅读思维的引导。在实际的语文教学过程中，教师和学校开展相应的名著阅读主题学习活动，通过班级活动和校园活动的形式来提出一些与名著知识的相关问题，激发学生对于名著的阅读好奇心和兴趣，从而会对名著进行查找和深入阅读。同时名著主题阅读学习活动可以结合相应的特殊节日开展，以此保障学生的阅读质量。例如，在国庆节与建党节开展主题阅读

活动，通过对鲁迅先生、陈独秀同志、李大钊同志发表整理的名著进行推荐阅读，不仅能够丰富学生的阅读情感，同时还能够培养学生的爱国情怀，加强自身的学习内驱力，从而进一步催生高质量的阅读。还可以把鲁迅先生的《狂人日记》《朝花夕拾》等优秀作品进行阅读赏析，能够丰富名著阅读教学的内在含义，同时也能够布置一些感想作业、课外拓展作业，来加强名著阅读的实际教育意义，从而更好地培育初中学生的语文学科核心素养。

（二）以精细化指导提高学生名著阅读的知识积累

在初中语文核心素养的培育下，教师更需要加强学生名著阅读知识的积累。初中语文教学中对学生语言能力与知识运用能力的培养是核心素养培育的重要内容之一，以名著阅读教学来进行，不仅能够加强学生的语言知识积累，同时还能深化学生的学习情感与提高思维能力。当前，语文统编教材中加大了名著阅读量，但由于书本空间有限，都是以导读形式入编，内容相对简单，为了更好地提高名著阅读教学效果，这时候就特别需要教师在实际教学中对名著阅读进行一些精细化阅读指导。

例如，教师结合学生的学业情况，推荐符合学生发展的名著，可以布置一些小的阅读任务，以各种小任务的方式激发学生在课后的阅读动力和热情，如让学生每人准备一个名著阅读笔记本，摘录名著中的名言名句、好词好句，并进行整理与运用，随时记录一些阅读感受，从而丰富学生的名著阅读知识。还可以开展名著读后感讨论活动，让学生积极参与讨论，各抒己见，清楚表达自己的想法，以此积累名著阅读知识和提高语言表达能力，如在冰心《繁星·春水》教学中，可以开展相应的名著辩论形式活动，通过传授学生相应的辩论技巧，安排学生以小组的形式进行问题辨析，从而培育学生的语文综合素养。再者，通过穿插一些名家见解以及相关影视片段、对比阅读等形式来提高阅读兴趣，为学生提供有效的方法和技巧指导，如在《钢铁是怎样炼成的》的导读教学中，插播其电影经典片段，能够让学生对主人公保尔·柯察金有更生动形象的感知，对生命、对奋斗有着新的想法，而不是虚度美好年华。这些精细化的阅读指导确保能够鼓励学生参与到名著赏析当中，通过日积月累的名著阅读，帮助学生积累语言知识，丰富和完善对名著的阅读体验，提高审美鉴赏能力。同时，教师作为一个指导者，自身的知识水平和见解能力也非常重要，只有自己的能力提高了，才能够高屋建瓴地指导学生来理解和学习名著，能够及时引导学生在名著阅读解读上的偏差。

（三）创新名著阅读教学模式

在初中语文核心素养的培育下，传统的教学模式不能够满足学生的实际阅读发展需求，需要教师不断创新名著阅读教学方法和模式，发挥学生阅读的自主能动性。在教学过程中，可以让学生选择自己喜欢的名著进行阅读，通过传授学生阅读技巧，让学生能够在名著阅读中学习到各种写作方法，加强对名著的阅读情感，通过对多种阅读教学方法的合理运用，从而实现学生语文核心素养的培育。

例如，在四大名著的阅读教学上，进行教学模式的创新，以多种形式对名著中塑造的角色进行解析，合理运用网络阅读、课堂赏析阅读及小组合作编演等形式来调动学生对于名著阅读的喜爱之情，通过对名著的深层思想进行剖析，实现对学生主观阅读思想的培养。如通过对《水浒传》中"大闹野猪林""鲁提辖拳打镇关西""宋江私放晁盖"等情节进行角色编演，可以让学生更好地理解中国传统文化中的忠、孝、节、义，对传统文化的认识得到提升，核心素养自然而然得到了培养。此外，还可以开展小组指导阅读模式，通过小组长和组员互帮互助绘制思维导图的形式来加强学生对名著阅读的理解。如《朝花夕拾》教学里可以抓住"温馨的回忆"和"理性的批判"这两个核心词语进行思维导图的绘制，将当中的人物、事件、情感以及对作者的影响在思维导图上呈现出来，使其一目了然。在小组合作绘制导图的过程中，充分地展现了学生在课堂中的主体地位，提高了学生的自主阅读能力，体现了团结协作精神，培育了学生的语文核心素养。

由此可见，在初中语文教学上，基于语文核心素养的培育是当前教学改革的关键。在语文核心素养的培育理念下，教师要重视提高名著阅读教学效果，通过关注学生的阅读能力培养情况，引导学生养成良好的阅读习惯。在实际的名著阅读课堂上，指导学生进行名著自主阅读，并开展相应的评价主题活动，创新名著阅读教学模式，以此逐步提高学生的阅读技巧和理解能力，提升语言建构和审美鉴赏能力，从而使语文核心素养得到切实培育，这对初中学生综合素质的全面发展有着不可或缺的积极意义。

参考文献

［1］张宗雄.核心素养理念下初中语文群文阅读教学策略［J］.甘肃教育，2021（21）：115-117.

［2］郑小瑜.核心素养前提下初中语文单元群文阅读教学模式探究［J］.语文教学通讯·D刊（学术刊），2021（10）：52-54.

［3］刘淑梅.多元开放 内外畅通 德智互动：对核心素养下初中语文阅读教学的探究与反思［J］.文理导航（上旬），2021（10）：12-13.

［4］杨果.核心素养下的初中语文名著阅读教学［J］.快乐阅读，2021（10）：32-33.

课例简析小学英语"三段式"阅读教学

阳江市江城区教师发展中心 肖美华

一、引言

《中国学生发展核心素养》的发布使如何培育学生的核心素养成为一个热点话题，阅读教学成为培养学生英语学科语言能力、学习能力、文化差异、思维品质的重要途径之一。不同版本的小学英语教材都有阅读板块，《义务教育英语课程标准（2011年版）》课程标准对一、二年级的阅读能力提出相应的要求。学生阅读能力的高低直接影响他们语言学习和运用能力，也关系着学生启发思维、开阔国际视野、培育人文素养，甚至可以影响他们以后的学习和生活。

二、小学英语阅读教学现象

然而，现阶段小学阶段英语阅读教学普遍存在两种现象。欠发达地区教师多是把篇章简单地肢解，机械化地进行单词、语法训练，学生不必通读全文，完成教师设计的选择、判断等类型题目即可。长期的这种"重语言轻意义"的教学现象完全制约了学生的思维发展，他们不知道如何分析篇章的内部联系，如何整体把握篇章，更无法形成缜密的逻辑思维能力。

与此同时，在一些发达地区的观摩课中，受核心素养概念、小学英语主题语境等概念的影响，教师在阅读教学中对文本意义的过度挖掘带来另一种倾向：教师有意识地关注语言学科的人文教育价值，反对单词、语法训练，致力于文本意义挖掘、思维培养、情感塑造等。教学实践中这种"重意义轻语言"的现象，明显忽视了对学生语言基础能力的训练。

我认为，小学阅读教学极左极右的倾向都有很大的局限性，教师需要厘清小学英语阅读教学的三重目的：通过课堂的阅读训练，提高学生的阅读理解能力，以获取更多的信息；通过阅读帮助学生巩固字词句，培养听说读写技能，学会处理词汇、语法等知识性问题；学会组织文本的信息，运用所学的词汇、语法的语言知识，与自己的思想进行互换更迭，进行合理的再造表达。阳江市江城第十三小学谭名快老师的一节常规阅读课中，处处预设伏笔，激发学生思维，使学生去思考，去预判，去深入了解不同文化，体现了阅读教学的三重目标，下文以此课例简析小学英语"三段式"阅读教学。

三、小学英语"三段式"阅读教学的课例简析

（1）课例内容：五年级下册Unit 6 Work quietly B Read and write。

（2）教学目标：

语言能力目标：

①学生熟练掌握用现在进行时来描述robot正在做的事情。

②学习Japan，Spain两个单词，以及Canada，China，Japan，Spain，the

USA对应的国家，Canadian，Chinese，Japanese，Spanish，American的读音及用法。最后学生会用这些词描述robot正在做某事。eg. The Canadian robot is drawing a picture.

③ 学生能模仿robot的声音、动作，进行角色扮演。

学习能力目标：

学生会读取图片信息，找到 How many robots do they see？ Where are the robots from？学生能摄取文字信息，找到并回答What's the robot doing？

文化意识目标：

了解China，Canada，Japan，Spain，the USA各个不同国家代表性的风土人情。

思维品质目标：

以Why the robot is ...？等问题提高学生思维的敏捷性、灵活性、创造性和批判性思维。

（3）教学流程以阅读前、阅读中、阅读后三个环节进行。

① 阅读前（Pre-reading）的语言输入阶段。

教师先呈现世界机器人展览这个情景，引出本节课的背景知识和主题，接着安排学生唱一首英文歌My friend robot，然后复习动词短语的现在分词的变形、看图说句子，这样设计以唱诵内容相关的歌曲热身，激发学生的兴趣，为Robin 的出场做好铺垫，也和本节课最后的问题首尾呼应。复习词汇为后面新课学习做好铺垫，以老朋友Robin切入本节课的主题，自然过渡到下一个情景。

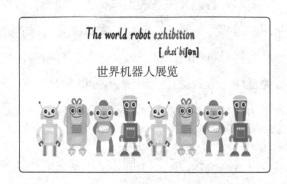

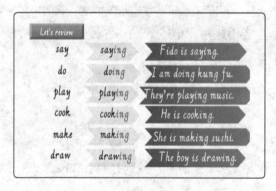

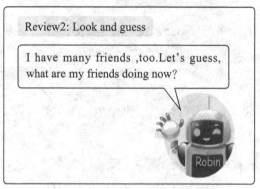

　　阅读前旨在呈现和学习完成任务所需要的语言知识，介绍任务的要求和实施任务的具体步骤，设计一些情景，介绍与本课有关的背景知识，同时引导学生对阅读内容进行预测，激发学生进一步阅读文章的兴趣，唤起其阅读欲望。通过文化背景知识导入，引导学生联想与阅读内容相关的已知信息。

　　教师可以组织学生开展以下几种阅读前活动：读图、谈图，用已有的知识和经验建构文本意义；让学生看标题、插图等预测阅读材料内容；读结尾想象整个故事，截取部分看似无关联的人或物进行预测，截取部分段落进行猜测；让学生介绍主题相关的经验；介绍相关的文化背景；介绍阅读材料中的主要人物和场景；将材料中的一些关键词按其在材料中出现的顺序呈现出来，并学习这些关键词，借助图片或实物学习和理解生词，通过上下文猜测生词，用phonics的方法学习生词或句子，扫除阅读障碍；头脑风暴，激活旧知识，引出新知识。

　　活动形式也可以灵活多样，根据不同年龄段学生的特征和喜好，通过英

文儿歌、律动、唱诵、游戏、全身反应法、日常报告、自由对话、头脑风暴
等形式开展，激发学生的学习热情，活跃课堂氛围，为接下来的教学活动做
好铺垫。

②阅读中的语言形成阶段。

接下来在阅读中环节，谭老师首先设计世界机器人展览关于Robin的故
事，引导学生分别认识和了解来自日本、加拿大、西班牙、中国、美国的不
同机器人，这个过程学习了不同国家的单词、了解不同国家的国旗、语言、
地理、食物等不同文化知识，开阔了学生的国际视野，培育了学生的开放性
和包容性素养。

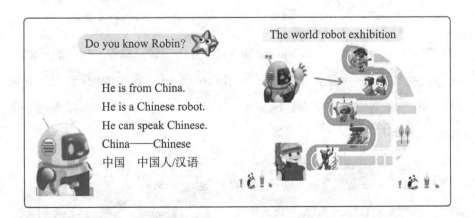

阅读中设计任务一：Read and choose：How many kinds of robots does
Robin see？在略读中感知文章大意。

阅读中设计任务二：Read and match：Read the story again and find out where are the robots from？在扫读中，找寻和理解文章的详细信息。

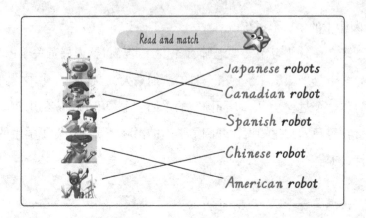

阅读中设计任务三：Fill in the blanks，并板书各个机器人当时的活动。在细读中深入理解文章，以Robin在world robot exhibition中参观遇到的不同国家的robot为主线，展开有趣的对话，以视频形式渗透不同的国家文化，提高学生的学习积极性。

阅读中设计任务四：帮助学生形成文章的思维导图，并有感情地朗读课文。

谭老师在阅读中的这个环节设计四个任务，通过听说训练、阅读训练，步步推进故事阅读教学。在阅读过程中，精心设计几个学习任务，以问题的形式让学生不断思考，理解文章大意，获取具体信息。在任务完成的过程中，层层推进故事情节，帮助学生学习理解新词汇和句型。同时，用不同国家机器人的不同习惯爱好体现不同的文化差异，从而培育学生学习能力、语言知识、思维品质和文化意识四个维度的综合素养。

阅读中环节旨在检查学生对语篇的理解，训练学生的阅读技巧，形成对阅读材料的写作思维导图。小学英语阅读教学阅读环节可以利用五步走的流程：第一遍阅读skimming，在略读中感知文章大意；第二遍阅读scanning，在扫读中，找寻和理解文章的详细信息；第三遍读read between the line，在细读中获取文章信息，深入理解文章；第四遍阅读 visualizing，帮助学生形成文章的思维导图；第五遍有感情朗读Read aloud with emotion，在朗读中体会文章的内涵。

阅读环节中可设计出数个小任务，学生以个人自主、同伴互助或小组合作形式完成各项任务。任务形式可以是配对、给阅读材料加标题、填表画图、判断正误、回答问题、排序、复述课文等。设计灵活多样的阅读形式，如有关破"谜语"、排列句子或段落顺序、快速阅读抢答比赛、带着问题听故事捕捉信息等活动。

③ 阅读后的语言输出阶段。

阅读教学继续推进中，到阅读后环节，谭老师设计的活动是retell the story 和Design and draw your own robot，由各小组向全班展示最终结果。复述环节在学生了解阅读材料的内容并熟练掌握了语言知识的情况下，让学生根据图片和板书的关键词语复述阅读材料的主要内容。学生通过故事的复述，进一步加强了对故事的理解，巩固了故事的内容。通过关键问题提示，为学生设计自己的robot提供发散思维，促进学生语言的输出。

Retell the story

Today we go to the world robot exhibition with Sarah and Robin. Look! The Canadian robot __is__ __drawing__ a picture. The Japanese robot __is__ __making__ sushi. Listen! The Spanish robot __is__ __playing__ music. Cool! Our Chinese robot __is__ __doing__ kung fu. What about the American robot? Yes, he is __learning__ kung fu.

We are very happy today!

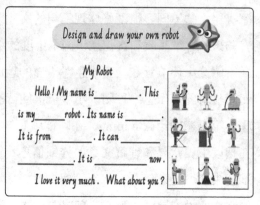

最后，用问题启发学生的思考，机器人会取代我们吗？学生通过头脑风暴开展激烈的讨论，最后得出结论：彼此间可以互助互推，做好自己，努力学习，共同发展。

阅读后阶段是巩固运用、拓展延伸所学知识的重要环节，旨在培养学生说和写的语言能力，旨在提高学生对阅读材料中的词句和语法等语言知识的吸收和运用，开展听说读写活动促进学生的想象力及交际能力的发展，把阅读和其他语言技能联系起来。

教学活动设计一些生动有趣、形式多样的活动、创建丰富的展示平台，激发学生的阅读兴趣，以达到内化语言的目的。如在学生阅读后，帮助其设计一些巩固或拓展任务，如补充或改写文章题目，答小记者问、充当啄木鸟医生判断教师提供的信息的正误并及时修改。根据文中所提供的信息，画出示意图，做小小信息登记员等。或者理解性活动如词汇练习、课文复述等；

运用型活动如角色扮演、讨论文章中观点；任务型活动如调查访问、设计海报、写倡议书或写信等。通过延伸品读拓展思维，通过拓展演读培养能力，通过课后研读培养习惯。

最后，教师可给学生布置适量的课外阅读作业，从而培养学生良好的自主阅读习惯和能力；可以设计需要通过阅读相关文章才能完成的写作任务，以达到"以写促读"的目的。大量的课外阅读可以开阔学生的视野，提升其综合素养。

四、结语

阅读教学的目标不仅在于教学生阅读，还在于让学生通过阅读学习和成长，依托学科内容，挖掘和教授语篇背后所要传达给学生的寓意，培养学生的语言能力、学习能力，引发学生思考，提高其思维品质，开阔其国际视野，扩展其文化意识。我认为，上述三段论阅读教学教师要因人而异，根据篇章内容而定，在每一环节创设情境，灵活安排教学活动，设计批判性、深刻性的问题，加强交际，以合作融合提高学生沟通、合作的学习能力，从而使阅读教学达到学科育人的目的。

参考文献

[1]王蕾，陈则航.中国中小学英语分级阅读标准（实验稿）[M].北京：外语教学与研究出版社，2016.

[2]赵婳娜，赵婷玉.《中国学生发展核心素养》发布[J].上海教育科研，2016（10）：85.

[3]中华人民共和国教育部.义务教育英语课程标准（2011年版）[M]北京：北京师范大学出版社，2012.

基于核心素养理念的初中物理学生实验操作教学策略

广东省阳江市江城区教师发展中心　彭崇生

　　义务教育物理课程是一门以实验为基础的自然科学课程，物理实验教学能有效地培育学生核心素养，而物理实验离不开实验操作。近年来各地区要求2023年以后将实验操作考核列入中考成绩，在实验设施、器材不足等客观现实下，初中物理教师要积极思考在实验教学中实施各种教学策略，提高学生的物理操作兴趣和操作能力，在实验教学中培养学生的科学态度和责任感，提高学生的整体核心素养。

一、创设情境，提高学生实验兴趣

　　兴趣是最好的老师，学生有了良好的物理学习兴趣，就有了学好物理的内在动力。青少年都有对周围事物、现象的好奇心，而义务教育物理课程又充分体现了"从生活走向物理，从物理走向社会"，身边处处有物理。教师应该利用教材或身边事例创设情境，引导学生动手操作实验，以提高学生物理学习、实验操作的兴趣。粤教沪科版物理八年级上册第一章《走进物理世界》，编者就是想通过本章的学习，除了让学生了解物理学就在身边，怎样学好物理外，更是安排了"测量长度和时间及应用""尝试科学探究"两节内容，正是利用学生的好奇心和求知欲，引导学生学会用实验解决问题。不少教师在教学本章时，采用传统教学方式，用刻度尺测量课本长宽作为学生实验。秒表读法，钟摆探究实验则以观看视频，或通过题海战术，达到所谓的教学效果，学生的物理学习兴趣就这样一点点地被扼杀了。2021年秋，我们要求课题组研究成员教师（省级课题"新中考背景下初中物理实验操作教学与评价研究"），采用除了课堂上开展测量课本长宽，课桌长宽高，课本纸张厚度，液体体积的测量等实验外，还以个人及小组活动的形式布置作业：识记自己的身上的"尺"（手指长宽、一庹长、一拃长、一步长等）；家庭常用用具（带来学校的水杯、碗、筷、书桌、床）的长宽高、杯口直径或周长、容积；拓展性实验，如在没有量筒的情况下，家里汤勺的容积等；家到学校的距离等实验，并要求有条件的学生将实验过程记录下来，与同学分享、交流。通过对比班实验教学发现，通过观察、动手实验获取生活经验和物理知识，学生学习物理的兴趣高涨，并迫切希望尽快有下一个实验项目，这种实验方式能在同学们面前展现自己。

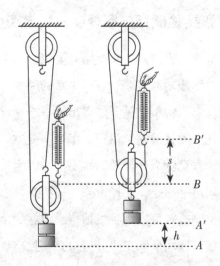

二、开展小组合作学习，提高学生实验效率

在日常教学过程中，根据学生个性及学生的学习成绩、兴趣特点、动手能力等综合因素，设置2人或3人的长期性实验小组，避免前后座位设立小组的随意性。只有在平常的学习、实验操作练习过程中，小组成员通过长期的交流、合作，形成默契，在实验操作过程中才能发挥作用。粤教沪科版九年级上册第十一章"测量滑轮组机械效率"实验，就充分体现了小组合作实验的重要性。首先组装滑轮组需要两人配合，一个同学固定动滑轮位置，另一同学穿绳，提升重物进行测量时，也要密切配合。一个同学拉弹簧测力计，另一个同学测量重物、弹簧测力计提升的高度，配合好的小

组，能在甲同学稳定弹簧测力计后，迅速记下重物、绳末端位置A，B，当甲同学匀速缓慢拉升重物至预设的A′时，及时记下绳末端B′位置，读出h，s。相反，小组同学配合得不好时，合作带来的是不便和困惑，不是穿绳不进是就绳穿在滑轮轴心上，在记录A，A′和B，B′位置时，在重物位置稳定时来不及记下来，反而在晃动中记下位置或强行将重物拉至某个位置。当配合好的小组完成了所有实验后，他们还在测量第一组实验。这就要求小组同学在认真理解实验原理、步骤的前提下，通过平时的合作学习、交流、分享，在实验前、实验过程中不断地交流、相互配合，高效地完成实验任务。

三、规范、细致实验操作，培养学生科学态度

实验操作必须规范、认真细致，实验结论要以事实为依据。要有克服困难的信心和决心，能总结成功的经验，分析失败的原因，体验战胜困难、解决问题的喜悦，严谨认真，实事求是。如果出现一步错误或者失误，所得出的结论就大不相同。在"测量滑轮组机械效率"实验中，由于在提升重物时要求匀速缓慢，才能让弹簧测力计读数保持不变，因为重物、弹簧测力计与刻度尺也很难保证在同一平面上，怎样做到匀速拉升？怎样准确记录重物、弹簧测力计移动的距离？教师可以用手机拍摄小组好的做法，出现错误的做法，将其在平台上展播，让同学们交流分析总结，找出最佳方法。比如可以先标记重物起始位置A，重物拉升位置A′，让刻度尺尽量靠近弹簧测力计，让弹簧测力计沿着竖直放置的刻度尺缓慢匀速拉升等。

科学态度还包含不迷信权威，敢于提出并坚持基于证据的个人见解，勇于放弃或修正不正确的观点。在一次某学校的教学视导中，一位教师要求学生测量一根棉线的直径，方法是在铅笔上缠绕20圈，测量20圈棉线的长度L，棉线的直径 $d=L/20$，在汇报、交流实验结果时，发现同一批次棉线，实验结果各不相同，教师以误差问题不了了之。正确的做法是，教师应该就实验结果不同，引导学生深入分析棉线受挤压时的形变，缠绕时是否重叠等原因，再分析减小误差的方法。通过每一次实验后的分享、交流、评估，优化实验，进而培养学生质疑、创新的意识。

四、鼓励学生进行实验方法的创新

传统的物理实验，大多是教师先进行演示，学生按照黑板上的实验步骤进行操作，得出实验结论。部分学生不预习，到了实验室，甚至对实验原理都不了解，生搬硬套教师的步骤，简单地完成实验，对实验不知所以然，把实验看成简单的作业，完成算数，使实验没有达到理解物理知识，验证物理规律，解决问题的目的。义务教育物理课程设置的实验，是根据《义务教育物理课程标准》，由编者精心设计的，都是具有代表性的，在学习完整章内容后，教师可以引导学生根据整个章节所学习的内容对实验的方法、器材、操作步骤等进行创新改进。这样既培养了学生创新思维能力，又将整个章节的知识点内容进行梳理，促使学生建构知识网络，使其学会学以致用，达到提升综合素养的目的。如在探究平面镜成像规律实验中，为什么可以用薄玻璃片替换平面镜？燃烧的蜡烛时间长了后变短，会影响实验效果，可以用什么替代呢？实验前可否在蜡烛和像的位置区域画线？对实验结果是否影响？每次实验时，教师针对实验操作方法要改进、创新的要点，给予学生部分提示，通过此类方法，不仅加深了学生对物理规律的理解，还增强了对实验操作方法、器材使用及操作步骤优化的信心，更有效地培养学生的创新意识。

五、拓展课外实验，丰富学生综合实践活动

青少年具有探索自然的好奇心和求知欲，喜欢模仿，好动。教师要善于利用学生的这一特点，提高学生的物理学习兴趣。《义务教育物理课程标准》要求中，有很多适合课外进行实验的探究活动，课外实验是物理教学的延伸和补充，让学生进行课外的生活化实验，利用生活中现有的简便素材进行趣味性实验，增强学生对物理知识的理解应用。学习了光的折射后，同学们都知道了，在岸上，看见水中鱼的位置比实际位置更浅。同样的道理，在岸边看见河水的深度比实际深度浅。但"浅"多少？视角浅与哪些因素有关？因为义务教育阶段物理课程对折射率及应用不做要求，这时我们可以安排小组课外探究实验活动，如家庭实验可以用桶、盆装水实验，分析视角深

浅程度与离水面距离有否关系？视角深浅程度与桶、盆的颜色有否关系？与观察者的视力有否关系？如何控制实验变量？为了获取更准确的数据信息，可以在任课教师或家长的陪同下，在游泳池中完成探究实验（深浅视差用实际深度1m，视角深度hm表述），通过这样的课外实验活动，将物理学知识与生活紧密联系起来，有效地促进了学生科学思维和科学探究的发展。

六、结语

义务教育物理作为自然科学课程，离不开实验，实验也是引导学生经历科学探究过程，学习科学研究方法，养成科学思维习惯，进而掌握学习的有效途径。在初中物理实验教学中，教师创设真实生活问题情景，激发学生的学习兴趣，通过动手、动脑充分调动学生的学习积极性；采取小组合作实验模式，培养学生合作、交流与分享能力；学生在理解实验原理，掌握实验步骤要领情况下，小组配合或独立完成实验操作，创新改进实验方法，从而提高物理实验教学质量，促进学生核心素养的发展。

参考文献

［1］中华人民共和国教育部.义务教育物理课程标准（2022年版）［M］.北京：北京师范大学出版社，2022.

［2］梁路明.浅谈初中物理实验操作指导有效策略［J］.求知导刊，2021（26）：62–63.

［3］丁建立.初中物理实验操作考试实施的问题与对策［J］.教育科学论坛，2018（28）：37–38.

［4］潘华青.初中物理实验操作能力表现性评价研究：基于PTA量表法的设计［J］.物理之友，2018，34（6）：10–12.

［5］谭鑫文.初中物理实验操作技能的培养及反思探究［J］.求知导刊，2019（51）：64–65.

［6］黄天君，王明，杨鹏腾.初中物理实验操作考试试题研究例谈［J］.物理通报，2020（2）：105–108.

在古诗词教学中培养审美素养

阳江市江城区教师发展中心　邓梅

古诗词是我国古典文化的精华，它的文学价值和人文精神都非常深远。因此部编版小学语文教材加大了古诗词的编排比例，从原来的80首增加到112首，旨在加强古诗词的学习和诵读，更好地传承中华优秀传统文化。充分引导学生感受古诗词的美，对提高学生的语文素养和人文底蕴，促进学生健康、积极向上的审美心理，形成良好的品质具有很大的推动作用。

一、联系背景，了解情感美

每首入选语文教材的古诗词都蕴含着丰富的情感，或者思念家乡，或者怀念亲朋，或者浓浓的民族大义，或者爱国情怀，或为社稷苍生立下的远大抱负等，这些都是小学生最需要去培养和熏陶的情感品质。作品是诗人处于什么情况下写出来的呢？当时的心境又是怎样体现在作品中的？这需要教师联系创作背景和课外拓展引导学生进一步去体会古诗。如李老师教学纳兰性德的《长相思》时，先介绍写作背景，再引导学生反复诵读诗句"聒碎乡心梦不成，故园无此声。"让学生体验诗人行军的艰辛，感悟诗人对故园、对亲人的相思之情。又如王老师在教学陆游的《示儿》时，她介绍这是陆游的绝笔诗，是诗人临终前的遗言，他在生命的弥留之际惦记的不是个人的安危，而是祖国还未能收复的失地，让学生更好地了解和感受到诗人深深的遗憾和强烈的爱国之情。这种心系国家的爱国情怀和拳拳的赤子之心值得后人学习。

二、咬文嚼字，品味语言美

古诗词是诗人感情和心境的真实写照，简单的语言背后包含着丰富的意义。正如宋代诗人王安石离乡时所写的《泊船瓜洲》那样，表达了诗人对故乡的思念。"春风又绿江南岸"的"绿"字是点眼之笔。那么，怎样才能让学生感受到这个字独特的魅力呢。在这一环节的教学中，陈老师首先引导学生，从"绿"字着手，请学生试着换成其他字，如"入""满""到""过"等字。通过比较，学生所换的几个字只是从风的角度描绘出来的情景，模模糊糊，语句显得直白，读起来相形见绌。为什么要用"绿"字呢？通过对比发现，原来"绿"字让人眼前明亮，从风吹过后产生的奇妙效果着手，把看不见的春风变成鲜明的视觉形象，一下子，一句诗整体充满了春天的气息。而且，陈老师还通过跟学生讲诗人推敲"绿"字的故事，加深了学生对诗人的了解，也更感受到诗人用字的准确性了。

又如在教学宋代诗人林升《题临安邸》中的诗句"暖风熏得游人醉"时，可采用对比阅读的方式，提出问题：为什么在诗句中的"熏"不可以变成"吹"呢？通过学生的思考探究，他们会发现，"熏"字本来是指物体染上气味的意思，这时学生便会联系前文"西湖歌舞几时休"的娱乐氛围，体会"熏"字所表达出统治阶级们贪图享乐氛围的浓厚感，而"吹"字并没有这样的表达效果。

"吟安一个字，捻断数茎须。"作诗炼句的艰辛可见一斑。通过咬文嚼字法，可让学生自己尝试，在思考辨别中体会诗人用字的精练和准确，能更好地发扬学生的探究精神和培养其想象能力，从而感受到古诗词的语言美。

三、创设情境，体会意境美

古诗词作为艺术形式之一，它融音乐美、书画美、意境美于一体，每一首都蕴含着诗人丰富的情感，营造了情景交融的审美意境，它是通过语言在主体心中直接唤起审美意象的。教学时，为了让学生感受诗词的魅力，能使学生融入诗歌的美妙意境中，教师可创设情境，引导学生去掌握意象，体会诗词的意境美。例如在教学《春晓》时，李老师是这样创设情境的：她首先描述"同学们，'一年之计在于春'，你们喜欢春天吗？瞧，春天姐姐悄悄地来了，她多美呀！她给我们带来了什么礼物呢？"接着一边播放春天美景的视频，一边说"阳光和煦，小草变青了，小树变绿了，小花绽开了笑脸，小鸟叽叽喳喳地歌唱，小动物们出来活动了，真热闹。多么诱人的春光啊！"一下子就将学生注意力吸引到那个春回大地、万物复苏的季节里，激发了学生喜爱春天的情绪，使其全身心投入美好的意境中。

又比如，陈老师在一次公开课中，在教学杜牧《山行》的诗句"停车坐爱枫林晚，霜叶红于二月花。"时，作为南方的学生，他们极少体验过分明的四季，甚少见过枫树和枫叶。她适时展示几张关于枫叶或红枫林的图片，让学生化抽象为直观，能更好地体会当时诗人眼中与红霞交相辉映的枫林究竟有多美。在理解整首诗的情感时，她运用多媒体呈现了这样的一幅画面：在云雾缭绕的树林间，有一条弯弯曲曲的小径直通深山，隐约有几户人家，满眼秋意，让人无限遐想。"寒山、石径、白云、枫林、人家"这是一幅多么迷人的秋景图呀，置身期间，让人流连忘返。这种情境创设法犹如一把金钥匙，开启了学生理解诗词的大门，使学生在欣赏画面中对诗句进行想象，感受诗文的意蕴，丰富了学生的内心视像，给学生带来令人愉悦的审美感。

四、诗画结合，欣赏画面美

宋代文学家张舜民说："诗是无形画，画是有形诗。"可见古诗的特点是诗中有画，一首诗往往就是一幅山水画，一幅田园风光图。教学时，教师可以图文结合，充分引导学生展开想象，加深对诗的理解。如王老师在教学杜甫《绝句》中"两个黄鹂鸣翠柳，一行白鹭上青天"一句时，她先让学生反复诵读，然后提问：这两句诗描写了哪些景物？这些景物是什么颜色的？让学生带着问题画一画，一会儿，学生就呈现出了一幅幅色彩明艳，有黄鹂、翠柳、白鹭、青天的图画。短短的两句诗，学生在动手作画的过程中加深了对诗的理解与感悟。苏轼曾评价王维："观摩诘之画，画中有诗；味摩诘之诗，诗中有画。"看来，教学时抓住古诗词"诗中有画"的特点，能唤起学生丰富的联想，使其可以感受到其语言的美。像古诗《小儿垂钓》中生动的细节描写，写出了孩子专注钓鱼的场面，体现了孩子认真的态度和天真无邪的童心。上课的时候，王老师按照诗意，采用简笔画的形式勾画出孩子的垂钓画面，学生通过简洁的画面，一下就明白了：原来画面里的"蓬头稚子"年龄不大，但孩子的心却纤细，"莓苔""草映身"反映出他选择了一个偏僻安静的地方进行垂钓。钓鱼时，孩子专注的样子真是让人忍俊不禁。接着，王老师让学生尝试学一学、演一演孩子"遥招手"的样子，学生通过认真思考、尝试模仿，孩子着急的样子瞬间从抽象的文字变成了灵动的文字。孩子天真活泼的形象鲜明起来了，这种教学模式激发了学生丰富的想象力和美感。

五、诵读感悟，感受音韵美

"读书百遍，其义自见"，诵读感悟，能再现诗的意境，能更好地引导学生体会诗的含义与感情。因此在学生理解诗的内容的基础上要重视诵读，应注意诗的感情基调和节奏，教给学生诵读的方法，让学生在读中感悟古诗词表达的情感，在读中感受古诗词的音韵美。如王之涣的《登鹳雀楼》，选编在统编版二年级上册，此诗景象壮阔，气势雄浑。教学中，李老师引导学生按图索骥，入境品诗、读中升华。在指导学生朗读第一句诗"白日依山尽"时，她先引导学生观看日落西山的动画，再启发学生思考"太阳是'扑通'一声落下去的吗？"进而读出缓慢的、不舍的节奏和情感。在指导学生朗读第二句诗"黄河入海流"时，她结合黄河入海的画面引导学生感受黄河波涛汹涌、滚滚向前的景象，引导学生读出奔流不息、意犹未尽的节奏和气势。在指导学生朗读最后两句诗"欲穷千里目，更上一层楼"时，重点抓住"穷""更"等字，理解诗人登高望远的豪迈情感，用稍为高昂饱满的语调，读出诗人不凡的胸襟抱负，读出诗人积极向上的进取精神。这样的朗读抑扬顿挫，很好地读出了诗的节奏感，在反复地朗读中，情到深处，学生的感情自然地与作者的感情产生共鸣，诗的韵味也就出来了。

古诗词蕴含着丰富的情感，能激起学生对美的向往和追求，对学生审美素养的培养具有很好的推动作用。在教学过程中，教师可根据小学生的年龄特点和古诗词教学的要求，引导学生充分感受文字本身的魅力，感受中国诗词文化的博大精深，意蕴深远，使他们在古诗词的浸润中，不断积累和提高诗词理解能力，不断受到美好感情的熏陶。

参考文献

[1] 周骏.品味古诗词的语言美［J］.小学语文教学，2021（6）：49.

[2] 孟强.深入字里行间，发现诗词之美［J］.小学语文教学，2021（6）：52.

统编小学语文教科书革命文化内容的教学策略

——以统编小学语文六年级上册第二单元教学为例

阳江市江城区教师发展中心　邓梅

《义务教育语文课程标准（2022年版）》指出："语文课程应通过优秀文化的熏陶感染，激发和培育学生热爱祖国语文的思想感情。进一步提高学生的思想道德修养和审美情趣，使学生逐步形成良好的个性和健全的人格，从而促进美德、智、体、美诸方面的和谐发展。"教育部印发的《革命传统进中小学课程教材指南》也指出："对中小学生进行革命传统教育，植入红色基因，是贯彻党的教育方针、落实立德树人根本任务的需要。"习近平总书记高度重视红色文化的传承，多次强调要用好红色资源，传承好红色基因，在学校里，我们要引领学生们重温共产党的伟大历程，赓续中国红色血脉，厚植学生的爱国主义情感，培育肩负中华民族宏伟崛起大任的当代新人。

语文学科的特性决定了它是落实革命传统教育的重要课程，在传承和弘扬革命文化中发挥重要作用。语文学科注重通过文学作品感染他人，以达到陶冶性情的目的，"文以载道"，挖掘文章的主旨传播革命精神，激发学生的爱国主义情怀，这些都通过语文课堂教学活动得以实现。下面以统编版六年级上册第二单元的教学为例，谈谈"重温革命岁月"这类文本的教学策略。

一、借助资料，了解文化背景

历史是最好的教科书。部编版六年级语文上册第二单元以"革命岁月"为主题，精选了《七律·长征》《狼牙山五壮士》《开国大典》《灯光》《我的战友邱少云》五篇课文，旨在引导学生感受革命者英勇斗争、不怕牺牲的革命英雄主义和积极向上的革命乐观主义精神。由于革命英雄人物事迹距今时间较久远，现代学生，特别是小学生对革命历史了解甚少，对英雄人物较为生疏。我们可以在课前借助影视、资料、插图等丰富历史背景，帮助学生学习。

1. 借助影视资源，拉近情感距离

由于这类课文距离学生生活的年代较为久远，学生很难产生共情，因此，在教学中，我们得想方设法为文本和学生之间搭建桥梁，缩小他们之间的距离。其中播放影视资料是一种很好的做法，教师可以借助影视资源的冲击，来激发学生的阅读兴趣，拉近学生与文本的情感距离。尤其近几年来，革命历史题材影视作品百花齐放，制作精良，得到越来越多年轻观众的喜爱。

比如，教学《七律·长征》一课，这是有关长征的经典名篇，是毛泽东主席写的一首记叙二万五千里长征这一震惊全球的历史事件的革命史诗。如果无一定的情境代入感，学生无法感受到红军战士的大无畏气概和革命乐观主义精神。教师可以播放《巧渡金沙江》和《飞夺泸定桥》等视频，帮助学生回忆长征中的烽火岁月。通过描述五岭和乌蒙山的地形地势，让学生感知到翻山的难。通过讲述《巧渡金沙江》《飞夺泸定桥》的历史故事，让学生体会这些困难的程度，再突出红军的不怕和不畏，从而体会到红军将士的乐观与伟大。

2. 借助资料，深入理解内容

革命传统题材课文一般以特定历史时期的英雄人物、事件为材料，小学

生由于欠缺历史知识，在文章的理解和课文内容的把握上存在一定的难度。六年级下册中，提出了"查找相关资料，加深对课文结构的了解"的语文教学要素。可见，资料的查阅补充对学习革命传统题材课文具有重要性。例如在《狼牙山五壮士》的学习过程中，为使学生更深刻地感受到百姓对日本侵略者的仇恨，教师们可以提供部分历史数据。通过历史数据，学生们对日本侵略军的暴行有了更具体的认识，有效地激发了他们的爱国情怀。而在感受五壮士的英雄气概时，可再补充幸存战士葛振林的采访文稿，让学生进一步了解五壮士英勇跳崖的坚定选择，从而感受五壮士宁死不屈、忠于祖国的精神。

3. 借助插图，洞察人物内心

文本中的插图是帮助学生理解内容的重要材料。教学中，教师要引导学生细致地观察，穿插关于插图资料的讲解，使学生进入文本，激发其情感。如《我的战友邱少云》中配有插图，图中的邱少云正在执行潜伏任务，为不暴露目标，任凭烈火烧焦全身，也一动不动，他的双手深深插入泥土里，身体紧紧地贴着地面，目光坚毅。教学时可引导学生观察、想象：烈火烧身却一点都不能动，这是一种怎样的煎熬？这需要多大的忍耐力和坚强的意志力呀。让我们不禁对这位在抗美援朝战场上的志愿军肃然起敬。

又如《狼牙山五壮士》课文中的插图，它抓住了五位壮士跳崖前的瞬间动态，用粗犷的笔触，把人物和太行山的造型结合为一体，把五位壮士坚强威严、气壮山河的伟大气概表现得酣畅淋漓，悲壮中透出一股大义凛然之气。上课时引导学生仔细地观察，更容易让他们身临其境，洞察到壮士们大无畏的英雄气概。

二、品味语言，感知人物形象

描写革命传统文化的课文通常是抓住语言、动作、神态、心理等细节来体现人物的精神品质。在教学中，要抓住这些细节的关键字词进行细细品读，探究文本字里行间所表达的深刻内涵，感受人物的高尚品质，从而受到情感熏陶，升华思想。如《狼牙山五壮士》，课文通过语言、动作、神态描写，充分展示了五壮士视死如归的英勇气概。为了让学生理解、体会五壮士的英勇行为，可引导学生通过品味"沉着""狠狠""怒火""浑身的力气""脸绷得紧紧的""全神贯注""斩钉截铁""昂首挺胸"等描写战士们英勇杀敌、顽强机智引敌人上山及最后时刻不怕牺牲精神的词语，学生才能够更好地理解五壮士的革命精神和斗争态度。再如在《灯光》一课教学中，当学生通过初读整体了解文章内涵后，教师可提出课文中"憧憬""千钧一发""点燃"等重点词汇让学生研读，在品味"千钧一发"一词时，教师可问"千钧一发的时刻"指哪个时候呢？先让学生找到相应的句子，再读一读，然后指导学生补充句子，从而感悟生死攸关、命悬一线的危急时刻，感受郝副营长的不怕牺牲的精神。还可把文中三个"多好啊！"加以品读，既能使学生了解郝副营长为梦想而牺牲的伟大品德，又能促使学生了解今天的美好生活来之艰辛。

三、激情朗读，感悟革命情怀

朗读是学习革命教育类课文中非常重要的环节，学生在入情入境的朗读中能更好地感悟革命家的情怀，可以强化学生对教材中红色文化教学内容的理解与体会。如《开国大典》一课记叙了中华人民共和国成立时，隆重举行的大典盛况。这一课的教学应以朗读为主要形式。教师让学生以齐读、个别读、配乐朗读等方式感触课文所抒发出的感情，再联合课文的场面描述，指引学生展开想象，重现隆重盛大的开国大典，在读中感受现场热烈的氛围以及群众激情、澎湃的心情，在读中感受毛主席的伟人风采，体会人民为中华人民共和国的诞生感受激动、美好的情感，增强学生的民族自豪感。

再如在《七律·长征》的课堂教学中，指导朗读中可配合适当的音乐，引导学生对诗歌进行激情诵读，让他们边诵读诗歌边联想文中红军部队长征时的场景，感受中国红军战士的革命乐观精神和"更喜岷山千里雪，三军过后尽开颜"充满喜悦的战斗豪情，使他们在诵读时产生自豪感和崇敬感，对继续培育他们的爱国主义情感有着很大的教育作用。这种通过声情并茂的朗读调动学生情感的教学方式，成为爱国主义教育更直接、有效的方式。

四、读写结合，落实语文要素

统编版教材编排特点是双线组织单元，这就要求教学时要双条线一齐走，既要落实"人文素养"，又要落实"语文要素"，达到语文的人文性与工具性的相互统一。统编版六年级上册第二单元的语文要素是"了解文章是怎样点面结合写场面的，尝试运用点面结合的写法记一次活动。"因此，教师在本单元的教学中要处理好课文整体学习和落实语文要素的关系，学习文本的表达方式。

如《开国大典》，这篇文章多处运用了点面结合的方法，起到了层次分明、井然有序地突出重点的作用，字里行间给人气势恢宏、气氛热烈的感受。学生在初读课文后，对文章的脉络以及开国大典的隆重和盛大有了初步的整体感知。接着教师可选取点面结合的方法来引导学生展开分析，重点聚焦对阅兵式场面的描写，这一描写的"面"是检阅队伍缓缓进场，"点"是其中各个检阅部队。让学生抓住"齐步前进""横列前进""挺着胸膛""钢铁巨人""相同的距离"等词语，感受活动场面的庄严与肃穆，以及战士们饱满的精神状态。又如《狼牙山五壮士》，既描述了五壮士的群体形象，又详细地刻画好每一个人，课后可让学生关注这样的写法，并运用这种方法去写一些"学校的一次集体活动"。"课内学法，课外运用"，这样引导学生读写结合，能更好提升学生的写作素养。

五、拓展实践，传承革命精神

阅读革命故事能够唤起学生对英雄的敬仰，满足学生的英雄情节，但想要实现革命传统教育，这远远不够。教育的延伸可以用文字的形式写下自己的读后感，让学生的心灵受到冲击与洗礼，更能达到教育的目的。还可以带领学生一同进行丰富的实践活动，接受革命文化精神的熏陶与感染，从而提高素养，养成高贵的品质。比如，在班级中组织"讲红色故事，传承红色基因"的演讲比赛，教师引导学生们以个性化的表达方式将红色故事表演出来，可以是个人表演的形式，也可以是小组合作的形式，将英雄形象、英雄故事演绎给观众。这样一来，既能够让学生们全身心地参与，又能够真正让革命文化精神照亮学生的心田。

本地爱国主义资源也是进行革命传统教育的一个很好的补充、拓展。讲述完这类课文后，我们可以安排学生课后向爷爷奶奶、外公外婆等老一辈了解革命英雄事迹，如本地抗日英雄邓水生、谭葆英等事迹。或者利用清明节到当地革命烈士纪念碑开展扫墓活动，让学生追随革命者的足迹，体验革命者的情怀，以此表达对革命英雄的追思和敬意。这些资源作为拓展延伸，不仅丰富课堂，还拉近了学生与历史的距离，学生在实践中感受革命传统，教育意义更大。

革命传统文化是中国共产党宝贵的精神财富，是我国发展史上的瑰宝。统编教材需要在小学语文中大幅度地增加革命传统文化的内容，这些内容正是新时代教育教学的发展需要，能让孩子们铭记历史，不忘初心，传承革命的优良传统。因此，在教学中教师要有目的地让学生了解历史，知晓过去，这样学生才能感同身受，从内心深处产生向善的力量，促进价值观的重组和建立。我们要紧扣"红色传承"这个教学理念，渗透传统革命文化，在把课文知识传授给学生的同时，也让学生接受爱国主义教育。

参考文献

[1] 中华人民共和国教育部. 义务教育语文课程标准（2022年版）[M]. 北京：北京师范大学出版社，2022.

[2] 中华人民共和国教育部. 革命传统进中小学课程教材指南 [EB/OL]. （2021-01-19）http://www.moe.gov.cn/srcsite/A26/s8001/202102/t20210203_512359.html

[3] 郑腾雁. 革命文化题材单元的教学价值与具体实施：以六年级上册第二单元为例 [J]. 语文教学通讯，2021，（7）：159-162.

[4] 虞大明，胡怡涵. 革命文化题材课文教学如何创建"情感场"：以《狼牙山五壮士》教学为例 [J]. 小学语文教学，2021（Z1）.

［5］王美莹，靳晓燕，耿建扩，王斯敏.画中英雄气，凛然壮山河［N］.光明日报，2021-06-23（8）.

［6］中华人民共和国教育部.义务教育教科书语文六年级上册［M］.北京：人民教育出版社，2021.

初中生心理健康教育路径探析

阳江市江城区教师发展中心　赵薇

初中生正处在身心转变的关键时期，他们的思想独立性和批判能力得到了明显的发展，他们不满足单一的学习方式和已有的结论，但他们的思想还不够成熟，因而容易产生心理不适。在意志上，尽管他们克服困难的意识较小学阶段增强了，但是抵抗挫折的能力却还没有得到锻炼，一旦遭遇了真正的困难，心理上就会承受不住而放弃。情感上，初中生的人生价值观、价值观不够成熟，对事情、对人有偏见，情感不能很好地控制，容易冲动。这些都是初中生的心理特征，因此，在教学中，教师除了注重课本知识外，还应该注意学生的心理状况。

一、构建和谐的师生关系，打通初中生交流学习成长的通道

心理健康教育的重要手段是交流，只有通过有效的交流，才能真正地理解和了解学生的心理困境，从而有针对性地进行教育和引导，使心理问题得到有效的解决。有相当部分初中学生对心理健康教育的认知有一定的偏见，认为咨询心理问题、接受心理健康教育的人必然是心理不健康、危险的群体。事实上，对初中生进行心理健康教育，目的在于帮助学生克服心理困境，培养健康、坚强、积极向上的心态，以良好的心态去应对和解决问题。只有这样，学生们才能放下芥蒂，接纳和了解心理健康教育，才能在遇到问

题的时候，敢于敞开心扉，愿意接受别人的帮助解决自己的问题。因此，教师必须与学生建立起良好的师生关系。关系建立了，就能很好地交流。和谐的师生关系可以让学生对教师产生更多的信赖，并且愿意主动地向教师倾诉自己的问题，这样，教师就可以掌握学生的心理倾向，学生更容易接受教师的意见，走出心理阴影，形成一种积极的心态。因此，教师应重视与学生之间建立的良好关系，让同学们爱自己，愿意和自己做朋友，从而为实施心理健康教育创造一个好的关系模式，更好地实施心理健康教育。

二、积极关注辅导引导新生，增强新生对初中学习生活的适应性

初中生入学初期，很多学生还没有适应新的初中生活，他们的情感会有所变化，出现心理适应性问题。学生适应新的生活是一个很长的过程，教师要细心、耐心地帮助他们稳定自己的情绪，同时也要采取一些措施，多关注，多关心，多鼓励，帮助他们形成一个良好的学习和生活方式，让他们更快地适应新的生活，为他们创造一个更好的教育环境，为他们的心理健康打下良好的基础。

三、组织多种形式的艺体活动，帮助初中生养成良好的积极心态

《广东省中小学心理健康教育指导纲要》规定了心理健康教育有别于其他的教学活动，它是以学生的心理活动为导向的教育，它要求学生具备一定的心理健康知识，并能学会自我调整。前者可以帮助学生理解知识，后者需要引导学生亲身经历，使他们更好地感受各种心理，培养更强大的精神品质，并能有效地调整自己的情绪。所以，开展团体心理辅导和群体心理咨询是非常有必要的。小组心理咨询活动的主体是群体心理游戏，让学生参与到体验活动中去。在体验活动的过程中，学生会有情绪，会感动，会有矛盾，会有思考，会有自我探索，会得到成长。教师可以为学生提供各种不同的活动方式，例如角色扮演、影视欣赏、实地考察、分享自己的经历。采用群体

心理辅导方式进行心理健康教育，比传统的说教式心理疏导要好得多，对初中生的心理建设也有较大的促进作用。

四、创设挑战性情境，强化初中生团结协作意识和心理抗压能力

初中生心理问题的根源并非来自困难与挫折，而是因为他们没有以正确的心态去对待问题。每个人在遇到挫折时的反应都不一样，当你做出正确的回应时，你就会在逆境中变得更好，否则就会变得沮丧。比如，组织心理咨询，鼓励学生勇于面对困难。具体的教学方式为：集体跳绳，一开始的时候，学生们会很感兴趣，但是集体跳绳可不是简单的活动，因为很多学生在比赛中输了太多次，情绪低落，所以教师要给他们一些鼓励，让他们敢于直面困难，只要他们肯努力，他们就一定会成功。这种具有挑战性的团体活动，既能激发学生的战斗意志，又能训练他们的意志，培养他们坚韧不拔的品质，增强他们的挫折应对意识和能力。

五、开设网络心理健康活动课程，加强初中生心理健康教育

首先，需要在教育部门的共同努力下，更新思想品德课程的内容，将网络文明、网络道德等加入课程中。在资源允许的情况下，在提高学校的思想品德教育的同时，需要开设网络心理健康课程，让学生在学习思想品德课程的基础上，树立正确的网络道德观，在学生网络成瘾之前及时地教育引导学生，不断地增强学生的责任意识和道德法律意识，激发学生学习的欲望。

其次，学校通过多种方式对中学生的心理健康进行调查，只有在调查了之后才能根据学生的具体行为对其进行及时的指导，设立专门的心理咨询和辅导课程，避免学生形成网瘾，引导学生形成健康的心理。

最后，创办心理健康刊物，指导学生建立健康知识社团，加强学生之间的交流，帮助学生走出网络困境，促进学生心理健康成长。

六、科学有效地构建出完善的初中生心理健康教育工作机制

开展心理健康教育是由于新时代发展的客观要求所决定的，因此，及时有效地建立科学的工作机制，是非常有必要的。

一是要建立心理健康教育测评体系，规划出与我国社会主义现实条件相符合、同时适应当代中国初中生心理健康素质的测评标准，要仔细开展组织测评工作。建立初中生心理健康素质跟踪档案，提高教育的目的性、针对性和工作的预期性和预见性。

二是建立对心理健康问题的防范和处理干预体系，做到早发现、早处理，科学有序地处理因心理存在严重障碍引发的自杀或者是损害他人的事件。

三是要因地制宜，完善心理健康教育工作的体系，根据学生教育工作的不同系统设立不同的部门，配备与此相适应的专业咨询员，分工有效地负责起初中生心理健康教育的开展和心理咨询的工作，促成课内常识教育与课外实践活动、理论教育与实践指导、外部咨询与内部自助相联系的心理健康教育工作机制。

近年来，初中生的心理健康问题越来越受到社会和教育界的高度重视，初中教师在进行学科知识教育的同时，也应该更加重视学生的心理健康问题。要从现实出发，科学地实施心理健康教育，不断地调整自己的教学方式，以帮助学生更好地认识自己，正确地对待自己的心理问题，从而更好地促进心理健康的发展。

参考文献

[1] 李有文.初中心理健康教育工作有效开展的策略探析 [J].百科论坛电子杂志，2020（3）：377.

[2] 熊荣.浅谈初中心理健康教育工作的开展策略 [J].山海经：教育前沿，2020（9）：1.

巧用信息技术方式，提升德育教育质量

阳江市江城区教师发展中心　陈世光

　　德育教育是学校教育的重要内容，是加强未成年人思想道德建设的重要途径。反思以往的德育教育，它过于形式化，德育教育的质量不高。随着信息技术教学方式的广泛应用，它为德育教育提供了难得的发展机遇。随着"双减"政策深入落地实施，德育教育要不断改革创新和优化提质，信息技术教育手段正好契合"双减"政策，可以优化德育教育课堂，有利于改变传统的"说教"教育、引导学生回顾生活、营造良好德育教育课堂氛围，将抽象的德育教育变得更加具体、形象和有趣味性，激发学生对德育课堂的兴趣，不断提升德育教育的效果。

一、巧用信息技术教学，改变传统的"说教"教育

　　兴趣是学习最好的老师，无论在任何课堂教学中，只要激发了学生对德育教育的兴趣，就能提高德育教育的效果，但是传统的德育教育基本上都是千篇一律的"说教"方式，教师通常是给学生说一大堆的道理，课堂枯燥无味，学生根本听不进去，严重影响了德育教育的质量。在课题研究过程中，我曾经对30名学生进行了调查，只有25%学生认为知识的接收主要是来自听觉，75%的学生认为来自视觉、听觉及触觉等。信息技术教学整合了视频、音频、图文等，可以很好地调动视觉、听觉及触觉，提高知识接收的效率。因此，德育教育要改变传统的"说教"方式中的"思想灌输"教学方法，通过信息技术的教育方式，将德育教育的内容与图文声像巧妙地融合为一体，并展现出来，将德育教育内容融入其中，这样学生就更容易接受德育教育，培养其良好的道德素养。如通过信息技术手段播放抗战题材、新时期国家建

设题材、情感教育类题材、公益类短片教育题材等，比如与"建党""长征""中华人民共和国成立""雷锋""女排女足""航天"等相关的短视频，让学生在观看视频影像时感受老一辈革命先烈的精神、感受新时期各个平凡英雄的感人事迹、坚强意志、牺牲精神、奉献精神等，引导学生领略和欣赏到生活中的高品质榜样，激发学生将各个榜样作为模范，潜移默化地培养自己的良好品质。因此，在德育教育过程中充分运用信息技术教学，能将枯燥的德育教育转变为形象生动的影像教育，能积极调动学生对德育教育的兴趣，并在学生观看和欣赏的过程中起到潜移默化的作用，培养自己良好的德育品质。

二、巧用信息技术教学，实现德育教育与生活相融合

德育来源于生活，但是又回归到生活。人的良好德育就是在生活点滴中展现和体现出来的。所以，如果德育教育不接地气，不贴近生活，这样的德育教育课堂就必然是空洞抽象、枯燥无味的，脱离学生生活实践体验的德育，难以引起学生的情感共鸣，德育教育的效果也将"事倍功半"。初中德育教育担负着促进学生德育发展的重要任务。新课标下，德育教育的基本理念是一种生活德育教育的理念。传统的德育教育都是教师给学生讲大道理，灌输大道理，这样的课程就显得非常枯燥，学生反而听不进去，因为"大道理"本来就是抽象的东西，缺乏生活味道，这样德育教育的效果是极微的。如果运用信息技术的教育方式，融图、文、声、像于一体，可以是音乐，可以是视频，还可以是幻灯片，可以创造不同的德育教育场景，播放德育教育的感人故事等，这样德育教育就更加具体化，回归学生的生活实际，激发学生的兴趣，引导学生发挥主动性，自觉搜寻自己希望获得的知识，主动挖掘问题，最后主动探讨解决问题，最终达到德育教育的目的。如可以结合6月5日世界环境日，加强对学生环境保护意识的培养。教师可以阳江的母亲河——漠阳江为案例，收集漠阳江相关的视频、照片、环保志愿者保护漠阳江的做法等，通过信息技术手段将收集的资料制作成视频，这样的视频能让学生更加直观形象全面地了解漠阳江，认识到漠阳

江是养育300万阳江人的母亲河；通过播放漠阳江被生活垃圾、工业污水污染的视频，使学生了解经济发展和人类不文明行为对漠阳江带来的不良影响，然后通过对比两个截然不同的视频，告诉学生这样的事实：如果大家都不爱护环境，缺乏保护环境的意识，就会对母亲河造成污染和破坏，这其实就是破坏我们的生命之源，引导学生认识到保护环境、保护母亲河的重要性，从而规范学生生活中的行为，培养学生爱护环境、保护环境的意识，引导学生保护环境要从"我"做起，从身边做起。因此，在德育教育中要充分运用信息技术教学，通过播放视频或者图片，能够使学生回归到现实生活中，使抽象的德育教育更具体化，在润物细无声中进行教育，更具有实效性。

三、巧用信息技术教学，营造良好的德育教育课堂氛围

传统的德育教育方式比较枯燥，一般情况下都是老师在讲，学生在听，偶尔会穿插讨论或者辩论的方式，这对学生来说并没有多大的吸引力，主要是一些表达能力好的学生参与其中，而那些不愿意说话、不敢在公开场所发言的学生常常不参与，另外一些学习成绩不好的学生因为不自信也不愿参与进来，难以取得良好的德育教育教学效果。而信息技术教学手段融合了文字、声音、图片、动画等，学生可以通过视觉、听觉、触觉等多角度来感知德育教育内容，德育教学课堂变得更加轻松，有趣味性，进一步激发学生学习兴趣，调动学生学习的主动性，实现师生之间的良好互动。学生主动寻找问题、探讨问题和解决问题，在这个主动参与学习的过程中，达到德育培养的目的。如在培养学生爱家爱国情怀的德育教育主题课上，可以制作《谁不说俺家乡好》一课，本课内容主要使用PPT中图文并排、超级链接的功能来制作介绍阳江市鸳鸯湖公园、金山植物公园美丽风景的幻灯片，以此来培养学生的创新意识，激发学生热爱家乡的情感。在实际教学中，可做一些相关的补充和调整，让学生通过网上查找、收集资料等手段找到自己感兴趣的旅游景点，并且下载文字与图片，然后将其整理成一组介绍景点的幻灯片，并且要求学生自己当导游声情并茂地对景点进行介绍，这样就实现了课堂的良

好互动。这样的活动不仅培养了学生善于动手、善于思考的品质，还让学生对自己家乡有了更深的了解，激发和培养了学生对自己家乡的热爱之情，实现德育教育课堂的互动，大大提高学生的参与度，有利于提高德育教育的实效性，培养了学生自信。

又比如德育教育班会课以"初中生早恋问题"为主题，采用信息技术教学的方式先收集一些关于"初中生早恋"的例子，并将其制作成视频，以实例来反映初中生早恋对学习、心理造成的影响，然后采用更加开放的形式，让学生根据视频案例进行分组讨论、交流和辩论，这可使学生在完成任务的过程中，互相学习，培养了他们集体感、团队的协作精神，也让学生在这个过程中深刻认识到初中生早恋对学习的影响，这样不仅引导学生认识到了"早恋"的影响，还认识到了自己心中所认为的"早恋"其实就是对同学的一种欣赏、好感和敬佩，消除了学生心中的顾虑和疑虑，鼓励学生大胆融入集体，鼓励同学之间要多欣赏、多合作、多学习，感受集体的温暖、友爱和愉悦。

总之，德育教育是学校教育的重要组成部分，我们要深入贯彻落实"双减"政策，按照新课程标准的要求，改革和创新德育教育的方式，广泛运用信息技术教学，进一步优化德育教育，将德育教育与学生的生活密切联系起来，将其渗透在学生生活的每一个环节中，并持之以恒，坚持不懈地努力，把学生培养成健康、勇敢、自信、积极、有爱心、有责任感的世纪人才。

参考文献

［1］陆钦仪，朱新均.跨向21世纪学校德育教育的思考与展望［M］.北京：北京师范大学出版社，2020.

［2］刘淑芬.构建凸显生活气息的品德课堂［J］.中学德育教育，2004（15）：25-26.

初中数学"规律探索型概念课"的教学误区及改进措施

——以"锐角三角函数"概念课为例

阳江市江城区教师发展中心 许家健

在初中数学概念课教学中，有一类属于"规律探索型概念课"。我曾在三所不同的学校听了题为"锐角三角函数"的同一节概念课，这节课就属于"规律探索型概念课"。现对这三节课的教学误区进行简要分析，并提出一些改进措施。

一、初中数学"规律探索型概念课"的教学误区

（一）采用"概念讲述"的方式进行教学，学生没有经历概念的形成过程，死记硬背概念，不会灵活运用

学校1的教师直接采用了"概念讲述"的方式进行教学，大致流程如下：

1. 屏幕显示课本的问题：为了绿化荒山，某地打算从位于山脚下的机井房沿着山坡铺设水管，在山坡上修建一座扬水站，对坡面的绿地进行喷灌，观测得斜坡的坡角为30°，为使出水口的高度为35m，需要准备多长的水管？

2. 教师讲解：上面的问题可以用图形表示为：在 $Rt\triangle ABC$ 中，$\angle C=90°$，$\angle A=30°$，若 $BC=35m$，求 AB 的长。

3. 教师讲解：在 $Rt\triangle ABC$ 中，$\angle C=90°$，$\angle A=30°$，则有 $\dfrac{BC}{AB}=\dfrac{1}{2}$ 的结论，若改为 $\angle A=45°$ 呢？

207

4. 给出正弦定义：在Rt△ABC中，∠C=90°，我们把锐角A的对边与斜边的比叫作∠A的正弦，即$\sin A = \dfrac{\angle A\text{的对边}}{\text{斜边}}$，然后让学生读定义。

5. 例题如下图，在Rt△ABC中，∠C=90°，求$\sin A$和$\sin B$。

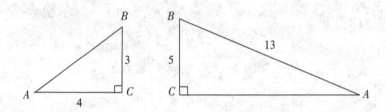

6. 设计几道练习题，让学生巩固概念。

通过这样的方式学习，学生并没有真正理解"正弦"概念的含义。课后，我对学生问了几个问题，学生只记住了对边与斜边的比，并不知道这个比值是由角的大小确定的，更不理解这个比值随角的大小变化而变化，若把直角三角形变成锐角三角形就更无从下手了。

（二）只重视对已有结论的证明，忽视了对结论的猜想和发现

学校2的教师在举例说明30°的锐角所对的直角边与斜边的比是$\dfrac{1}{2}$，45°的锐角所对的直角边与斜边的比是$\dfrac{\sqrt{2}}{2}$后，直接下结论：直角三角形中，当某一锐角的值固定时，它的对边与斜边的比是一个定值。接着在直角坐标系中画两个直角三角形，用相似的知识加以证明，并给出正弦的定义。

在上述过程中，教师从特殊到一般，对结论进行了证明，过程看似完整。事实上，学生仍处于被动的学习状态，充其量只学会了证明他人发现的结论，却没有经历"发现"的过程，没有学会如何去发现。

（三）从局部到局部的散点状教学，概念关联不强

学校3的教师基本上按照教材的编排顺序进行正弦概念的教学，简要概括流程如下：

1. 为了绿化荒山，某地打算从位于山脚下的机井房沿着山坡铺设水管，在山坡上修建一座扬水站，对坡面的绿地进行喷灌，观测得斜坡的坡角为 30°，为使出水口的高度为35m，需要准备多长的水管？

2. 在上面的问题中，如果出水口的高度为50m，那么需要准备多长的水管？

3. 任意画一个 Rt△ABC，使∠C=90°，∠A=45°，计算∠A的对边与斜边的比 $\frac{BC}{AB}$，由此你能得到什么结论？

探究：任意画 Rt△ABC 和 Rt△A′B′C′，使∠A=∠C′=45°，∠A=∠A′，那么 $\frac{BC}{AB}$ 与 $\frac{B′C′}{A′B′}$ 有什么关系？你能解释一下吗？

以上的教学过程，教师先从实际问题引入30°角（∠A）所对直角边与斜边的比，然后在30°角不变的情况下，改变直角三角形的大小，让学生体会30°角不变时，∠A的对边与斜边的比是一个定值；在讨论45°角及任意锐角时，该角所对的直角边与斜边的比是一个定值，从而得出正弦的概念。这样的设计是一种典型的从局部到局部的散点状教学，概念关联不强，学生要等学完余弦、正切等概念后才给出锐角三角函数的概念，学习中缺少类比联想的过程，学生也不能从整体上理解函数的概念。学生更是感到不解：三角形三条边可以有六个比，为什么只研究一个呢？

二、初中数学"规律探索型概念课"的教学模式分析及举例

（一）初中数学"规律探索型概念课"的教学模式分析

根据杜宾斯基的APOS理论，数学概念的形成要经历活动、过程、对象及图式四个阶段。也就是说，数学概念的形成通常表现为一种活动过程，也表现为一种对象结构。作为过程的数学概念，只有经历完整的概念形成过程，学生对数学概念内涵的理解才会更加清晰准确，为此，我们应提供大量的事实材料，让学生充分感知，引导学生发现和感悟材料的特点，让学生参与对材料的分类、辨析、比较、概括本质属性的过程，并注意引导学生用自己的语言描述和概括这种本质属性。作为对象的数学概念，我们必须克服散

点状的教学形式，要有整体观念，引导学生在从上位概念到下位概念的过程中建构概念，在上位概念的基础上，通过分类等活动，学习下位概念，这样才能使学生对概念的理解有一种结构化的认识，加强数学概念之间的联系。针对初中数学"规律探索型概念课"的特点，我们应采取如下的教学模式：材料感知→描述与反思、发现猜想→证明猜想、归纳结论→概念命名→练习巩固、纳入系统。

（二）"锐角三角函数概念课"教学过程设计及分析

为了更好地分析初中数学"规律探索型概念课"教学模式的具体操作，我们仍对"锐角三角函数概念课"的教学过程设计进行分析。

1. 复习旧知

问题1. 在 Rt$\triangle ABC$ 中，$\angle C=90°$，$\angle A=20°$，求 $\angle B$。

问题2. 在 Rt$\triangle ABC$ 中，$AB=3$，$BC=4$，求 AC。

2. 材料感知，情境引入

利用课件展示人民教育出版社义务教育教科书九年级下册第61页的问题：

问题3. 为了绿化荒山，某地打算从位于山脚下的机井房沿着山坡铺设水管，在山坡上修建一座扬水站，对坡面的绿地进行喷灌，观测得斜坡的坡角为30°，为使出水口的高度为35m，需要准备多长的水管？

该问题通过学生讨论，可归结为：在 Rt$\triangle ABC$，$\angle C=90°$，$\angle A=30°$，$BC=35m$，求 AB。

老师提问：问题1涉及直角三角形角和角之间的关系，问题2涉及直角三角形边与边之间的关系，问题3涉及直角三角形哪些要素之间的关系？

学生回答：问题3涉及直角三角形中边与角之间的关系。

设计意图：让学生从生活中的具体例子出发，抽象出数学问题，培养学生数学建模的思想，激发学生的学习兴趣；从复习直角三角形角与角的关系、边与边的关系，再到本节边与角的关系，过渡自然，也引导学生对直角三角形各要素进行整体研究和认识。

3.描述与反思、发现猜想

（1）说一说

问题4.在Rt△ABC中，三条边两两组合，一共有多少个比值？

学生回答：六个比值，其中$\dfrac{BC}{AB}$与$\dfrac{AB}{BC}$，$\dfrac{AC}{AB}$与$\dfrac{AB}{AC}$，$\dfrac{BC}{AC}$与$\dfrac{AC}{BC}$互为倒数。

（2）做一做

问题5.填下表（Rt△ABC，∠C=90°）

∠A	30°	45°
$\dfrac{BC}{AB}$		
$\dfrac{AC}{AB}$		
$\dfrac{BC}{AC}$		

设计意图：这一环节，我们通过丰富的材料，让学生参与对这些材料的比较、辨析活动，从角与角、边与边的关系自然想到对边与角关系的研究。通过对材料的感知，学生初步发现：对于含30°或45°的直角三角形，角的值固定时，这个直角三角形每两条边的比值是固定的规律。这种发现为学生后面的学习埋下伏笔，这样的设计不仅仅让学生研究锐角所对的直角边与斜边的比随角度变化而变化的关系，不是先研究"正弦"，而是从整体上感受边的比值与角的变化之间是一种函数关系。

（3）猜一猜

先让学生分小组对前面的活动进行描述与反思，进而提问：当∠A=30°

或45°时,上述表格里的三个比值是固定的,若锐角∠A取其他数值时,上述比值有什么变化?你是怎样研究的?由此,你得出什么样的猜想?

这一环节,许多学习小组用得最多的方法是作出大小不同的、锐角取值不同的直角三角形,通过测量的方法检验并发现:当角度固定时,上述三个比值与三角形的大小没有关系;当角度改变时,三个比值跟着改变,猜想这些比值可能是由角度唯一确定的。但是,也一定有部分学生发现:当角度固定时,这些比值有时并不相等,有很小的差异,学生之间会产生争辩。

当学生产生争辩时,老师提议:可否用几何画板验证一下?验证后填下表:

∠A	30°	45°	50°	55°	……
$\dfrac{BC}{AB}$	$\dfrac{1}{2}$	$\dfrac{\sqrt{2}}{2}$	0.77	……	
$\dfrac{AC}{AB}$	$\dfrac{\sqrt{3}}{2}$	$\dfrac{\sqrt{2}}{2}$	0.64	……	
$\dfrac{BC}{AC}$	$\dfrac{\sqrt{3}}{3}$	1	1.19	……	

通过描述、反思、实验,学生取得一致猜想:直角三角形中,每两条边的比值会随角度的改变而改变,但当角度固定下来时,比值也随之固定,学生会猜想这种变化可能就是我们学过的"函数"关系。

4.证明猜想,归纳结论

操作:如下图,作任意∠A,在∠A的一边上任意取一点B,作BC垂直于∠A的另一边,垂足为C,在射线AB上取不同于B的另一点B′,作B′C′⊥AC,交点为C′。

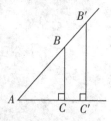

问:$\dfrac{BC}{AB}$与$\dfrac{B'C'}{AB'}$,$\dfrac{BC}{AC}$与$\dfrac{B'C'}{AC'}$,$\dfrac{AC}{AB}$与$\dfrac{AC'}{AB'}$分别有什么关系?由

此，你归纳出什么结论？

学生小组讨论后回答：由作图过程，我们容易证明△ABC与△AB′C′相似，由于相似三角形的对应边成比例，可以得到$\dfrac{BC}{AB}=\dfrac{B'C'}{AB'}$，$\dfrac{BC}{AC}=\dfrac{B'C'}{AC'}$，

$\dfrac{AC}{AB}=\dfrac{AC'}{AB'}$。

设计意图：这个操作设计可以由学生自主完成，若学生在证明猜想时感到困难，老师可以利用几何画板的动态显示启发学生思路，同时让学生经历从不完全归纳到演绎推理的过程，既提升了思维的发散性，又提升了思维的严谨性。

5.概念命名，引入符号

由上面的反思和证明，我们得出的结论是：在Rt△ABC中

（∠C=90°），$\dfrac{BC}{AB}$，$\dfrac{BC}{AC}$，$\dfrac{AC}{AB}$都是由∠A的大小唯一确定的，由此我们想

到用什么来表达这种关系呢？为了刻画这种关系，引入符号"$\sin A=\dfrac{BC}{AB}$，

$\cos A=\dfrac{AC}{AB}$，$\tan A=\dfrac{BC}{AC}$"。它们分别叫作∠A的正弦、余弦和正切，都是∠A

的锐角三角函数。

设计意图：这种设计是在尊重教材原有设计的基础上，进一步开发课程资源，在符合学生实际情况的前提下，对教材进行重组，改变了教材先学习"正弦"，再到"余弦"，最后到"正切"的学习方式，先让学生重温"函数"的概念，接着理解"三角函数"，最后到"正弦""余弦""正切"。这种从整体到局部的设计，加强了概念之间的关联，有利于加深学生对"三角函数"概念的结构性理解。

6.练习巩固，纳入系统

练习1.如图所示，在Rt△ABC中，∠C=90°，求∠A，∠B的正弦、余弦和正切值。

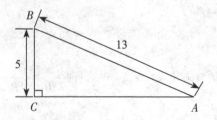

变式：如图，在Rt△ABC中，∠C=90°，若sinA=0.6，BC=12，你能求出直角三角形其他各边的长吗？

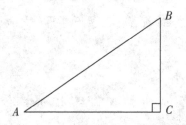

编题练习：学生分小组编题并解题，解完后每小组派代表上黑板展示题目，并让其他小组解答。

引导学生小结与反思：今天你有什么收获？你知道"函数""三角函数""正弦""余弦""正切"各概念之间有什么区别和联系吗？你可以用思维导图表示上述关系吗？

设计意图：通过基本练习及变式练习，让学生在应用中进一步加深对"锐角三角函数"概念的理解；通过小结与反思，让学生把"锐角三角函数"概念纳入已有的知识系统。

总之，在初中数学"规律探索型概念课"的教学过程中，不能一味以教师单纯讲述的方式进行教学，不能只重视对已有结论的证明，忽视了对结论的猜想和发现；不能只重结论，轻过程。在这类概念课的教学过程中，一定要让学生经历"材料感知→描述与反思、发现猜想→证明猜想、归纳结论→概念命名→练习巩固、纳入系统"的完整过程，学生才能对数学概念有更深的理解，学生的数学素养才能真正形成，数学概念教学的价值才能真正实现。

小学数学教学与STEM教育理念的有效融合探索

阳江市江城区教师发展中心 张杰衡

数学是一门与生活紧密联系的学科，是人类社会发展中智慧的结晶。而从数学的本质上看，其与生活是紧密联系的。数学知识来源于生活，运用数学知识解决实际生活中的问题，这也是数学知识应用于生活的体现。STEM是科学（Science），技术（Technology），工程（Engineering），数学（Mathematics）四门学科第一个英文字母的缩写。STEM教育是用科学、数学知识和先进技术，以工程思维解决现实世界问题的方式。STEM教育理念特别注重多学科（数学、科学、工程和技术）知识的有效融合，并利用这些知识和能力来解决日常生活中的实际问题。如果在小学数学课堂教学中，充分运用STEM教育理念开展教学工作，就可以使其在提升学生的综合素养方面发挥重要的作用。

从数学教育的角度来观察，小学数学教学的本质就是培养学生发现问题、分析问题和解决问题的能力，在解决问题的过程中，常常需要运用多种能力对问题进行观察，有时需要运用数学信息对复杂的情境进行分析，建立问题之间的逻辑联系，最后解决问题。在这个过程中，学生在获取数学知识的同时，也养成了数学学习习惯，提升了自身的综合运用知识的能力，进而发展自己的数学素养。而STEM教育理念最大的特点便是跨学科知识的融合，对跨学科知识的合理运用，对培养创新型人才有重要的作用。

如何实现小学数学教学和STEM教育理念的有效融合呢？可以从以下几个方面进行研究。

一、小学数学教学与科学知识的有效融合

数学和科学的关系是紧密相连的，在小学数学教学中也可以用科学的方法开展教学，丰富课堂教学内容，增加课堂教学的趣味性，提升教学质量。例如在学习"位置与方向"这一部分的知识时，可以运用指南针和皮尺这些科学仪器，让学生在校园中，测量各栋楼房的方位，观测点到楼房的距离。通过引入科学知识，就可以从科学实践中了解到数学知识。教师还可以结合中国地图，让学生研究中国各个省会城市的位置，各个城市之间的方位关系，加强对课本上数学知识的理解和运用。借助科学的工具，用科学的手段，开展小学数学教学，比教师单纯地讲解、学生机械地记忆数学概念要更加有效果，可以让学生利用多种手段了解知识的形成过程。同样道理，采用科学实验的方法做数学教学的例子还有很多。比如，在学习百分率的知识时，可以让学生做种子发芽实验，让学生自主选择不同的种子，观察种子的发芽率，在科学的实验中，亲自体会数学与科学的妙用，明白数学知识是来源于生活，运用于生活的。

二、小学数学教学与技术的有效融合

数学和技术有着非同一般的联系。数学是一门抽象思维和逻辑思维都相当强的传统学科，如果只是依靠传统的教师讲解、学生练习的方式，学习效果将大打折扣；如果结合信息技术开展数学教学，就可以把复杂问题简单化，把静态的物体以动态的方式呈现出来，把难以理解的知识点，变得简单易懂，以丰富多彩的形态呈现出来，吸引学生的眼球，增强知识的有效吸收和合理运用。这对提升课堂活力、提升学生的数学素养、培养学生的创新能力有很大的作用。

在学习数学一些知识点时，如果合理采用一些技术手段，那么也会达到事半功倍的效果。比如，在学习多边形的面积时，我们采取的措施就是运用转化的思维，把未知图形分割成已知的图形，以此来推导新图形的面积，从而掌握面积计算的公式和方法。特别是结合多媒体设备的运用，把图形的

分割过程用直观手段呈现在学生面前，让学生对数学知识的形成有一个动态的、完整的认识，从而掌握知识。例如在学习"圆的面积"这一知识点时，就可以通过多媒体技术，把一个圆的面积平均分成4份，8份，16份，32份，64份……，再把这些图形用动画的形式拼在一起，从拼成的图形不是长方形，到拼成的图形无限接近长方形，在这个变化的过程中，知识会在学生的头脑中留下一个深刻的印象。多媒体技术的合理运用会使技术的作用比传统的教学方式更加高效，这对于培养学生的思维、增强学生的数学素养具有重要的促进作用。

三、小学数学教学与工程有效融合

工程是科学和数学的综合应用，通过这一综合应用，可以提高工作效率，使人们尽快地完成工作任务。由此可见，工程和数学之间也是有着非常紧密的联系的，反过来，数学的价值也可以通过工程来体现。生活中有非常多的例子，如在水渠的建设中，就需要用到长度、面积、体积等多方面的数学知识，还要用数学知识合理安排工程内容、工程进度，最后非常高效地完成水渠的建设，这就是工程和数学相融合的例子。

在数学的课堂教学中，教师也可以适当地融入工程的内容，再通过一些具体的实例，让学生了解到日常生活中许多工程问题也是和数学知识紧密联系的。例如，在每次的考试或测试结束后，可以让学生统计班级的平均分、合格率、优秀率等数据，并把这次的考试和以前的考试数据做比较，根据考试的各项数据，分析大家的学习情况，提出今后的学习计划。通过这样的分析，学生也能学会利用数学知识解决生活中的问题，这也是工程与数学的完美融合。

综上所述，STEM教育理念与小学数学教学的有效融合，给教师的教学工作提供了一条新的设计思路，在课堂的教学设计上为学生提供了新的思考空间。在新理念指导下的教学中，教师应该充分发挥STEM教育理念的优势，让学生在学习数学知识的同时，学会运用多方面的知识和能力，促进学生综合能力的提升。

参考文献

［1］郑葳.中国STEAM教育发展报告.［M］.科学出版社.2017.12.

［2］吕文洁.国内外STEM研究现状及其发展趋势分析［J］.软件导刊·教育技术，2019（7）：3-5.

借助学案导学提升初中英语教学质量

阳江市江城区教师发展中心　梁秀兰

随着我国国际地位的提升，经济、政治、文化各方面都需要与国际接轨，因此英语能力在国际交流中具有极高的应用价值。在新课程标准中，初中英语的教学也更加偏向对实际应用能力的培养，为学生今后英语发展夯实基础，基于此，初中英语教师应当创新教学方法，以适应新课程标准的需求。近年来，在初中英语的教学过程中，创新应用学案导学模式改革课程理念，转变师生的课堂角色，有助于促使学生养成良好的主动学习英语的习惯，提高学习英语的能力。

一、学案导学模式的含义

学案导学模式是指在初中英语的实践教学中，教师基于导学学案，指导学生自主完成学习任务。其主要目标是改革传统的教师教授、学生被动接受知识的教学方式，以学生为教学主体，将学生由被动角色转变为知识能力的构建者和课堂氛围的活跃者。学案导学模式可以体现课程标准中以学生为本的教育理念，充分发挥学生学习英语的主动性，有效促使学生更好地体验英语学习的乐趣，在英语实践学习中挖掘自己的潜力。学案导学模式也能有效改善师生关系，为新时代教师教学活动提供新思路、新方法。

二、学案导学模式的特征

（一）以新课程教学理念为基础

在初中英语课程改革过程中，教育部门明确提出传统"满堂灌"的英语教学模式已经不能满足新时代教育教学的需求，教师应当走出舒适圈，将"以学生为本"作为教学理念，创新多元化教学方法，提升英语教学水平。英语是一门以语言为基础的学科，在实践教学中师生多交流多沟通，才能达到教学目标的要求。学案导学模式以学生为主体，要求学生根据导学任务主动参与英语学习活动，主动质疑，加强和教师的沟通。教师作为课堂的引导者，要参与到学生导学学习过程中，掌握学生学习情况。教师在英语教学中应当时刻渗透新课程标准的教学理念。

（二）重视学生的自主学习能力

初中英语学习通常是教师讲解新知识，学生被动听讲、接受知识。这种学习方式导致学生不能自己思考英语问题，极度依赖教师，最终失去主动吸收英语知识的能力，不能将所学应用到实际生活中。学案导学则以学生主动学习为主，教师提供英语教学指导，提高学生的积极性，将英语知识灵活运用到日常生活中，丰富学生的学习方式。

（三）以培养学生的探究能力为目标

学案导学模式是在传统教学的基础上，改进教学中学生被动学习的弊端，更加重视对学生英语探究能力的锻炼。随着学案导学在英语教学的广泛应用，教师不断创新，使其更加适应学生发展的需求。在初中英语的实践教学中，学案导学模式更加注重培养学生的英语探究能力，借助深度学习和教育平台学习模式，有效提升学生的英语思维能力和学生间交流合作的能力。该模式让学生在英语自主学习中提高对英语问题的分析、解决能力。教师在探究式教学过程中，作为参与者，为学生提供学习思路，帮助学生解决难点问题，实现师生互动交流的教学价值。

三、初中英语教学应用学案导学模式的优势

以人教版初中七年级上册英语教材Unit2 Is this your pencil？为例阐述初中英语教学中学案导学模式的应用优势。

（一）培养学生良好的学习习惯

分析我国初中英语教学现状后发现，多数学生缺乏对英语学习的兴趣，归根结底是没有养成良性循环的英语学习习惯，这阻碍了学生学习水平的提高。学案导学教学实践的应用，以学案为指导，帮助学生了解英语学习的目的，学生带着明确的学习目标养成英语听、说、读、写的学习习惯，在一定程度上帮助学生提高学习兴趣。教师在设计Unit2 Is this your pencil？导学学案时，明确自主互助学习单词的目标，鼓励小组间在预习中翻译this、book、pencil等重点单词。在合作交流的学习氛围下，学生之间取长补短、互相促进，有助于学生养成英语学习的好习惯，帮助学生提升英语的思考能力。

（二）提高英语课堂教学效率

在传统"满堂灌"的英语教学模式中，教师凭借多年的教学经验教学，没有提前备课，导致学生不知道教师的教学目标，丧失对英语学习的兴趣。教师在编写Unit2 Is this your pencil？导学学案时，根据课程标准进行教学设计，帮助学生明确Unit2的重难点问题。学生在完成简单的导学后，教师深入讲解课文中this和that的区别，以填空的形式板书"这是你的书包吗？那是你的书包吗？"，检查学生对重点句式的理解。在习题练习中教师只有充分了解习题的考点，总结习题规律，才能为学生答疑解惑。导学案也可以帮助学生节省课堂时间，以便学生进行新知识的复盘和思考。在学案导学的指导下，教师具备英语素养，学生明确学习目标，才能有效提高英语课堂的教学效率。

（三）加强学生学习能力评价

教师依据学案导学进行英语教学，因此学案导学的设计需要以新课程标准为指导，在教师自身的掌握范围内安排教学进度。教师在设计Unit2 Is this your pencil? 导学学案时，在学案后附上本课的学情评价表，学情评价表在单词掌握、课文背诵、句式使用、课后练习等方面设置分数，学生根据实际学习情况打分。教师可以依照学情评价表，评估学生英语学习情况，并为学生提供针对性的指导。学习评价有助于学生了解自身的不足，以便学生查漏补缺，及时改善学习方法和学习态度，学习评价也有助于教师评估教学质量和学生学习质量，方便教师及时改进教学方法，提高英语课堂的教学效率。

四、借助学案导学提升初中英语教学质量的实践策略

借助学案导学模式，以人教版初中八年级上册英语教材Unit 3 I'm more outgoing than my sister.为例阐述英语教学中的实践策略。

（一）借助学案导学开展自主预习

初中英语的教学质量与学生是否具有良好的学习习惯密切相关。具备自我预习习惯的学生，可以扎实掌握教师课堂上讲解的英语内容。在学案导学教学实践中，为了引导学生预习，教师应当掌握学生的学习情况，采取合理的预习安排，根据学生的不同发展阶段，为其提供针对性的预习指导，从而使学生预习效果更加高效。在预习"I'm more outgoing than my sister."时，要求学生都能掌握outging, better, loudly, quietly, hard-working, friendly等重点词汇和Tina is taller than Tara.等重点描述人物特点的比较级句式。对学习能力强的学生，可设计拔高预习学案，比如模仿教材句子，口述同学的外表、性格特征。学生养成良性循环的预习习惯可以为高效的英语教学奠定基础。

（二）利用学案导学展开合作探究

初中学生自制力差，学生自我学习意识薄弱，因此学生的学习能力影响着英语教学质量。小组合作的学习方式不仅可以促进学生之间的合作交流，还可以帮助学生提高英语实际应用和口语表达的能力。在学习"I'm more outgoing than my sister." Section A时，学生可以分组扮演图中的两对双胞胎，模仿其对话，练习比较句式："Sam has longer hair than Tom."练习1c

中的反义疑问句"That's Tara, isn't it?"在对话练习后，启发学生总结比较级的构成是adj+er/ier，more+adj，反义疑问句的构成是"陈述句+简短疑问句"。在合作对话中，学生既能通过对话提高口语表达能力，又可以学习合作互助的学习方式，掌握探究式学习的技能。

（三）结合学案导学布置课后作业

课后作业与英语课程的教学质量密切相关。教师可以借助导学案布置课后作业，结合Unit3 I'm more outgoing than my sister.的教学目标，以及学生各自的学习水平，安排不同难度、不同数量的练习题。这种练习方法能体现课后作业的最大价值，自由选择作业量有助于提升学生学习英语的自信。教师在布置Section A课后作业时，针对不同的学生安排不同的练习：基础能力练习、拔高能力练习。学习能力差的学生只需要完成基础检测，掌握重点描述外表、性格的单词和比较级句式，熟悉教材中的对话。学习能力强的学生可选择拓展练习，针对性选择比较级练习的习题，自学Grammar Focus中as...as...等句型，提升英语思维水平。教师在习题课前统计学生的作业情况，分析需要进一步讲解的练习题，帮助学生查漏补缺，强化学生的英语学习能力。

综上所述，学案导学教学模式是新课程标准指导下的创新应用，有助于学生提升学习能力，锻炼学生自我探究式学习的能力。为了培养英语专业的优秀人才，在初中英语的教学实践过程中，教师应当坚持以学生为主体的理念，认识到学案导学对英语教学的作用，深入拓展学案导学模式，促进和学生之间的交流，指导学生锻炼自主探究的能力，提高英语课堂质量。设计完善的适合学生发展、科学的导学学案，还需要教师在英语教学实践中不断创新和探索。

参考文献

[1] 黎丹媚.论初中英语教学中"学案导学模式"的运用 [C] //中国教师发展基金会"全国教师队伍建设研究"科研成果集（广东卷），2013.

［2］赵树琼.借助学案导学提升初中英语教学质量之我见［J］.青海教育，2019（4）：47.

［3］赵华峰.新课改背景下初中英语学案导学教学模式探讨［D］.济南：山东师范大学，2012.

［4］刘晓彦.学案导学在初中英语教学中的应用［D］.济南：山东师范大学，2011.

慎防整本书阅读的过度课程化倾向

阳江市城西学校　梁显畅

整本书阅读，即名著阅读，是统编教材"三位一体"阅读教学中重要的一环。但近年来，我们发觉整本书阅读有过度的课程化倾向，违背了教材编者的原意。

一、统编教材使用前整本书阅读教学状况

以手机阅读为代表的电子阅读的兴起，以及学生过重的作业负担，使学生很难完整地、投入地阅读一本书了，取而代之的是碎片化阅读或浅阅读。旧教材附有名著导读，但存在自由散漫化问题，教师不重视，学生更不会主动阅读。学生阅读量减少，缺少经典名著的熏陶，导致阅读理解能力低下，甚至影响到对理科深层次知识的研究学习。因而，培养学生从小进行整本书阅读的兴趣，加大阅读量，成为教育者迫在眉睫的任务。

二、整本书阅读的过度课程化状况

统编教材的问世，引来一致好评。其中整本书阅读进入课程规划，更是亮点。要求将整本书阅读纳入语文教学的一部分，要有计划，有方法指导，

安排定量时间，有测量评价，而不能将其再放在附属的地位。整本书阅读轰轰烈烈地开展起来，掀起一股整本书阅读教与学的热潮。本是好事一桩，却觉得慢慢地偏离了轨道。主要表现在以下几个方面：

（一）占用过多的课内时间

统编教材每个学期都安排两本名著的阅读教学，每本名著都要进行课前导读、中期交流研讨、读后的汇报展示，每一个环节一两个课时无可厚非，但有的地方利用整周时间进行"阅读周"活动，矫枉过正，有作秀嫌疑。须知一个学期课时有限，岂能将大部分时间倾斜于整本书阅读？

（二）阅读策略运用不当

有的教师将整本书阅读等同于单篇课文的精读，忽视掉整本书阅读与单篇精读教学方式上的不同，上成了普遍意义上的教读课。如在某教师的《昆虫记》阅读教学中，要求学生在阅读中找出象态橡栗象身上的品质、米诺多蒂菲的外貌和习性。标注某些绝妙的词句，体会修辞手法以及表现手法。这样的课程设计和教材中的单篇课文设计有何异呢？对于阅读教学，《义务教育语文课程标准》也指出，要防止逐字逐句地过深分析。

窃以为《昆虫记》的最大阅读价值在于它不是平淡无趣的说明文。学习作者怎样用诗化的语言对昆虫进行描写，且解答了我们应如何对待昆虫，如何理解贯穿其中的对生命价值的思考的问题。教师要让学生用从《昆虫记》中习得的精神内核去阅读更广泛的布封等名家的相类似的作品。从单本名著到群名著的阅读。因此，整本书的导读更应注重于阅读的激趣与阅读方法的点拨。

（三）刻意的学生活动

在整本书的教学中，教师给学生设置纷繁芜杂的阅读形式。其中有：

（1）读书卡片。卡片有周卡、月卡、学期卡，要求在卡片上填写内容概括，精彩摘抄，典型人物形象分析，阅读体会等。

（2）制作手抄报、黑板报。

（3）绘制思维导图，单篇章思维导图、整篇思维导图、人物思维导图。

（4）精读与批注总结成读书报告，在班级进行交流。

（5）编排课本剧，排练、表演。

（6）专题讨论，专题小论文的写作。

（7）辩论赛。

（8）缩写、续写、改写。

试想，一个学期两本名著，都要部署这么多的阅读任务，学生可以按时按质完成吗？语文教材内教学任务或者其他学科都要给整本书阅读让路了。并且这极大地减少了学生的阅读兴趣。阅读的驱动力来源于兴趣和爱好，教师过多的硬性规定，会使课外阅读成为学生的精神负担。

（四）对著作的过度解构

在整本书的阅读教学中，教师通常设置两大类的教学任务：一是对知识的识记，所谓浅层；二是创新创造，所谓深层。

第一类浅层阅读，流于"无厘头"形式。如《西游记》的阅读教学，制作一张神仙的武力排行榜；《西游记》四圣所居庄园和万寿山五庄观的景色各有什么特点？《格列佛游记》中格列佛在小人国总共吃了多少只鸭？《朝花夕拾》中医生给鲁迅父亲开的药，药引子是什么？这些是浅层次内容的梳理和记忆，着重信息的机械记忆和简单的再现，对学生实际阅读素养提高作用几乎为零。

第二类深层阅读，近于"学院派"。无视初中学生认知需求，无视整本书阅读教学的现实处境，将整本书阅读变成了专业讲授课。如《水浒传》中女性形象分析及其悲剧命运；《西游记》的主旨研究：宗教说、游戏说、政治说、哲理说；《朝花夕拾》所蕴含的教育思想。这样专业性的专题研究，大学文学专业学生才可以进行吧，让一个初中生如何驾驭呢？过度解构让学生犯难，阅读效果适得其反。

三、整本书阅读教学的理性导向

（一）阅读时间应放在课外

在"三位一体"的阅读教学理念中，整本书阅读教学固然需要课内的教学，但更倾向于学生课外的自主阅读。课内导读应是一种兴趣的指引，应让学生产生阅读这本书的兴趣，这需要教师精心设计教学内容和精心地安排课堂时间，为学生提供更多的阅读方法的指导。

（二）简化任务，进行思辨性阅读

纷繁刻意的学生阅读活动，没有提升学生素养，相反，还减少了学生阅读的兴趣，抑制了学生的创造力。让学生从过多的阅读活动与对著作过度的解构中解脱出来，其中一个方法是尝试余党绪老师所提出的"思辨性"阅读方法。

《普通高中课程标准（2017年版）》有"思辨性阅读与表达"学习任务群的说法，我们虽处初中阶段，如能进行一些尝试，不但有利于整本书阅读，而且有利于学生适应高中阶段的学习。思辨性阅读不排除个人的阅读体验与个人趣味，强调获得真的知识。阅读要准确、明晰、合理。

如阅读《水浒传》时，可设置这样的问题："有人说林冲能征善战是英雄，有人说他一忍再忍是懦夫，也有人认为他风雪之夜大开杀戒是个暴徒，你认为呢？你的理由根据何在？""对于武松，他是景阳冈打虎的英雄，是怒杀西门庆的好汉，到最终成为血溅鸳鸯楼的暴徒，你在阅读中，是否判断出武松的'堕落'？"又如"《骆驼祥子》中，祥子由一个对生活充满希望车夫到最终的行尸走肉，不是他的错，是黑暗的社会不让他活。你是如何看待这种说法的？"这些高阶性的问题，引导学生带着问题阅读，最终培养他们能在阅读中发现问题、养成独立自主阅读的思维。

（三）多读书，好读书，读好书

上海的郑朝晖老师在他的《"整本书阅读"的狂欢》的文末记录了在假期乘飞机的途中，看到两位中学生一人一本在阅读《红楼梦》，以极快的时间、飞快的速度圈点、批注后，就开始兴高采烈地玩手机游戏了。原来是为了完成"老师布置的作业"，郑朝晖老师表达了自己的担忧："虽然我们这个时代几乎已经毁了'阅读'，但大家对于捧起书认真阅读多少还是心存尊敬的，不要推行了'整本书阅读'之后，连手捧书本阅读的神圣感都被毁了，这真的就很可怕了。但是，照现在这样的情形，这又是极有可能的。总之，我对这次语文界的'整本书阅读'狂欢，表示我的忧虑。"

现在看来，这样的忧虑是有根据的。实际上，我们应该做这样的一个调查，学生在离开老师的课程化任务安排后是否还热爱读书？有多少是害怕阅读，拒绝阅读的？

《义务教育语文课程标准》指出："要重视培养学生广泛的阅读兴趣，扩大阅读面，增加阅读量……提倡多读书，好读书，读好书，读整本的书。"而过度的课程化伤害的是学生课外阅读的初心。

统编教材总编温儒敏说，要想学生真正喜欢上整本书阅读，教师就不要过多干涉，应当引导学生进行自由与个性化的阅读。如果"课程化"太明显，要求太多，学生还没有读，可能就兴趣减半了。又说，要让中小学生"海量阅读"，学会"连滚带爬"地读。窃以为，整本书的阅读教学虽然要完成定量的任务，但不在于要将这本书读得过于艰深，也不必要求学生一定要研讨出什么样的专题成果来，有很多东西，随着时间的流逝，经验的积累，到某一天又翻看这本书时，体悟肯定会和初中阶段阅读时的不一样。所以不必拘泥于所谓的"深度阅读"，"连滚带爬""不求甚解"不也很好吗？

总之，整本书阅读需要课程化，但不能为了课程化而课程化。

参考文献

［1］中华人民共和国教育部.义务教育语文课程标准（2011年版）
［M］.北京：北京师范大学出版社，2012.

［2］余党绪.思辨性阅读是整本书阅读的内在需要［J］.语文学习，2019（6）：9-14.

［3］李卫东.整本书阅读教学的几种偏向［J］.中学语文教学，2018（1）：7-10.

浅谈核心素养下的初中语文名著导读教学策略

——以《儒林外史》为例

阳江市城郊学校 甘元燕

一、名著阅读的重要性

名著导读，是指对经典的文学作品的阅读指导，主要是对作家作品的一些简单的介绍，可以使学生快速了解名著相关的内容，是从一个宏观的角度去了解，如果要深入了解，那么还必须要通过整本书阅读。名著导读的安排对初学者来说，是一种解读的工具，能帮助学生通过阅读掌握阅读的方法，充分发挥学生的主观能动性，参与阅读，展开想象的空间，从而提升学生的形象思维和审美能力，对古今中外的文化有一定的了解，更好去了解、传承中华文化。从另外一个角度来看，名著导读课为学生从课内阅读走向课外阅读提供了桥梁。利用中高考的指挥棒，结合课程标准的要求，使学生能从并不乐观的阅读态度转向"被动"地接受，拓展阅读的广度和深度，进而促进知识的融会贯通。

名著，是一个时代的缩影。中学生阅读名著，就等同于回到名著描绘的那个时代，与作者进行思想的交流，培养了学生对社会的认知、感知能力。同样，学生在名著中会看到不同社会、不同国度下的形形色色的人，了解到不同时代的不同观念、不同思想，可以从中获得一些感悟。名著中的是是非非也让学生开始思辨是非对错，培养了学生的独立思考的能力，有利于学生树立正确的价值观和人生观。

二、如何实现名著阅读的课堂教学的"导"

名著导读课,不可能在课堂上呈现出整本书,但是,导读课又要求学生完成整本书阅读。如何在课堂上更好地"导",是名著导读课的关键。"导"是引导、指导,引导学生主动参与整本书阅读,才是一节名著导读课的关键。在名著导读教学中,我发现,要"导"好一部名著,应该以激趣为目的,以导为手段,留下悬念,致力于培养学生阅读的习惯、方法。下面,以九年级下册古典小说《儒林外史》的导读课为例。

《儒林外史》这部小说并没有贯穿全书的中心人物和主要情节,而是由众多故事连缀而成,表现的是普通士人日常生活中的生存状态与精神世界。书中人物较多:正面典型——王冕、杜少卿;八股迷的典型——马二先生、鲁编修;贪官污吏的典型——汤奉、王惠;腐儒的典型——周进、范进。这些人或貌似君子,或唯利是图,或故弄玄虚,或倚仗权势,或假装清高,或迂腐可笑……这部小说主要是运用讽刺的手法,揭露和讽刺了科举制度的腐朽。在进行这部小说的导读时,我结合了九年级上下册的内容,将上册第六单元22课《范进中举》与九年级下册第三单元的名著导读《儒林外史》进行整合,开展教学活动。

(一)激趣设悬,导为主

兴趣是最好的老师。如果想让学生主动参与名著的阅读,离不开教师激发学生兴趣。教师"引导"学生对作品产生浓厚的兴趣,起到抛砖引玉的效果,才能让学生主动参与。所以,名著导读教学,要落实到培养学生兴趣之上。

《儒林外史》何为趣?我认为,《儒林外史》处处为趣。课文的精彩片段《范进中举》,可以作为打开《儒林外史》神秘外衣的钥匙,或者说是作为学生学习此篇名著的切入口。在整部《儒林外史》里,编者选择了《范进中举》这一段文字,恰恰证明了《范进中举》的代表性。范进是千千万万科举制度下的读书人的悲剧,深刻揭露了这部小说的主题,学生通过这一课的学习,能更深刻理解小说的主题。基于这一课的重要性,教师要从兴趣出发，尽可能地吸引学生，引导他们对整本书阅读产生兴趣。因此，教师在备课时，利用多媒体在网上查找到有关《范进中举》的一系列视频，有京剧的表演，有动漫的视频制作，有电影，教师可以根据课时安排选择不同的版本。视频的动画效果简单明了，将旧社会的这种与现实有很大距离的科举制度下的读书人的现状表露出来。这样的视频导入会在学生的心里埋下一颗疑惑的种子：千辛万苦得来功名，为何疯了？一个读书人，生活何至于这般境地？胡屠户对范进态度为何转变如此大……一系列的问题都会出现在学生的脑海里。这样教学的设计，既激起了学生的兴趣，又留给学生悬念，做到了名著导读中的激趣设悬，真正做到了"导"。

（二）精略结合，方法指导

毋庸置疑，"读"也是名著导读课的一个关键词，如何读才是问题的关键。叶圣陶先生说："如果只注意精读，而忽略略读，功夫只做了一半。"这句话表明了精略读在阅读名著中的作用很大。中学生学业繁忙，精读名著显然有点力不从心。精略结合，不流于读名著的形式，又能将名著中的重要细节、关键情节进行精心品读，体会立意，欣赏妙处佳句。教材精选可以作为名著的精读部分，当然也还可以在名著里面选取一些精彩的片段来进行精读精讲。同时，教师还可以把名著的情节等通过读、模仿、表演等手段展现出来，让学生在"读"中感受人物的性格特征、体会人物的情感、感知作者的意图。

《儒林外史》中课文精选的部分为《范进中举》篇，精讲过程中，教师可以从范进、胡屠户等人的人物形象分析中得到本部名著中一些人的性格特征，如同为科举下的周进、马二。教师还可以通过指导学生表演范进中举后的情况，加深学生的印象，精读到底。教学有法，教无定法。总之，通过精读、略读，最终使得学生对名著有更深刻的理解，建立起对名著阅读的信心。

"授人以鱼不如授人以渔"，学生"读"是为了"能读""会读"，教师在组织"名著导读"教学时，一定要注意方法的导入。精读法和略读法在中学生名著阅读中是最常见的两种方法。另外，教师还可以教学生用批注法、速读法、选读法、评述法来阅读，有些章节还可以建议学生通过网上的视频片段来阅读。如《儒林外史》中，严监生死前那一幕，可以找一些视频来观看，既能将严监生那种吝啬鬼形象了解得更透彻，同时又进一步激发学生的兴趣。我认为，教师正确引导，学生是可以在名著阅读这条路上走得更远的。当然，电视改编还是与原著有一定的出入，需谨慎参考。

（三）专题探究与写读书笔记并行

学生进行专题研究对其理解名著本身有很大的作用。专题研究侧重横向的整理，无论是对人物的整理，还是事件的把握，都是在阅读名著后的重整，是学生思维上的锻炼，阅读方法的再运用。如在《儒林外史》中，可以建议学生进行小组或者是个人形式的专题研究，加深对此篇文章的理解。专题可以分为"人物专题""艺术手法专题"等。专题研究能提高学生逻辑思维能力，拓展名著阅读的深度与广度，对培养学生的语文素养有着长远的作用。

让初中生养成良好的阅读习惯也是名著导读课的其中一个要求。教师指导学生边读，边做批注，画出有所体会的语句，摘录出优美词句，也是名著阅读的其中一个方法。部编版教材的自读课文都留有空白用于备注，所以说备注法也是教材推荐的读书的好办法。备注可写疑惑，可加知识点，可写自己感受……总之，能动笔即是好事。同时，阅读名著之后更应该写读书笔记，从整体上再回顾名著，既加深了印象，又能在理解主题方面有更深刻的理解。这两者应该贯穿整个名著阅读过程，更应该将其迁移到以后的读书当中，学生要养成"会"读书的习惯。

温儒敏在"统编教材里的名著阅读到底怎么教"中提到：名著阅读的功夫依旧在课外，课内只是激发兴趣，提供建议，或者排除难点。教师的作用主要是目标管理为主、过程管理为辅。让学生能静下心来进行整本书阅读，更高层次的是能让学生产生对名著的兴趣，进行类似书的阅读，能在阅读中感受名著的魅力。"教学有法，教无定法"，初中教师肩负着培养具有核心素养的新时代的青年的责任。

参考文献

[1] 中华人民共和国教育部. 义务教育教科书语文九年级上册 [M]. 北京：人民教育出版社，2018.

[2] 中华人民共和国教育部. 义务教育语文课程标准（2011年版）[M]. 北京：北京师范大学出版社，2012.

[3] 张静. 初中阶段名著阅读教学的多元解读与探索 [J]. 课外语文（下）. 2016（9）：39.

[4] 李红. 浅析部编版初中语文教材名著导读教学方法 [J]. 新课程（中旬）. 2019（1）：96.

函数概念的教学策略

阳江市第四中学　程三凤

在某次省级教研会议上，专家指出："函数的概念是现阶段学生很难把握的知识点，很多九年级的学生连函数是什么都表述不出来。"我不由得陷入深思：为何会出现这种现象？这说明大部分学生没有厘清函数的概念，没有弄清函数概念的本质。该如何进行有效的函数概念教学呢？我查阅相关资料，结合这些年的教学实践，总结了以下几点函数概念的教学策略。

一、提前渗透，打下基础

（一）"对应"关系

七年级的数轴的教学内容就涉及"对应"问题：一个实数对应数轴上的一个点。我们在教学时可以有意识地对"对应"这个问题进行更深入地探讨，例如：

根据下图回答问题。

（1）下列图中的点A表示什么实数？

（2）3在哪个字母的位置上？还可以在其他位置吗？请说明理由。

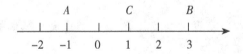

通过第（2）小问"3在哪个字母的位置上？还可以在其他位置吗？"引发学生思考：3在字母B的位置上，还有其他的位置表示3吗？经过思考，学生对"对应"这个词的印象更加深刻。教师进一步解释："一个实数对应数轴上一个点，不可能对应两个不同的点，这是'一一对应'的位置关系。"

又如，七年级学习的代数式，在求代数式的值时，可以有意识地将"对应"这个问题进行更深入地渗透，例如：

请根据要求回答问题：

x	0	1	2	3	4
$2x+3$					

（1）请填写上表。

（2）若$y=2x+3$，当$x=0$，1，2，3，4时，y的值分别是什么？

给代数式中的字母赋值后，代数式会有唯一确定的数值与之相对应。用y来代替代数式$2x+3$，x的值确定了，y也有唯一确定的值与x相对应。多给x赋值，让学生感受到y是随着x的变化而变化，在x的变化范围内，无论x变化为哪个值，y都有唯一确定的值与之相对应。

通过数轴、代数式等教学的提前渗透，让学生了解"对应关系"，也可以从代数式中让学生感受到x变化，代数式的值也跟着变化，并且有唯一确定的值与x相对应。

（二）变量的取值范围

在学习分式的时候，分式的分母不为零，这实际上就是对分母的字母的取值有所要求，这和函数中变量取值问题大同小异。所以，我们要有意识地对学生进行引导。例如，当分式 $\dfrac{x+2}{x+1}$ 有意义时，x的取值范围是什么？在学生解答后追问，令$y=\dfrac{x+2}{x+1}$，当x为何值时y有意义？从而引发学生思考，y和x相关联，在 $\dfrac{x+2}{x+1}$ 有意义的基础上，y才有意义。类似的，在讲授二次根式时，根式中的字母取何值时，根式才有意义，也可以将y和x进行相关联处理。这样有意识地抓住教材进行提前渗透函数概念的教学，也为学生日后学习函数概念打下基础。

以上，是我们在平时的教学中对函数概念进行了潜移默化的感性教学，当然不仅仅只有这些。比如，在讲授行程问题时有$s=vt$，我们可以有意识地引导学生，当速度v一定时，路程s会随着时间t的变化而变化，并且当时间t为某个值时，路程s都有唯一确定的值与之相对应。还有面积问题，配套问题，利润问题等，我们在日常的教学中有意识地渗透函数概念，这为日后直接进行函数概念教学打下基础，使得学生接触到函数概念时不会感到陌生，会更加容易接受函数概念。

二、从具体到抽象，吃透函数概念

在提前渗透函数概念教学的基础下，学生对函数的概念已经有了一定的感性认知。函数的概念是往后要学习的正比例函数、一次函数、反比例函数、二次函数等的根基，吃透函数概念尤为重要，这也为学生进行后面的学习树立了信心。

什么是变量，什么是常量，它们是学生比较容易理解的两个概念，也是在函数概念讲授前学生就已经具备的知识。函数概念的首次教学要力争成功，具体做法如下：

（一）材料感知

思考人教版八年级下册71页问题（1）~（4）中是否各有两个变量？同一个问题之中的变量之间有什么联系？

再思考人教版八年级下册73页思考中是否各有两个变量？同一个问题之中的变量之间有什么联系？

（二）描述与反思

教师引导学生合作交流，以小组为单位。各小组派代表说一说讨论后的结果。

通过小组交流合作，不难发现人教版八年级下册71页问题（1）～（4）中的四个问题可以分别表示为：（1）$s=vt$；（2）$y=10x$；（3）$s=\pi r^2$；（4）$y=\dfrac{5}{x}$。

它们都有两个变量，并且这两个变量是相互联系的，当其中一个变量变化时，另一个变量也随之变化，并且有唯一确定的值与之相对应。

再通过人教版八年级下册73页思考中的两个图表让学生感知，利用图表或表格表达的问题，也能反映两变量之间的关系：当其中一个变量变化时，另一个变量也随之变化，并且有唯一确定的值与之相对应。

（三）归纳与概括

通过对上述大量感性材料的观察、分析，学生对材料的共同属性有了一定的了解。紧接着可以引导学生归纳总结出函数的定义。在初中阶段，要透彻理解函数概念主要抓住以下三点：（1）在同一个变化中；（2）有两个变量；（3）自变量x任意，因变量y唯一，简称"任意"和"唯一"（即是x在其变化范围内任意的一个确定值，y都有唯一确定的值与之对应）。

为了避免学生对函数概念模糊不清，可以通过函数解析式的辨析、图像辨析及图表辨析来帮助学生认清函数的本质。例如：

1. 下列式子是函数吗？若不是，请说明理由。

（1）$y=2x-1$　　　　　　（2）$y=|x|$

（3）$|y|=x$　　　　　　　（4）$y=x^2$

教师引导学生从"三点"出发，在满足"在同一个变化中"和"有两个变量"，则还需考察"x任意"和"y唯一"，不难得到（1）（2）（4）都是函数，而（3）则不是，因为当x取正数，比如$x=3$时，$y=\pm 3$，这就不满足y有唯一确定的值与x相对应。

2. 下列的图像y是x的函数吗？若不是，请说明理由。

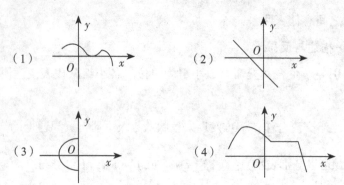

由图像判断y是否为x的函数，也是从函数的三个要点出发，已知上面四个图像已经满足了是"同一个变化""有两个变量"，只要判定"x任意"和"y唯一"即可。作与x轴垂直的直线与函数图像相交，一定有唯一的交点，（1）（2）（4）都是函数，而（3）的图像与x轴垂直的直线可以有两个不同的交点，不满足"y唯一"，故它不是函数的图像，从而y不是x的函数。

3. 下列图表中y是x函数吗？为什么？

x	1	2	3	4	…
y	3.5	4.0	4.5	5.0	…

由函数概念的三个要点可以得到上面图表中的y是x的函数。

以上对函数解析式、图像、图表的肯定和否定的辨析，促使学生对函数的本质有更深入的了解，也可以让学生意识到函数的表达方式是多种多样的，不仅局限于解析式。

最后，需强调一下自变量x的取值范围。引导学生归类总结，共有以下几类：

（1）分式，分母不为零。

（2）二次根式，根式里的整体大于等于零。

（3）零指数幂的底数不为零。

（4）实际问题，根据实际要求而定。

三、抓住时机，及时巩固

在学习函数的概念后，还要抓住在一次函数、二次函数、反比例函数等概念讲授过程中，将它们建立在函数概念的基础上，进一步巩固函数的概念。

比如，一次函数的教学，在探讨出一次函数的概念：形如$y=kx+b$（k，b为常数，$k\neq0$）的同时，还要说明x的取值范围是任意的实数，对应关系是k（　　）$+b$。按照这样的对应关系，x取任意的值，y都有唯一确定的值与之相对应。这样，把一次函数的定义置于函数的概念中，可以进一步加深学生对函数概念的理解。在学习二次函数、反比例函数时也是如此，通过反复巩固函数的概念，可以使学生达到熟能生巧的效果。

我通过阅读大量相关函数概念教学的资料及教学实践认识到，函数概念的教学是由具体到抽象，是学生初中阶段学习的重点、难点，也是教师教学上的难点。要突破这个难点，"提前渗透，打下基础""吃透函数概念""抓住时机，及时巩固"这三步缺一不可。切不可因为函数定义比较难而一带而过，令学生对函数的概念含糊不清。也避免有些老师操之过急，以为一次教学就可以令学生吃透函数概念，从而给学生日后的学习带来不必要的麻烦。

参考文献

［1］伍欣.函数的概念、图像、性质及其应用［J］.中学生理科月刊，1999（Z3）：28-43.

［2］陈德前.怎样理解分式概念［J］.中学生理科月刊，1995（19）：11.

以图为引，助力初中英语写作的腾飞

阳江市城郊学校　黄喜萍

对于初中英语教师而言，写作教学是教学重点，也是教学难点。之所以这样说，一方面是因为写作在整个英语学习中占据很大比重，所以是教学重点；另一方面在于写作所涉及的内容比较全面，不仅要求学生有足够的积累、能够娴熟地运用英语语法造句，还要求学生有较高的思维逻辑能力。只有如此，学生才能够将句子组织起来，写出高质量的英语作文。

一、初中英语写作存在的问题

在目前的初中英语教学中，英语写作始终是一个相对薄弱的环节，学生谈及英语作文，可谓是惧之如猛虎，要不无从下笔，要不错误百出。经过总结，写作过程中的问题主要有以下几点。首先，词汇储备不足，完全不知所谓。其次，时态不能统一，前后文人称不能统一。再次，句式比较简单，全文一个句式运用到底，不能通过句式转换来传递所要表达的意思。第四，书写不够规范，字迹潦草，书面脏乱。第五，没有建立框架，上下文没有过渡，前后脱节。而这些问题正在影响学生的英语学习兴趣，对学生整个的英语学习都是巨大的障碍。

二、思维导图对初中英语写作教学的作用

20世纪70年代，英国专家托尼·博赞（Tony Buzan）提出了思维导图的概念。起初，它多被翻译为"脑图"。它是一种把放射性思维具体化的模式。通过颜色、符号、图像等要素的运用将知识分层次地罗列出来，展示一定的主题。此种树状的思维过程更易被大脑所接受。

在初中英语写作教学中，思维导图能够给学生带来更明确的引导。学生选择一个合适的话题，在头脑中进行网状联想，用思维导图的方式描绘出主题架构，将和写作有关的素材组织起来，依据图文组合的方式进行写作，并完成后期修改的工作。思维导图可以强化大脑的思考和记忆功能，对发散学生的思维、构建写作结构有着非常重要的作用。

三、思维导图在初中英语写作中的运用策略

新课程标准明确提出，在初中英语教学写作中，教师必须让学生运用所掌握的英语词汇和语法知识写作出能够让人理解的作文。作文必须要有逻辑性、层次性，整篇作文需要条理清晰，结构紧凑。判断一篇作文的优劣，不

仅要从语法、词汇和句子的表达等方面进行评比，整个作文还要保持前后连贯。思维导图对初中英语教学有推动作用，能够帮助学生厘清写作思路。体裁不同，要求迥异。利用思维导图可明确作文结构，让学生形成正确的思维模式。下文将针对初中阶段常见的三种体裁来分析思维导图在作文写作中的运用策略。

（一）思维导图在记叙文写作中的运用

记叙文是学生围绕话题主观描述事件发生过程的体裁，在初中英语教学中占有较大的比重。一般情况下，记叙文对学生的约束较少，学生可以自行发散思维，完成相应描述。但是，也正是因为记叙文的这一特征，很多学生无法确定合适的切入点，写出的作文前后不连贯，无法形成一个完整的文章，甚至出现跑题的情况。而利用思维导图，学生可围绕一定的话题进行文章设计，依据事件的when，where，why，how等相关内容，从不同层面进行发散，然后根据一定的主题进行内容的扩充，将其写成一个完整的文章。如此一来，学生就可以以主题为中心，写作出层次清晰、内容完整、生动的作文。

比如，初中阶段比较常见的记叙文题目——《生活中最难忘的一件事》。记叙文的六要素为时间、地点、人物，事情发生的起因、经过和结果。围绕这六个要素，可从when，where，what，who，how等不同层面展开描述，尤其是事情的经过，依据事情发生的顺序来绘制思维导图，并在作文的结尾处发表个人感想。下图是围绕购买汽车所制作的思维导图。

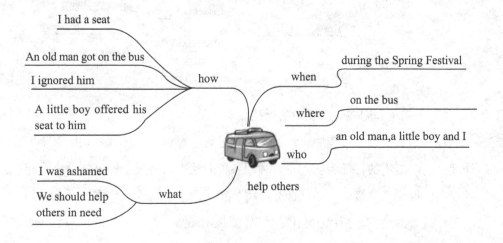

（二）思维导图在议论文写作中的运用

随着学生年级的升高，议论文在初中学生的写作过程中所占的比例不断增加。从表面上看，议论文会在写作要求中给学生一定的方向提示，学生写作这一体裁的作文会简单很多。但是，想要写作出高质量的议论文也绝不是通过翻译句子就能够实现的。假如学生不能依据论点对内容进行补充和完善，无法表明自己的立场，那么所写作出来的议论文就没有说服力。要改变这一现状，教师可通过思维导图让学生明确论题的论点，再利用导图的分支罗列出论文的分论点。之后结合各个论点，从what，how，why等角度给予论证。如此一来，学生就可以明确阐述个人观点，做到全面验证，分析各个分论点的论据，让议论文可以有理有据，表达的观点更加明确，立场更加明确。

比如，在初中英语写作方面，厌学成为一个热门的话题。教师要引导学生进行作文写作，可从两个方面进行观点阐述，依据what，why等要素给予论述。需要指出的是，个人观点不可遗漏，论证论点需要从不同层面，做到论证科学、合理。下图是思维导图在议论文中的运用设计。

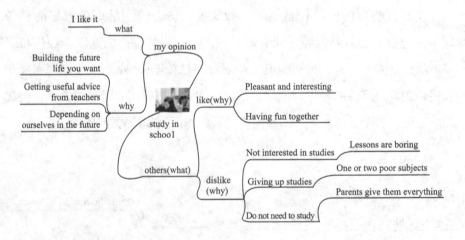

（三）思维导图在说明文中的运用策略

在初中英语写作过程中，说明文是和记叙、议论两大体裁并列的第三大体裁。它以事物的特征为切入点，利用各种表达方式将复杂的事物分为不同的层次，保证观点清晰。如何做才可将事物全面、客观地阐述清楚，是说明文写作最难的地方。所以，利用思维导图从what it is，how it looks，why等不同层面对主题进行逐层分析。如此不仅可保证层次清晰，还可让学生在规定的词汇数之内将事物说明得面面俱到。

思维导图作为一个科学、有效的教学方式，将其运用到初中英语写作教学中可在一定程度上解决初中英文写作教学中现存的问题，促进初中英语教学质量的提升。但任何方法都不是放之四海而皆准的，初中英语教师必须结合思维导图的特征，合理运用这一方式展开初中英语写作教学，这样才能够真正保证教学质量的提升。

参考文献

［1］胡群芳.思维导图在初中英语写作教学中的应用［J］.海外英语，2020（4）：168-169.

［2］张金焕.思维导图在初中英语写作教学中的应用［J］.科技资讯，2020，18（5）：207，209.

［3］杨毅.思维导图在初中英语写作写前阶段的实践探究［J］.海外英语，2018（18）：178-179.

［4］蒋冬梅.借思维导图之翼，助飞初中英语写作：思维导图在初中英语写作教学中的应用与实践［J］.中国高新区，2018（5）：91-92，94.

感悟"红船精神" 坚定理想信念

——以《中国共产党的诞生》为例探究革命文化的传承

阳江市同心中学 洪锦柯

历史学科肩负起培根铸魂的重要使命，革命文化的传承是新课程标准里提到的涵养家国情怀的一个重要的内容，"红船精神"是革命文化的源头，借此在教学实践中探讨更好落实革命文化传承的方式，推动课堂教学创新。

一、深悟"红船精神"，牢记初心与使命

"红船精神"是中国革命文化之源，是开天辟地、敢为人先的首创精神，是坚定理想、百折不挠的奋斗精神，是立党为公、忠诚为民的奉献精神，是"红船精神"的深刻内涵。中国共产党人从红船启航，带领中国人民乘风破浪、披荆斩棘，他们始终牢记建党的初心和使命，为中国人民谋幸福、为中华民族谋复兴，这深深印刻在每一个中国共产党人的心里。纵使时代在变，而"红船精神"永不过时，"红船精神"充分体现了走在时代前列的精神，激励青年学生为实现中华民族伟大复兴贡献自己的光和热。

二、明确主题立意，创设情境激兴趣

一节好的历史课，总是让人回味无穷，引人深思。如何把一节枯燥的历史课，焕发出新的生命力，从而激发学生学习的兴趣，这就需要教师对教材进行重构。教师要依据课标设定《中国共产党的诞生》一课要完成的教学目标，围绕目标，创设情境，明确教学设计的主题立意，突出家国情怀的涵养教学，在教学实践中潜移默化地让学生逐渐领悟"红船精神"的内涵，落实"红船精神"传承的教育。

1. 激趣导入

（1）图片导入：石库门建筑和浙江嘉兴南湖红船

党的十九大后，2017年10月31日，习近平总书记带领新一届中央政治局常委专程瞻仰上海中共一大会址和浙江嘉兴南湖红船。

（2）问题情境创设

设问1：同学们，你们知不知道习近平等国家领导人去这两个地方的目的是什么？

设问2：上述两幅图片与哪一历史事件有关？

设问3：这一历史事件又是怎样影响中国革命的面貌的？

教师通过层层追问，把学生带进教师创设的情境中，激发学生对本节课

继续深入探讨的兴趣，顺势引入《中国共产党的诞生》这一课。

观看短视频：《俄国十月革命》。

引导学生思考：俄国十月革命的成功给当时中国先进的知识分子带来怎样的曙光（传播马克思主义）？进而过渡到本节课的第一个主题："曙光"。

2. 曙光——马克思主义的传播

先进的知识分子李大钊等人开始尝试把马克思主义介绍到中国，知识分子们开始在中华大地上通过各种形式宣传马克思主义，探索新的社会发展道路拯救中国，中国的革命出现了新的曙光。在探索革命的具体方式上，又把马克思主义和工人运动结合起来，不断积累经验，为中国共产党的诞生奠定了重要的基础。共产党人以其敢为人先的革命气魄，勇于探索，敢于尝试，才使中国革命在山重水复疑无路的境地中开辟出一条通向光明彼岸的道路。

为了增加教学的趣味性和增强学生直观感受，组织学生观看热播电视剧《觉醒年代》片段"南陈北李相约建党"的故事。进而过渡到下一个主题学习：共产党人的建党"初心"。

3. 初心——中国共产党的诞生

教师：通过视频，我们能否知道陈独秀、李大钊建党的初心是什么吗？

学生：让生活在社会最底层、让那些受苦受难的百姓过上好日子（为中国人民谋幸福）。

通过师生互动让学生知道早期共产党人建党的"初心"就是要为中国人民谋幸福，回顾建党百年历史，共产党人这一"初心"从未发生过动摇，紧紧依靠群众，心向群众，肩负为人民谋利益的神圣职责和崇高使命。1921年7月中国共产党的诞生，是开天辟地的大事，中国革命面貌焕然一新。为了早日让人民过上幸福的日子，他们知道自己肩上的"使命"，就是要通过行动去推翻专制统治，取得民族独立。

4. 使命——全国工人运动高潮

为摆脱三座大山的压迫，摆脱被奴役的命运，取得国家的独立，实现中华民族伟大复兴，中国共产党人组织并领导工人运动，在党的领导下，掀起了中国工人运动的第一个高潮。然而斗争的过程并不是一帆风顺的，党在工人运动中不断总结斗争的经验，他们深知单枪匹马不能取得革命的胜利，必须团结一切可能的同盟者，才能战胜强大的敌人，取得革命的成功。

回顾参加中共一大的13位代表，他们肩负着使命和人民的重托，他们年轻有为，满怀激情，富有理想，为挽救中国人民于水深火热之中，他们走在了时代的前列，然而后来他们却走出了迥异的人生道路。

5. 信仰——13位代表的迥异人生

和前面教学中介绍参加中共一大的代表的情况做一个呼应，设计讨论话题，引发学生思考：当初那十三位怀揣救国救民之初心的热血赤子，为什么最后走出了迥然不同的人生道路？这给今天的我们留下了怎样的启示？

有人选择背叛革命，放弃信仰；有人选择为信仰牺牲自己的生命；更多的人选择坚守。正是这份坚守才让我们走出黑暗，迎来了光明。

三、涵养家国情怀，培根铸魂引思考

时代在发展，而"红船精神"永不褪色。今天的中国正沿着中国特色社会主义道路阔步前行，更需要传承先辈身上那份信仰的力量，用信仰的力量肩负起我们的初心和使命。敢于打破思想的束缚，敢于创新，把"红船精神"深深根植在我们心中，讲好中国故事，传承革命文化，树立文化自信。

突破《中国共产党的诞生》传统教学模式，对教材结构和教学思路进行重构，开展主题式的教学，增加课堂的故事性和引导性，通过问题引领教学，把学生带入教师预设的情境教学中，一环紧扣一环，更好地落实了革命文化的传承教学任务。

参考文献

[1] 习近平.弘扬"红船精神" 走在时代前列 [N].光明日报，2005-06-21（1）.

[2] 韩冬雪.弘扬"红船精神" 传承初心使命 [N].光明日报，2018-08-09（5）.

［3］傅强.红色文化教育的实践与探索：以张家港市青少年社会实践基地为例［J］.江苏教育研究，2019（10）：53-56.

小学低年段写话教学策略探究

阳江市第二中学附属小学　关肖梅

《义务教育语文课程标准（2011年版）》对写话提出了具体的要求：（1）对写话有兴趣，留心周围事物，写自己想说的话，写想象中的事物；（2）在写话中乐于运用阅读和生活中学到的词语；（3）根据表达的需要，学习使用逗号、句号、问号、感叹号。

在实际教学中，低年段写话的主要类型是看图写话，但纪实类的写话也不少。例如二年级上册语文园地三写话（每个人都有自己最喜爱的玩具。你最喜爱的玩具是什么？它是什么样子的？它好玩在哪里？先和同学交流，再写下来）就是纪实类写话。看图写话有图可看，比较直观，并且有一定的顺序，学生看懂图意就有话可写了。但纪实类写话往往需要学生自己摸索观察的顺序、写话的思路，给学生写话增加了难度，使学生产生畏难情绪，不敢写话，甚至害怕写话。低年段教师如何帮助学生克服困难，使他们乐于写话，提高他们的写话能力呢？在不断地研究摸索中，我探索出行之有效的纪实类写话教学策略："学审题，明要求—画导图，现构思—用句式，练说话—按导图，乐写话—制标准，会评改。"下面我将以二年级上册语文园地三写话《我最喜爱的玩具》课堂教学为例展开阐述。

一、学审题，明要求

《义务教育语文课程标准（2011年版）》中指出，要降低学生写作起始阶段的难度，培养学生的写作兴趣和自信心。低年段纪实类的写话通常会带有指导语。教师可以引导学生读懂指导语，明确写话的要求，也就是引导学生学审题、明要求。

二年级上册园地三《我最喜爱的玩具》（每个人都有自己最喜爱的玩具。你最喜爱的玩具是什么？它是什么样子的？它好玩在哪里？先和同学交流，再写下来）中，教材用指导语的方式引导学生打开思路。

课堂上，教师请学生齐读指导语。为了降低难度，教师标红重要的三点内容：你最喜爱的玩具是什么？它是什么样子的？它好玩在哪里？

教师接着提问：指导语告诉我们，要想把最喜爱的玩具写好，就要说清楚什么？学生马上恍然大悟了，纷纷举手交流。在这一环节中通过降低难度，引导学生阅读指导语，交流把玩具写好的方法，学生自己明确了写话的要求。就这样学生轻松地学会了审题，不知不觉中增加了他们写话的自信心，提高了对写话的兴趣。

二、画导图，现构思

在过去的写话指导中，为了体现课程标准指出的"让学生不拘形式，自由写作"，教师通常对学生讲得最多的是"不拘形式，自由表达，想写什么就写什么，想怎样写就怎样写。"这样做看似在落实课程标准，可是在实际教学中，学生的写话能力总得不到提高，甚至感觉到很茫然，他们不知从哪儿下笔，从哪些方面去写。

如何帮助学生明确写话的思路，使他们觉得写话是简单、容易的呢？思维导图应该是帮助学生写话最好的引路人。

在《我最喜爱的玩具》教学中，明确写话要求后，教师引导学生把重要的三点内容（你最喜爱的玩具是什么？它是什么样子的？它好玩在哪里？）总结归纳为名称、样子和好玩之处。并通过学生说，老师写的形式共同完成思维导图（见下图）。

有了思维导图的引领，学生就可以把抽象的写话要求直观地呈现出来，这样降低了写话的难度。就这样通过"画导图，现构思"的教学环节，学生明确了写话的思路，使他们感到写话更简单了，下笔更容易了。我想"不拘形式"不是不要形式，而是在学生掌握了各种形式后，才能根据表达的需要，自由运用各种形式，这才是真正意义上的"不拘形式"，这才是课程标准的真正含义。

三、用句式，练说话

著名的语言学家张志松说过："模仿是学习的必经之路。"低年段学生的词汇量不多，容易出现句子啰唆、重复、说不完整的情况。在课堂上，教师可以为学生提供一些句式，引导他们模仿，帮助学生练习说话，为下一步的写话做准备。

例如，在《我最喜爱的玩具》教学中，教师出示了以下句式：

我最喜爱的玩具是（　　　）。

我最喜爱的玩具是六岁时妈妈送我的（　　　）。

我喜爱的玩具有很多，但我最喜爱的是（　　　）。

教师请学生选择一种自己最喜欢的句式，介绍自己最喜欢的玩具。有了句式的引领，学生不但能把话说完整，而且会觉得写话是容易的，同时也领略到了同一样事物不同的表达方式，感受到了祖国语言的魅力，培养了他们对写话的兴趣。

又如，为了使学生把玩具的"好玩之处"说清楚。教师引导学生："你能用'我的玩具可好玩了'为开头介绍玩具的玩法吗？"学生的思路一下就打开了，有的学生说："我的玩具（布娃娃）可好玩了。我一有空就给它洗澡、换衣服、跟它说悄悄话。当我写作业的时候，它会静静地陪着我；当我睡觉的时候，它会陪我进入甜蜜的梦乡。"

还有的学生说："蛋蛋（机器人）可好玩了。它不仅可以教我学语文，学数学，读英语，还可以智能对话、百科问答、转圈等。它就是我的开心果！"

在句式的引导下，学生的说话变得容易，学生说话兴趣盎然，为写话做好铺垫。

教师在引导学生用句式说话的同时，和学生一起把句式归纳、总结并板书在思维导图上（见下图）。

此时一幅完整的写话思维导图已经呈现出来了，教师引导学生按照思维导图的顺序完整地说一说自己最喜爱的玩具，写话就是轻松容易的事情了。

四、按导图，乐写话

《义务教育语文课程标准（2011年版）》指出，写作教学应抓住取材、构思、起草、加工的环节，指导学生在写作实践中学会写作。

经过上面的三个教学环节，教师引导学生在轻松愉快的氛围中学会了"取材、构思、起草"，这时教师引导学生按照思维导图的顺序进行写话，一篇完整的写话就初步完成了。有了思维导图的引领，学生在写话时就像有了一位教师在旁边指导。学生按照思维导图的顺序一步一步地写，是那么的轻松，那么的自然。成功的写话经验也进一步提高了学生的写话兴趣。

五、制标准，会评改

《义务教育语文课程标准（2011年版）》指出，要重视引导学生在自我修改和相互修改的过程中提高写作的能力。

怎样的写话才算是一篇优秀的写话作品，低年段学生是模糊不清的。怎样才能实现让低年段学生自我修改和相互修改呢？这时候教师可以引导学生根据写话要求制定评价标准。在评价时，师生按照评价标准共同评价，达到标准的就可以获得一颗星，也可以自我评价或者同学之间相互评价。获得星星越多的写话作品自然就是比较优秀的写话作品。例如，教学写话《我最喜爱的玩具》时，教师引导学生通过图表的方式制定评价标准（见下表）。

要求	☆☆☆
能把最喜爱的玩具是什么写清楚	
能把玩具的样子按照一定的顺序介绍清楚	
能把玩具的好玩之处写清楚	
能正确使用标点符号	
语句通顺，能运用阅读和生活中学到的词语	

学生在可视的、量化的评价方式中，学会评价别人的写话，也学会了修改自己的写话、欣赏写话作品。

下面是在没有修改前，一位学生的写话作品。

阿尔法蛋机器人

二（3）班　李振恒

我最喜欢的玩具是阿尔法蛋机器人。它白白的，脑袋很大，圆圆的。它的眼睛黑黑的，又大又圆。

阿尔法蛋机器人可好玩了。它会教我学语文，学数学，读英语。

阿尔法蛋机器人在生活学习上给我带来了很多快乐。我很喜欢它。

学生对照评价表修改后，一篇比较优秀的写话作品就呈现在眼前。

阿尔法蛋机器人

二（3）班　李振恒

我家里有许多玩具，其中我最喜欢的玩具是阿尔法蛋机器人。我给他取名叫"蛋蛋"。

"蛋蛋"全身雪白雪白的，像一个可爱的雪人。大大的脑袋上面有一对扁扁的耳朵。它的脸上有一张大屏幕，只要一开机，就会露出一对明亮的眼睛，正对我眨眼呢，真有趣！

蛋蛋可好玩了。它不仅可以教我学语文，学数学，读英语，还可以智能对话、百科问答、转圈等。它就是我的开心果！

蛋蛋在生活学习上给我带来了很多快乐。我要好好爱护它。

其实，学生在老师的引导下对写话作品进行修改就是对写话进行了加工。一节课下来，五个教学环节，环环相扣，润物细无声般地落实了课程标准对写作提出的要求，引导学生抓住取材、构思、起草、加工等环节，在写作实践中学会写作。日积月累，就为学生今后的写作打下了坚实的基础。

综上所述，低年段纪实类写话教学策略："学审题，明要求—画导图，现构思—用句式，练说话—按导图，乐写话—制标准，会评改"是行之有效的。它符合了低年段学生的学习规律和心理特点，深入浅出地落实了《义务教育课程标准（2011年版）》提出的低年段写话要求，使学生对写话感兴趣，提高了写话能力。

参考文献

［1］中华人民共和国教育部. 义务教育语文课程标准（2011年版）.　［M］. 北京：北京师范大学出版社，2011.

［2］温寒江. 观察·说话·写话：小学生作文起步教学与思维训练　［M］. 北京：教育科学出版社，2016.

知蒙学，晓道理，扬传统

——浅谈传统蒙学对当代儿童的影响及教育对策研究

阳江市绿地小学　黎宝霞

我国古代十分重视蒙学教育，也出现了《三字经》《弟子规》等优秀的蒙学经典读物，在教育实践中，蒙学教育更是把识字教学与百科知识、传统道德教育有机融合在一起，在儿童教育启蒙方面发挥重要作用。新时期关注蒙学教育，"从娃娃抓起"，让儿童学习知识、掌握技能、涵养美德，这是蒙学教育的希望，也是当代儿童教育的内在呼唤。蒙学的教育启蒙价值在新时期备受关注与肯定。

一、中国传统蒙学及对当代儿童的影响

"蒙学"是启蒙之学的简称，我国有着悠久的蒙学教育历史。在古代，面向8到15周岁的儿童进行启蒙教育，让其掌握相应的百科知识，具备基本的识字、计算能力，并在知识技能的学习中形成良好的道德。据教育史记载，蒙学起源于西周，到秦汉时期渐成规模，经过唐宋时期的发展演进，到宋元时期达到顶峰，此时蒙学教育典籍数量多，所对应的教育内容、教育思想也更为成熟。而到了明清时期，蒙学教育也实现了形式、体制上的完善，正是因为蒙学教育资源的丰富，我国蒙学教育具有现实可行性。

当前教育背景下，关注蒙学，发挥蒙学的启蒙教育价值，就是引导少年儿童积极学习百科知识，并配合蒙学的育人理念，增强少年儿童的民族荣誉感、社会责任感与使命感，激发其进取心、自信心和奉献心等。新时期的蒙学教育传承应该是对其封建腐朽伦理纲常、等级次序等内容进行批判剔除基础上的，对其积极合理因素的吸取与创新应用。我国古代蒙学教材按内容侧

重点不同分为综合伦理道德、历史知识、工具书等不同的类型，其具有知识面广、实用性强、思想教育突出等教学优势，在少年儿童道德启蒙、习惯培养、语言知识积累、技能训练等各方面具有积极的教育功能。蒙学教育也为教育实践、教材编写提供了很好的参考与借鉴，其更追求教学的寓教于乐，倡导教材内容编写中知识性、教育性与趣味性的融合。在教育方式上关注儿童的身心发展规律，重视榜样示范，关注对儿童良好习惯的培养，讲究"知行合一"。在教学上倡导循序渐进、因材施教等。直到今天，这些教育思想仍值得传承，这更是素质教育改革与发展的"根源性支持"，弘扬文学，以德育德，注重校风家风建设，让教育如春风化雨，潜移默化地深入儿童内心，指导儿童树立正确的价值观，使其终身受益。

二、新时期传统蒙教育具体策略

（一）重视经典传承，发挥蒙学经典的载体优势

在蒙学发展过程中形成了很多蒙学经典作品，值得后世借鉴与学习，其中涉及的孝敬文化、礼仪文化、立志教育等，是中华传统道德文化的精髓，即使在今天，这些内容对于儿童的价值观引导、道德品质培育等方面仍有积极意义。重视蒙学经典就是要发挥其教育载体优势，具体来说，让蒙学教育回归课堂，回归家庭，回归社会。将经典蒙学教材直接纳入学校教育体系，作为学校课堂教学的重要补充，让学生在学习知识的过程中，潜移默化地受到蒙学经典的熏陶。借鉴古代蒙学教材内容选择与形式编排的优点，知识讲解与品德教育相辅相成，从少年儿童的需求出发，关注其身心发展规律，做好蒙学教育的渗透工作，以经典蒙学教材为主要的教学内容，同时也要关注家庭蒙学、社会蒙学的深化作用，家庭教育也必须得到重视。在实际教学中，可以以小学课文为载体，以课堂为载体，引出相关的蒙学经典文化，并以此进行相关的课内课外活动，让少年儿童多接触经典文本，学习优秀传统文化，扩充古典文化知识，激发其民族自豪感、民族文化探索欲望，并依靠儿童主观内省达到品德培养的教育目的，以蒙学经典传承为少年儿童健全人格、培养高尚品德奠定基础。

（二）重视方法迁移，创新并吸取蒙学教育经验

蒙学在新时期的教育价值也体现为其特色化的教育方式和方法上。在传统蒙学的弘扬过程中，应重视对其优秀教学方式方法的借鉴与学习，并基于教育变革的大趋势，基于当下对儿童教育的新思考，重视方法的迁移，学习优秀传统文学的先进经验，使其为当代教育所用。具体来说，将蒙学从普遍教育方法的局限中摆脱出来，基于历史传承的视角，提升教育教学的操作性与实用性。根据儿童的身心发展规律，循序渐进的教育模式，因材施教的指导，将兴趣启发、知识讲授、习惯培养等综合化，有力对抗当前教育当中存在的"揠苗助长""一味放手"等错误倾向。如将行为规范的讲解学习落实到个体的生活中与实际细微处，让儿童基于对社会习俗的学习、道德礼仪的了解，进行尊亲重道传统的传承，提升个人修养，确保行为规范。再比如，坚持教育寓教于乐，让儿童在与人交往中领悟社交规则，陶冶情操并积累词汇。注重方法的迁移，就是基于当前教育的现实环境，做好蒙学教学与现代教育的整合工作，借助教学理念、教学方法的创新，实现教学中的相得益彰，引导少年儿童实现个性化、全面化的发展。

综合来说，少年儿童是祖国的未来、民族的希望，随着现代教育理论研究的深入、教育实践的深化，我们清晰地认识到传统蒙学教育的时代教育价值，在知识性教学过程中，更要关注儿童身心发展的规律，关注儿童学习的实际诉求，关注少年儿童伦理道德等方面的教育引导。积极肯定蒙学教育价值也并不意味着对蒙学的全盘吸收，新时期蒙学的教育回归应该是蒙学回归潮流的适应，蒙学教学的与时俱进与推陈出新，有扬弃地继承，有创造地传承。从传统文学中寻找失落的教育价值规范，于思辨理论下做好传统蒙学优质资源的利用工作，让蒙学与新时期的教育相辅相成，推动少年儿童实现综合化、创新性发展。

参考文献

[1]陈智峰.蒙学教育的守正与创新：以《千家诗》的传承为例[J].师道，2020（7）：17-18.

[2]陈贵英.蒙学教材"三百千"走进小学语文课堂的反思[D].昆

明：云南师范大学，2020.

［3］欧平.蒙学读物在当代幼儿教育中的应用性研究［J］.河南教育
（幼教），2020（2）：41-44.

［4］郭婷，毛喆.挖掘传统文化教育价值 构建园本课程启智蒙学［J］.
陕西教育（教学版），2020（Z1）：14-15.

用思维导图 促英语阅读

——立德树人任务下如何利用思维导图进行有效英语阅读教学的探究

阳江市第十三小学 谭名快

英语教育学专家黄源深说："学习任何语言都需要大量的阅读。得阅读者得英语。"由此可见，英语阅读是非常重要的。2014年教育部颁布了《关于全面深化课程改革 落实立德树人根本任务的意见》，让深化课程改革和加强培养学生的核心素养成为教育界关注的焦点。

一、小学英语阅读存在问题

目前，小学英语阅读教学普遍存在过度重视语言知识点的讲解，轻文本结构和思维能力的培养，单一的阅读评价，阅读策略运用较少，学生缺乏积极的体验感等现象。传统的阅读教学模式，缺少师生的互动，只是进行枯燥的讲解，让学生机械记忆单词和知识点，为应付考试做些任务式的阅读，这样做，不利于提高学生学习英语的积极性，到了高年级便会诱发学生对英语学习的厌恶情绪。因此，教师应该转变传统的阅读教学思路，在课堂上运用思维导图提高课堂效果，积极培养学生阅读的良好习惯，并提高其批判性思维能力，注重培养英语学科核心素养，实现"立德树人"的根本教育任务。近年来，活用思维导图给英语阅读教学带来了创新性的改革。

二、思维导图在英语阅读中的意义

图形是教材的"第二语言"，阅读教学能把抽象内容变为形象的内容，它比文字更容易引起学生的注意和激发他们的思维。而思维导图是一种放射性思维的表达方式，也是一种有用的图形技术。它能使大脑充分发挥左右脑的作用把英语阅读的内容从点到线到网呈现出来，搭建较为完整的知识体系，避免了碎片化的英语知识点的讲解。思维导图是心智图形，具有灵活性，能帮助学生提高对阅读的兴趣和阅读质量，还能帮助学生运用阅读策略，养成良好的阅读习惯。

三、思维导图在英语阅读中的应用

下文将以人教版教材六年级上册 Unit 5 What does he do？B Read and write的阅读教学为例，具体阐述思维导图在阅读前的激趣作用、阅读中的桥梁作用、阅读后"路"的延伸拓展作用。

1. 阅读前以图激"趣"

（1）教师围绕本文的关键词或者中心词，以思维导图的形式展示阅读内容，把涉及的内容进行分支、整合，进行头脑风暴。本文有两个关键词：一个是jobs；另一个是hobbies，分别通过思维导图的形式描述各个职业的特点，通过让学生做guess the job的游戏，既激发了学生的兴趣，又使其复习了相关的职业名词。同时也利用思维导图，提出问题How do you choose your dream job？让学生初步感知选择职业需要考虑的因素，也为即将学习的新课做铺垫。这样利用关键词预测未知的内容的方式，有助于激活学生思维，提高学生课堂阅读的效率。

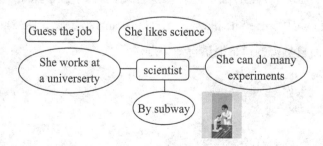

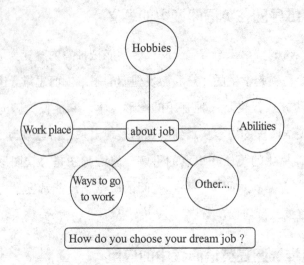

（2）依图，结合听读，感知文本大意，初步厘清文本结构。思维导图是一种图文并茂的形式，它能很好地帮助学生构建一个完整的知识网，将文本信息关联起来，形成有效的线索，有利于学生将可靠的信息进行思维的整合。教师可以在阅读前，用听的手段，以略读为策略，让学生感知文本大意，厘清文中脉络。教师播放录音，引用Zhang Peng的话："Hello，everyone！I have three friends. They have different hobbies and jobs.Can you guess who they are？"引出文中将会出现的人物。让学生对文章有初步的了解。

Hu Bin

Sarah

Robin

2. 阅读中以图为"桥"搭建框架，提高阅读能力

（1）在阅读中，教师结合文本内容，利用听和读，边听读边抛出问题，展现句式，查找出特定的细节内容。这种阅读方式使文本的阅读更有针对性，找出核心句型：He/She likes...，He/She wants to be ...，He/She is going to work...，从而自然流畅地掌握语言知识点。

Group work

Fill in the table. P53

	Hu Bin	Sarah	Robin
What does he/she like?	sports	using computers	science
What does he/she want to be?	coach	secretary	scientist
Where is he/she going to work?	gym	office	university

（2）在学生掌握了文本结构的知识点后，教师可借用思维导图通过略读方式准确地让学生找准关键信息点，把握住文章的来龙去脉，逐渐提高学生学会捕捉信息点的能力。通过提问：①What does Hu Bin want to be? Why? ②What can Sarah be? Why? ③What does Robin want to be? Why? 快速地提炼出文本的框架，了解了文中的重点内容和核心句式，使阅读效果大大提升。在了解了文本的框架后，教师为了加深学生对文本的理解，还可以根据思维导图，设计一些题目让学生进行判断，进一步巩固学习成果。

Try to retell（复述）

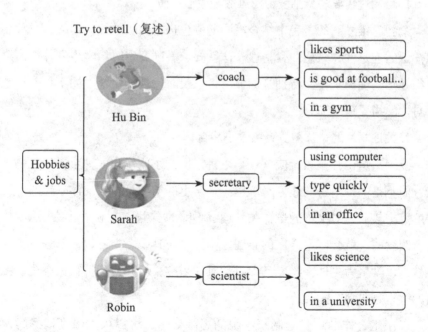

257

3. 阅读后以图为"路"拓展，提升阅读层次和品格，培养阅读能力

（1）到这个环节，思维导图已经以板书的形式呈现出来了，它形成了有效的知识网络，可以帮助学生梳理出文本大意，利用关键点帮助学生抓住重点来记忆。根据思维导图的层级，学生对文本进行复述就容易了。但不同学习能力的学生，会采取不同的方式复述课文。复述时，学生是专注的，思维是集中的，他们利用思维导图，充分发挥他们的创造性，并且习得了学习文本的学习策略。

（2）在拓展环节，教师鼓励学生利用原有的知识储备，跳出文本进行创新，使阅读更贴近生活，围绕本课主题进行拓展写作或者给出一个类似主题的文本，让学生创编另一个版本的思维导图。比如，小组合作写出以各自的爱好和将来的梦想职业为主题的报告，并做好记录，最后请学生进行汇报。这一过程学生运用有关核心句型踊跃表达，展现出良好的精神风貌，体现学生们积极向上的良好品格，从而达到学英语、用英语和育人的目的。

四、应用思维导图注意事项

1. 绘制过程要注意把发散思维放在中心位置

绘制思维导图的过程中结合不同的颜色进行分级的线段连接。过程要确保知识的连贯性和联想的紧密性。这就要求教师要定时给学生做好如何绘制思维导图的辅导工作。特别是加强面批，及时发现学生学习的不足，给予其针对性的指导和反馈。

2. 关注学生的个体差异，鼓励小组合作

爱因斯坦说："教育应该让学生将提供的东西作为一种宝贵的礼物来享受，而不是一种艰苦的任务来承担。"学生的学习是存在个体差异的。那些理解能力较弱，对文本的逻辑关系理解不够的学生，在刚开始使用思维导图进行阅读时，就会产生畏惧的心理，不愿参与其中。立德树人任务下，因材施教，以学生为主体，激发其学习动机和兴趣，培养自信，积极渗透学习策略的教学是非常有必要的。

以小组合作的形式绘制每小组的思维导图，可以极大限度地提高课堂学生的参与度，让学生的积极性更高。教师可以将四五个学生分为一组，让他们自己给小组的命名："创新组""灵动组"……，然后给每小组的组长发一个记录的本子，在组内绘制思维导图时，将成员的讨论意见和教师提的建议记录下来，根据意见和教师反馈的信息，再将思维导图进行修改，完善后将本子交给教师，之后由组内自荐一名学生对思维导图的内容，运用核心句型进行分享汇报，请其他组同学点评，教师再给建议，最后形成优秀的思维导图。这个评价的过程不是单一的，我们可以采取积分、颁发优惠卡的方式来激趣，在这个过程中绝大多数学生是开心的、积极的。不管最后图画得如何，他们都有着为集体出一份力的决心，培养了学生的团结合作意识和写作业的兴趣，也让学生逐步养成良好的阅读习惯，提高学习效果。变"要我画"为"我要画"，变"我要画"为"我会画"，变"我会画"为"我想画"。这样，英语阅读就变成不是负担的作业任务了，用思维导图来辅助学生阅读，让阅读作业更有成效、有意思、更精练。

3. 利用思维导图进行阅读拓展，优化英语文本作业设计

"双减"政策下，传统的单一、乏味、低效的小学英语作业的形式将会有很大的改变，而设计高质量的作业才是巩固课堂教学效果的重要保障。在学习教学内容为语篇的过程中，运用思维导图来设计课时作业和综合性强的单元整合作业，把英语学科和美术等其他学科更好地融合在一起，不但激发了学生写作业的兴趣，还丰富了英语课内外阅读作业的形式。比如，为开阔学生的知识视野和发展其思维能力，我们一般都会布置课外阅读文本，鼓励学生多阅读。但仅仅只有口头鼓励，效果不大。对每个文本的理解和巩固，如果用思维导图来引导学生去做，就会有意想不到的收获，学生很乐意把自己的"劳动成果"跟大家分享，这样能让学生爱上阅读，养成会阅读的好习惯。

4. 素质提升，加强自身学习

要画出严谨清晰有效的思维导图来进行阅读教学，对教师的学习能力是有很大要求的。首先具有一定的简笔画基本功、优化板书设计的常识。第二，还需要教师有对教材文本进行深度解剖的能力，才能对里面的关键信息进行提取和总结。第三，平时教师要注意摒弃"拿来主义"的精神，加强各种知识的学习，多看书，收集各种积极有趣的内容，句式结构不大难的文本，以多种形式有针对性地去拓宽孩子阅读的知识面和提高兴趣。让孩子们在老师的引领下，在思维导图的帮助下学会更深层次地阅读。

"授人以鱼，不如授人以渔"，利用思维导图进行有效的英语阅读，不仅帮助学生成为一个主动思考者，会思考者，还极大提高了学生语言的认知水平，巩固和扩展了词汇量，丰富了对英语文化知识层面的认识，更能促进学生思维品质的发展，同时也为写作奠定了基础。

参考文献

[1] 杨春兰. 基于学科核心素养培养的小学英语阅读素养教学研究 [J]. 佳木斯职业学院学报，2018（5）：351–352

[2] 肖卓敏. 在小学英语阅读教学中培养学生核心素养的策略探究 [J]. 英语教师，2018，18（2）：149–152.

[3] 中华人民共和国教育部. 义务教育英语课程标准（2011年版）[M] 北京：北京师范大学出版社，2011.

[4] 程晓堂，郑敏. 英语学习策略 [M]. 北京：外语教学与研究出版社，2011.

运用错题资源提升小学数学教学质量

阳江市江城区城西中心小学　张红梅

学生在数学学习中，由于认知与能力发展、数学学习过程与方法掌握、情感态度与价值观发展等方面尚不成熟，经常会出现做错题的现象，这是学生学习过程中必然会发生的正常现象。错题发生虽然正常，且具有一定的偶然性，但其从本质上是对学生认知程度、思维发展状况的真实反映，同时在很大程度上也体现了教师的教学质量。在小学数学教学中，教师应当充分认识到错题资源的应用价值，加强对学生的错题分析，通过错题，分析挖掘学生知识学习的盲点，并对学生学习的现实起点有更加准确的把握，进而合理运用错题资源，立足学生实际深化教学，采取有效措施提高小学数学教学质量。

一、错题资源在小学数学教学中的有效应用

在小学数学教学中，错题资源的应用并不陌生，大部分教师都会要求学生抄录平时作业或习题训练、考试中的错题，以便于学生加深印象，避免后期犯同样的错误。然而，教师在教学中对错题资源的应用常常止步于此，实际并不能有效解决学生重复错误的问题，更未能充分发挥错题资源在小学数学教学中的应用价值。如何提高错题资源在小学数学教学中的有效应用，这就要求教师在重视引导学生总结归纳错题类型、科学进行错题记录的基础上，树立正确的错题观，利用错题资源创新数学教学方法，从而充分发挥错题资源在小学数学教学中的应用价值。

一方面，小学数学教师应当通过树立正确的错题观，引导学生正确认识错题资源价值。错题不仅仅代表学生在学习过程中犯的错误，同时还是对学生的认知程度、思维发展状况的真实反映，是教师教学质量的具体体现。教师树立正确的错题观，能够在学生出现错题现象时，不一味地给予批评，增加学生的学习压力，使学生对错题产生反感心理。同时积极引导学生正视错题价值，能够在错题收集整理与分析中受到启发，找到同类型题目的解题思路，避免再犯同样的错误，从而提高数学学习效率。另一方面，教师要合理运用错题资源创新数学教学方法，利用错题创新教学设计，将错题讨论融入课堂教学中，使学生加深错题印象，强化解题能力，促进思维发展。

二、合理运用错题资源提升小学数学教学质量

（一）对症下药，深化学生数学问题理解

学生在数学学习中，通常会将出现错题的原因归咎于"粗心"，然而在"粗心"的表象下，往往隐藏着学生对基础概念知识的混淆的深层原因：由

于认知水平限制而导致审题不清，不能从题目中获取有效信息；由于逻辑混乱、知识结构不完整而导致不能对题目进行有效推导等方面的问题。这些问题都会使学生对数学问题及错题本质的理解造成困扰，不能做到对症下药，也未能真正掌握错题、改正错题。因此，教师在教学过程中，应当合理运用错题资源，深度剖析学生出现错题的原因，从而抓住关键点，加强学生对数学问题的认识和理解，从而引导学生完善相关知识体系的构建，培养学生的问题探究意识、能力，同时也可以有效提升数学课堂教学效率，提高数学教学质量。

例如，在解答平均数应用题"一个修路施工队修一条公路，前3天平均每天修路42米，后5天平均每天修路38米，这个施工队平均每天修路多少米？"时，学生经常会出现的错误做法是（42+38）÷2＝40（米）。出现这种错误的主要原因是：学生认为平均数就是各部分的和÷份数，前3天和后5天都是平均数，将其看成了两部分，所以施工队平均每天修路＝前3天和后5天平均每天修路之和÷2。出现这种错误的根本原因在于学生对题目的理解出现偏差，信息提取不足，仅仅机械地使用平均数应用题的解题方法，而忽视了在题目中所包含的具体数量关系，导致解题出现错误。因此，在教师教学过程中，就需要加强学生对平均数应用题本质的理解，引导学生深入剖析问题。在实际教学中，不能简单地否定学生的这种解法，而是组织学生讨论"你觉得正确的解法是什么？为什么？"，让学生各自阐述自己的观点。在学生交流探讨、激烈辩论中，使学生深入认识平均数的数量关系，找到错误点，分析错误原因，做到知其然并知其所以然，进而掌握正确的解题思路和方法，避免后期犯同样的错误。

（二）抓好典型，加强学生对数学重难点知识掌握

错题资源是对学生实际认知水平和学习情况的真实反映，是学生在动态学习过程中生成的内容。因此，错题通常带有学生特定时期的发展特点，在数学重难点知识中，学生错题呈现出普遍性、典型性特征。教师在运用错题资源时，就需要抓好典型，深入挖掘其中蕴含的数学重难点知识，从而提高学生对知识点的掌握程度，提高学习效率。

例如，学生在进行三位数的退位减法的题目练习时，出现的较为典型的错误计算方法是在进行计算时，不能正确运用退位减法。如在计算"526-227="的题目时，部分学生会得出309的答案。因此，在教学过程中，教师要抓住这一典型性问题，通过板书展示得出错误答案的计算过程，同时展示正确的计算过程，让学生进行讨论分析，看一看它们的差别在哪里，退位减法计算应该怎样正确进行。通过分析，学生能够对退位减法应用的重点内容进行有效掌握，同时学习到解题技巧，提高学生解题效率。

（三）举一反三，增强学生数学学习获得感

在错题资源应用中，学生如果只是简单地订正了错题，将难以真正理解掌握其产生原因，并且可能存在思维单一局限性的问题，在今后遇到同类型问题时，照样会犯错。这样一来，错题订正不仅不能达到有效的教学效果，同时学生在同一问题反复出错时，还会出现错题认识错误，将错题看成是自己学习中的缺陷，打击学生数学学习自信，降低学生学习体验。因此，在教学中，教师要利用错题资源，引导学生学会举一反三，通过对问题进行深度加工，使学生能够触类旁通，深化认识，掌握技巧。在面对同类型问题时，能够快速抓住题目关键点，厘清思路，快速解答，使学生获得较强的"成功体验"，增强其学习获得感，激发学生的学习自信心，将其投入数学学习中，提高学习效率。

例如，在"红红将660毫升的水倒入1个大杯和8个小杯中，正好全部倒满，大杯的容量是小杯的4倍，那么大杯和小杯的容量各是多少毫升？"题目中，数据较多，数量关系相对复杂，学生思维发展尚不完善，在理解题目上存在一定的困难，从而在做题中容易出现错误。在教学过程中，教师可以利用教具进行直观演示，在演示的同时让学生进行同步解题，讲练相结合。在学生掌握解题方法后，转变角度进行错题改编，为学生预留足够的时间，进行改编题目的解析，多方位探究问题本质，做到触类旁通，举一反三，使复杂的题目变得简单。

（四）深度加工，促进学生数学思维能力发展

在小学数学教学中，教师合理运用错题资源提升教学质量，还需要重

视对错题资源的深度加工，引导学生最大限度地利用错题资源，从而实现数学思维方式由简单向复杂发展，帮助学生构建数学思维网络体系，获得数学思维能力的发展。在学生对错题资源进行重新学习后，对题目已经有了较强的熟悉感，这时候，教师教学应用就不能是对其简单重复的训练，而是应当通过多元化的教学方式，对错题资源进行加工，指导学生从更深层次的角度掌握错题，并针对错题形成改进的数学思维，加大对错题资源的开发利用程度。

例如，教师收集整理学生在学习"长方体与正方体"的内容过程中出现的错题，通过对该部分的错题资源进行分析可以发现，学生出现做错题的主要原因在于空间抽象思维能力存在一定的不足。因此，教师在进行该部分教学过程中，可以借助错题资源进行加工，灵活创新教学实践模式，激发学生对相关知识的探究兴趣，并通过动手操作，在脑海中构建起长方体与正方体的空间形象，培养学生的空间抽象思维能力。如在选择哪一种图形按虚线可以折成正方体的题目中，很多学生面对选项无从下手，不能选出正确答案。教师可以利用学生平时学习用的小楷本，引导学生利用本子上的正方形画出正方体的展开图，并撕下来试一试能不能折出正方体。同时，看一看一共有多少种画法，怎么折成正方体。通过这种实践动手操作的方式，让学生逐步形成空间思维，并掌握相关题目的解题方法。

错题资源的合理运用在提高小学数学教学质量方面发挥着至关重要的作用，小学数学教师要重视错题资源的应用价值，加大对错题资源教学的开发与利用力度，为学生提供多元化错题资源运用方式，从而提高学生对错题的理解与掌握能力，避免错题的重复发生，同时也可以有效提高学生学习效率，促进学生数学能力的发展。

参考文献

[1] 赵太花. 巧妙利用错题本，提高学生辨析能力 [J]. 新课程，2021（28）：16.

[2] 刘冰. 小学高年级学生数学错题管理的改进策略探究 [J]. 考试周

刊，2021（39）：79-80.

［3］吴涛.小学数学错题集的建立方法与使用策略探讨［J］.求知导刊，2021（20）：2-3.

［4］尤秀梅.小学数学课堂教学中错误资源的有效利用［J］.数学大世界（上旬），2021（4）：59.

［5］简雪玉.错误也精彩：谈小学数学错题资源化［J］.新课程（上），2019（11）：9.

引入乡土音乐，构建特色课堂

——小学音乐课堂引入阳江乡土音乐的探索与实践

阳江市江城第九小学　关月喜

《义务教育音乐课程标准》指出，应将我国各民族优秀的传统音乐作为音乐课重要的教学内容，通过学习民族音乐，学生能够了解和热爱祖国的音乐文化，增强其民族意识和爱国主义情操。阳江有"音乐之乡"的美誉，在悠久的历史发展长河里，流传着优秀的、丰富的乡土音乐。这些乡土歌谣内容直白、语言生动、节奏明快、朗朗上口、内涵丰富、意味深远，反映了阳江人民乐观的生活态度，具有深刻的教化功能，指导着人们的言行举止，潜移默化地影响着人们的认知、思维和价值观。将这些阳江乡土音乐引入小学音乐课堂中，是拓展和丰富现阶段学校音乐教学内容的需要，是音乐教育改革的发展的趋势。

一、小学音乐课堂引入阳江乡土音乐的意义

阳江乡土音乐是阳江本土文化的重要组成部分，是阳江本土文化体系重要的构成元素。然而，随着现代文明的高速发展，多元文化的凸显，商业音

乐的冲击，大多阳江新生代的孩子不了解阳江乡土音乐，甚至不知道有阳江乡土音乐，从保护民族民间文化的角度看，这也是非常糟糕的事情，值得引起社会的关注，特别是教育工作者的重视。

随着新课程改革的不断推进，引入阳江乡土音乐，构建具有地方特色的音乐课堂，不仅可以丰富现阶段小学音乐课堂的教学内容，还能让学生在学习乡土音乐的同时，更多地了解本土文化，领略阳江本土文化的无穷魅力。同时，小学音乐课堂引入阳江乡土音乐，对培养学生热爱阳江本土音乐文化，增强学生维护、发扬家乡文化的责任心和自豪感，陶冶广大学生热爱家乡的情操起到不可替代的作用，是深化音乐教学发展的需要，是音乐教育与文化传承的有机整合，是传承阳江本土音乐文化的需要。

二、小学音乐课堂引入乡土音乐的可行性和必要性

为深入了解小学音乐课堂引入阳江乡土音乐的可行性和必要性，我对学生进行《阳江乡土音乐知多少》的问卷调查，学生采用记名或不记名的方式填写调查表，本次共下发650份，实际回收591份，有效率99.1%。回收调查表后进行统计、分析，并形成分析报告。通过统计分析得出以下调查结果：

（1）了解阳江乡土音乐的有33%。

（2）不了解阳江乡土音乐的有67%。

（3）愿意学唱阳江乡土音乐的有68%。

（4）不愿意学唱阳江乡土音乐的有32%。

从以上问卷综合分析结果情况来看，学生不了解、没接触过阳江乡土音乐的占绝大多数。学生对这些具有很高人文精神、艺术价值和传承意义的阳江乡土音乐不了解，随着老一辈乡土音乐传承者的老去，阳江乡土音乐将面临失传的境地。在这种情况下，小学音乐课堂引入阳江乡土音乐就非常有必要了。同时，调查结果显示，问卷反映学生对阳江乡土音乐的学习表示出了较大的兴趣，表示愿意学习阳江乡土音乐，这个结果说明在小学音乐课堂中引入阳江乡土音乐也是可行的。

三、引入乡土音乐，构建特色课堂

（一）精选乡土音乐教材，合理构建特色课堂

流传于阳江民间的乡土音乐丰富多彩，有山歌、劳动号子等，从调式上分又可分为驶牛调、白哶调、话酒调、猜马调等三十六个调。这些乡土音乐是阳江劳动人民在山里、田间劳作或生活时即兴创作，并以口头形式流传的本土歌谣，这些来自民间的原生态音乐，都带有即兴性和随意性，是精华与糟粕共生共荣的共同体。要把这些乡土音乐引入小学课堂教学中，必须要对它进行系统的整理归类，选择一些内容健康、积极向上、有深刻教育意义和传承价值的乡土音乐，并将其引入课堂。例如：

十二月份歌

一月穷，二月空，三月铲太公。

四月蝉成粽，五月扒龙船，

六月腰骨痛，七月粉仔长过葱。

八月芋头檬，九月鹬担弓，

十月禾尾秧，十一月系冬，

十二月炮仗锣仔响叮咚。

训觉仔

训觉仔，未听光，

听闻二伯捉猪劏。

早早起身买二两，

买回愕奶放淡汤。

月亮光光照竹坡

月亮光光照竹坡，鸡姆耙田蛤唱歌。

老鼠行街钉木屐，猫儿担凳等姑婆。

弁个姑婆系愕个，一头猪肉一头鹅。

选择这些具有阳江民俗风情，体现阳江独特风土人情的乡土音乐，并将其引入音乐课堂，不仅可以让新一代的学生学习阳江乡土音乐，还能让学生在学习的过程中了解阳江历史和风土人情。

（二）结合现有教材，适时构建特色课堂

在进行乡土音乐教学时，没有现成的教材，只能通过民间采风等方式挖掘一些适合小学生学习的乡土音乐，通过音乐课堂进行教学渗透、融入。因此，在精心选择适合融入课堂的阳江乡土音乐教材内容后，我们可以结合现有的音乐教材，在一些与乡土音乐相关的单元或章节里添加和渗透阳江乡土音乐。例如，在花城版一年级下册的第一课《童谣新唱》的教学中，在学生欣赏了广东童谣后，适时加入阳江乡土音乐中的阳江童谣对学生进行教学。例如：

打掌仔

打掌仔，卖咸虾，

咸虾香，卖老姜。

老姜辣，卖甲由，

甲由骚，卖酒糟。

酒糟甜，卖禾镰，禾镰利，

一刀割紧阿婆那个大狮鼻。

鸡公仔

鸡公仔，尾婆娑，

三岁孩儿学唱歌。

无系爹娘来教我，

肚里精灵可奈何。

加入这些阳江乡土音乐的教学，不仅可以丰富和拓展现有教材的教学内容，还能让学生学习阳江乡土音乐、传承阳江乡土音乐。

（三）优化整合师资，有效构建特色课堂

阳江乡土音乐是阳江人民用阳江方言以口头形式在民间进行世代相传的本土歌谣，用阳江方言演绎这些本土歌谣，也是阳江乡土音乐区别于其他地区音乐的重要标志。因此，教师能否熟练掌握阳江方言对教学阳江乡土音乐、有效构建特色课堂有着决定性的作用。

目前学校里的音乐教师已不再局限于本地人，在招纳优秀人才政策的刺激下，一些优秀的外地音乐老师已经成为学校音乐教学的中坚力量。但这些"外地"的音乐老师连阳江话都不会说，教学阳江乡土音乐就更谈不上了。为解决外地老师教学阳江乡土音乐的问题，我们可从实际出发，发现学校里熟悉和了解阳江乡土音乐的同事，让他们进入音乐课堂担任阳江乡土音乐课程的老师，为学生开展乡土音乐教学；也可以充分借助一些熟悉和了解阳江乡土音乐的学生家长、民间艺人等力量，把这些熟悉和了解阳江乡土音乐的人请进音乐课堂，进行阳江乡土音乐的教学，实现师资的整合与优化，解决外地老师不会用阳江方言教学阳江乡土音乐的问题，这对有效构建乡土特色课堂具有积极的推动作用。

小学音乐课堂引入阳江乡土音乐，不仅具有必要性，而且具有可行性与实践性。只要采取得当的措施，运用科学的途径，就能推动课堂教学改革，从而提高学生的音乐素质，促进阳江乡土音乐的继承和发展。

参考文献

［1］中华人民共和国教育部. 义务教育音乐课程标准（2011年版）
　　　［M］. 北京：北京师范大学出版社，2011.

［2］盛淑娟. 注入本土元素，构建特色课堂：将河西宝卷引入到中学音
　　　乐课堂的探索与实践［J］. 文教资料，2017（10）：109-110.

后 记 ▶

　　一群有志于提升教师专业素养、促进教师专业发展的教育人，组成一个团队，开辟了一块教育"试验田"，在此尝新试优，精耕细作，用心培育，终于结出了喜人的果实。这些果实虽然还显稚嫩，未香飘四方，但正在日趋成熟，孕育着无穷希望！

　　呈现在大家面前的《三级研训联动——提升教师专业素养的有效路径》，就是这块教育"试验田"结出的重要果实。省级重点课题"基于教师专业素养提升的三级研训联动实践研究"自2021年开展研究以来，课题组成员勠力同心，互相协作，努力探索，注重针对性、实效性，创新三级联动做法，丰富课题研究内容，积极完成各项任务，全面总结经验做法，编成此书以供广大教师参考借鉴，以期加强和改进新时期教师教研培训工作，推动教育高质量发展！

　　本课题的实践研究和书稿出版工作，离不开各方面的大力支持，凝结着集体的智慧和心血。各研训基地学校密切配合，江城区教育局局长曾练豪也十分关心、支持本项工作，并欣然为书稿作序，在此特致谢意！

　　编辑、出版课题书稿，对于我们中的多数人来说还是第一次，限于经验和水平，疏漏之处在所难免，衷心希望大家批评指正。